小微企业创新实操工具箱

李卫民○编著

XIAO WEI QIYE CHUANGXIN SHICAO GONGJUXIANG

北京工业大学出版社

图书在版编目（CIP）数据

小微企业创新实操工具箱 / 李卫民编著 . —北京：北京工业大学出版社，2017.10

ISBN 978-7-5639-5652-4

Ⅰ . ①小… Ⅱ . ①李… Ⅲ . ①中小企业—企业管理—通俗读物 Ⅳ . ① F276.3-49

中国版本图书馆 CIP 数据核字（2017）第 213676 号

小微企业创新实操工具箱

编　　著： 李卫民
责任编辑： 李　杰
封面设计： 艺点视觉
出版发行： 北京工业大学出版社
（北京市朝阳区平乐园 100 号　邮编：100124）
010-67391722（传真）　bgdcbs@sina.com
出 版 人： 郝　勇
经销单位： 全国各地新华书店
承印单位： 三河市九洲财鑫印刷有限公司
开　　本： 787 毫米 × 1092 毫米　1/16
印　　张： 24.25
字　　数： 296 千字
版　　次： 2017 年 10 月第 1 版
印　　次： 2017 年 10 月第 1 次印刷
标准书号： ISBN 978-7-5639-5652-4
定　　价： 46.00 元

前言

十八届五中全会明确提出，必须把创新摆在国家发展全局的核心位置，让创新在全社会蔚然成风。李克强总理反复强调的“大众创业、万众创新”（“双创”）是推动创新发展的有效途径和选择。他特别强调，“双创”是小微企业的生存之路。小微企业是我国国民经济和社会发展的重要基础，是工业经济的重要力量和活力所在，在扩大就业、增加税收、改善民生等方面发挥着不可替代的作用。如何把小微企业发展与“创新”“创业”密切联系起来，使“创新”成为推动小微企业发展的强大动力，使小微企业真正成为“双创”的载体与平台，是我们在发展小微企业时需要认真面对和思考的问题。

“双创”是国家基于转型发展需要和国内创新潜力提出的重大战略，旨在优化创新创业环境，激发蕴藏在小微企业中的无穷智慧和创造力，让那些有能力、想创业创新的人有施展才华的机会，实现靠创业自立，凭创新出彩。国家为推进双创已出台了很多政策，在很大程度上改善了小微企业创新创业环境，人们选择就业或创业的余地增加了，在不少领域出现了很多创业创新亮点，新的经济增长点也不断涌现，双创在支撑经济和社会发展中的作用日趋凸显。

目前我国小微企业发展如火如荼，但是由于受到国际国内异常严峻和复杂多变的宏观经济形势影响，小微企业经营运作面临着诸多困难。为全面了解我国小微企业发展现状，剖析创新发展障碍，探索创新发展对策，我们编写了这本《小微企业创新实操工具箱》，旨在推动小微企业成为“双创”的重要载体，突出小微企业在技术创新、服务创新、模式创新中的独特作用。实现“双创”与小微企业发展的“双轮”驱动，形成新的经济增长点。

本书理论与实践相结合，深入浅出，内容翔实，具有时代感。全书共分为 12 章，包括小微企业创新综述、小微企业战略创新、小微企业营销创新、小微企业商业模式创新、小微企业制度与文化创新等，全面而具体地呈现了小微企业创新的要点，方便读者熟悉创新运作。相信每一位小微企业管理者通过阅读本书，都能结合小微企业的实际工作环境、自身状况等，通过思考有所收益。

本书突出三大特点：一是实用性，突出可读性、可操作性；二是全面性，内容丰富而全面，涉及小微企业创新实操的方方面面，并结合案例，便于读者轻松掌握和运用；三是新颖性，本书无论是篇章布局，还是形式结构，都新颖、独到，并糅合小微企业创新所必需的最新技能和方法，具有前瞻性与国际化。

目录

第10章　小微企业财务创新管理

第11章　小微家族企业创新与发展

第12章　小微企业制度与文化创新

第1章

小微企业创新综述

一、创新的内涵、特征和分类

（一）什么是创新

著名的经济学大师熊彼特首创了创新的概念，他认为创新是一个经济范畴，不仅仅是指科技上的发明创造，更是指把已发明的科技引入企业之中，形成新的生产力。所以，创新就是建立一种新的生产函数，将生产要素和生产条件的新组合引入生产体系，从而获取潜在的利润。这种新组合包括创造一种新的产品、开辟一个新的市场、采用一种新的生产方法、取得或控制原材料或半成品的一种新的来源、实现任何一种新的产业组织方式或企业重组。熊彼特的创新理论拥有许多追随者，他们完善和继续了创新理论。著名管理学大师彼得·德鲁克就认为，创新是赋予资源创造财富的新能力，使资源变成真正的资源。

英语中“innovation”（创新）起源于拉丁语。它的原意有三层含义：第一是创造新的东西，就是创造出原来没有的东西；第二是更新，就是对原有的东西进行替换；第三是改变，就是对原有的东西进行发展和改造。可见，创新是以新思维、新发明和新描述为特征的一种概念化过程。

从经济学层面看，对创新内涵的理解一般包括狭义和广义两个层次。

广义的创新将教育、科学、技术以及政治与经济融合起来，即创新表现为不同参与者和机构之间的交互作用的网络。在这个网络中，任何一个节点都有可能成为创新行为实现的特定空间。创新行为因而可以表现在技术、制度或管理等不同的侧面，如制度创新、技术创新、市场创新、工艺创新、管理创新等。

狭义的创新就是技术创新，即从新思想产生，经过研究开发或技术组合，到产品设计、试制、生产以及营销各环节，并产生经济和社会效益的商业化全过程。其中，“新思想”是指新技术、新工艺、新产品、新服务的构想。这些构想可以来源于技术发明、科学发现、新技术的新应用，也可以来源于用户需求。“研究开发或技术组合”是实现技术新构想的基本途径。其中，研究开发是指各种研究机构、企业创造性地运用科学技术新知识或实质性地改进产品、技术和服务而持续进行的具有明确目标的系统活动；技术组合是指将现有技术进行新的组合，只需要少量的研究开发甚至不需要研究开发即可实现。“产品设计、试制、生产、营销”是新技术的实际应用过程，是提供新服务，生产新产品，采用新技术对服务、产品、工艺改进的过程。“商业化”是指创新的全部活动是出于商业目的的。“经济和社会效益”是指近期或者未来的利润、市场占有率或社会福利等，是创新实现商业目的的重要体现。“全过程”则是指从新构想的产生到获得实际应用的全部过程，如果其中在新设想、研究开发或者实际应用等某一环节中止了，就不能称之为创新。

（二）创新的基本特征

不同学者对创新内涵理解的角度不同，对创新基本特点的理解也不尽相同。本书主要从以下几个方面来论述创新的基本特征：

1. 系统性

企业是一个复杂的系统，企业生产经营活动是由许多环节构成的，创新活动涵盖企业生产经营活动的整个过程，它是一个完整的链条，而不是其中的某一项活动或某一个环节，这其中的任何一个环节出现失误，都会对创新的整体结果产生负面影响。因此，这就决定了管理创新是许多参与者之间的一系列复杂的、综合的、相互联系和相互作用的结果，是一个复杂的系统工程。

2. 首创性

首创性是创新的最主要特征。创新是一种首创，即“第一个”。创新的结果在局部或全部应是先前从未存在过的，是先于他人，见人之所未见、思人之所未思、行人之所未行之后而获得的人类文明的新发展、新突破。例如，我国古代的四大发明（火药、指南针、印刷术、造纸术）在世界上是首创的，西方国家的三大能源发现（蒸汽能、电能、原子能）也是首创的。首创的意义在于第一个揭开某一领域、某一方面的奥秘，第一次揭示某种内在规律，或发现、发明某种新理论、新技术、新方法，并引起经济、社会的重大变革。

3. 动态性

企业是一个不断与外界环境进行物质、能量和信息交换的动态开放系统，而企业活动的内外环境又具有很多的不确定性因素，再加上信息本身的不完全性，因此，企业管理创新活动的逻辑和轨迹不会是一种简单的重复，而是根植于内外环境变化的一种能动性的动态创造过程。正如彼得·德鲁克所指出的：企业管理不是一种官僚性的行政工作，它必须是创新性的，而不是适应性的工作。因此，创新活动具有长期性、动态性和持续性。

4. 普遍性

创新存在于人类活动的一切领域并且贯穿于人类活动的各个阶段，即创新无处不在、无时不有，这就是创新的普遍性。同时，创新能力是人人都具有的一种能力。如果创新能力只有少数人才具有，那么许多创新理论，包括创造学、发明学、成功学等就失去了存在的意义。

5. 社会性

创新的社会性是指创新活动所表现出的有利于群体创新和社会发展的特性。当然，这并不意味着创新的社会性只包括群体性创新活动，而不包括个体性创新活动。实际上，群体创新与个体创新之间是辩证统一的关系。一方面，人的个体创新意识、能力等主要源于社会，是社会创新力量在个体创新方面的表现。生活于一定社会形态中的创新个体，其创新体现和反映着这一社会形态的整体性质。另一方面，每个人的创新活动都在社会分工中占有一定的地位，是社会整体创新活动中必不可少的一个细胞。这表明，个体创新是社会创新的一部分，具有社会的性质。

6. 双重性

创新的双重性表现在很多方面。首先，创新是能动性和受动性的统一。创新的受动性表现在它受制于客观事物运动的规律，受制于创新手段和创新目的，受制于创新主体的水平和能力等；创新的能动性表现在创新活动中不能听任客观事物固有规律的摆布，而应该发挥创新者的主观能动性，不断实现超越。其次，创新是绝对性和相对性的统一。总体而言，创新是绝对的、无限的；但就每个具体的创新而言，创新又是有限的、相对的。最后，大多数创新活动对社会发展具有重大的促进作用，但也有一些创新活动对社会发展具有一定的破坏性、阻碍性作用。大多数创新在创新之初促进社会发展，但发展到一定时期或一定阶段，反而会阻碍社会的进一步发展；不少创新对社会发展既有促进作用，又有破坏作用，关键看如何利用和由谁来利用创新成果。

7. 效益性

创新是为了更好地实现企业目标，取得更好的效益和效率，以促进企业发展。因此尽管创新的成功率较低，但成功后却可获得丰厚的利润，创新活动的高收益和高风险并存。通过技术创新提高产品技术含量，使其具有技术竞争优势，获取更高利润。通过管理创新，建立新的管理制度，形成新的组织模式，实现新的资源整合，从而建立起企业效益增长的长效机制。

8. 高风险性

创新的高风险性是由创新自身的不确定性所决定的。这种不确定性主要包括市场的不确定性、技术的不确定性以及一般的政治和经济因素的不确定性。创新风险不同于现实中其他可以投保的风险，其不确定性不能用概率统计理论来进行处理。未来的不确定性会产生两种结果：有利于创新主体和不利于创新主体。不利于创新主体的结果就是风险。一般来说，不确定性越大，风险越高。创新需要投入相应的物力、人力、财力，投入的多少取决于创新程度。创新程度越大，投入越多。创新能不能成功，投入是否顺利得到回报，受到很多不确定因素的影响。最后造成的创新结果可能回报颇丰，也可能是血本无归，甚至有可能付出生命的代价。常见的创新风险类型及风险因素如表 1-1 所示。

表 1-1　常见的创新风险类型及风险因素

风险类型	风险因素
技术风险	技术成熟度，技术难度与复杂度，技术设备、试验与中试条件，技术生命周期，配套条件，技术的可替代性，理论基础合理性，技术适用性等
企业风险	营销能力，企业资金实力，民主决策与科学决策水平，企业的科技实力和管理能力等
市场风险	潜在市场容量，竞争对手的实力，消费者需求变动，竞争对手的数量，消费者需求及目标市场不明确等
项目风险	项目组织管理不力，原材料及零部件的供应困难，项目进度控制不力，新产品的质量与性能，新产品的价格，新产品的生命周期，新产口的生产成本等
宏观环境风险	宏观经济形势发生变动，国家产生政策的影响，知识产权保护不力，进口产品冲击，政治风险，债务和汇率、利率的风险，自然风险等

（三）创新的分类

目前，人们对创新进行了多种多样的划分，如按创新主体、创新方式、创新领域、创新性质等进行分类。

1. 按创新主体分类

按创新主体分类，创新可分为合作创新和自主创新。其中，合作创新是指企业或个人通过与其他企业、科研机构、高等学校等建立技术合作关系，在保持各自相对独立的利益及社会身份的同时，在一段时间内开展协作，从事技术或产品的研究开发，在共同确定的研究开发目标的基础上实现各自目标的创新活动；自主创新是指通过拥有自主知识产权的独特核心技术以及在此基础上实现新产品价值的过程。

2. 按创新方式分类

按创新方式分类，创新可分为集成创新、原始创新和引进消化吸收再创新。其中，集成创新是指利用各种信息技术、管理技术与工具等，对各个创新要素和创新内容进行选择、集成和优化，形成优势互补的有机整体的动态创新过程。原始创新是指前所未有的重大科学发现、技术发明、原理性主导技术等创新成果，是最根本的创新，是最能体现智慧的创新。集成创新与原始创新的区别是，集成创新所应用到的所有单项技术都不是原创的，而是已经存在的，其创新之处就在于对这些已经存在的单项技术按照自己的需要进行了系统集成，并创造出全新的产品或工艺。引进消化吸收再创新是最常见、最基本的创新形式。其核心是利用各种引进的技术资源，在消化、吸收的基础上完成重大创新。

3. 按创新领域分类

按创新领域分类，创新可分为知识创新、技术创新、产品创新、制度创新、工艺创新和管理创新等。其中，知识创新是指通过科学研究，包括基础研究和应用研究，获得新的基础科学和技术科学知识的过程；技术创新是指生产技术的创新，包括开发新技术，或者对已有的技术进行应用创新；产品创新是指创造某种新产品或对某一新产品或老产品的功能进行创新；工艺创新又称过程创新，是指产品生产技术的重大变革，包括新工艺、新设备及新的管理和组织方法；制度创新是指在人们现有的生产和生活环境条件下，通过创设新的、更能有效激励人们行为的制度、规范体系来实现社会的持续发展和变革的创新；管理创新是指企业把新的管理要素（如新的管理方法、新的管理手段、新的管理模式等）或要素组合引入企业管理系统，以便更有效地实现组织目标的活动。

4. 按创新性质分类

按创新性质分类，创新可分为负创新和正创新。其中，负创新是指那些有碍于或有害于社会发展进步的创新；正创新是指那些能推动社会发展进步，为大多数人造福，包括能促进人与自然关系协调优化的创新。

二、企业创新的基本条件

为使创新有效地进行，企业还必须创造以下的基本条件：

1. 创新应有创新目标

创新目标具体地说就是一项创新活动意欲达到的状态。创新目标比一般目标更难确定，因为创新活动及创新目标具有更大的不确定性。尽管确定创新目标是一件困难的事情，但是如果没有一个恰当的目标则会浪费企业的资源，因而创新目标就成为创新的基本条件之一。

2. 创新应结合企业的特点

现代企业之所以要进行管理上的创新，是想要更有效地整合企业的资源，以完成企业的任务和目标。因此，这样的创新就不可能脱离企业的特点。例如，斯隆在重组事业部制时，就是以通用汽车公司规模巨大、产品众多、管理复杂等这些特点为基础的。

3. 创新企业应具备较好的基础管理条件

现代企业中的基础管理主要指一般的最基本的管理工作，如基础数据、技术档案、统计记录、信息收集归档、工作规则、岗位职责标准等。一个企业基础管理工作做得好，表明这个企业管理水平较高。事实上，创新往往在基础管理较好的基础上才有可能产生。

4. 创新主体应具有良好的心智模式

创新主体主要包括企业家、管理者和企业员工。心智模式是指由于过去的经历、习惯、知识素养、价值观等形成的基本固定的思维认识方式和行为习惯。创新主体具有的良好心智模式对创新活动的成功起着主导作用。良好的心智模式包括：一是远见卓识，即创新主体对某个问题能有超越一般人的看法，能够敏锐地判断企业与管理发展的大趋势，能够在显示的问题中找到关键的东西并能够看到其背后的深层原因，能够结合本企业的特点提出一些有价值的创意。二是应具有较好的文化素质和价值观，创新意识的产生是与创新主体的文化素质及其对业务的精通有关的，也与创新主体的价值观导向有关，一个好高骛远的人可能不会把某个小问题放在眼里，然而创新主体却能从中发现其潜在的价值。三是具有较好的能力结构，主要体现在核心能力、必要能力和增效能力。核心能力突出地表现为创新能力；必要能力包括将创新转化为实际操作方案的能力，以及从事日常管理工作的各项能力；增效能力则是控制协调、加快进展的各项能力。

5. 创新企业应营造一个良好的创新氛围

创新主体能够有创新意识，能有效发挥其创新能力，都与拥有一个良好的创新氛围有关。在良好的工作氛围下，人们思想活跃，新点子产生得多且快，而不好的氛围则可能导致人们思想僵化、思路堵塞、头脑空白。因此，不仅企业家要有创新意识，企业更要激发全体员工的创新热情，使他们在困难的时候同舟共济、互相鼓励，努力建设和谐融洽、积极向上的创新氛围。

三、企业创新原则、程序和方法

（一）企业创新的原则

以网络技术为重要技术支撑的知识经济革命将极大地改变我们的生产、生活方式，加速社会文明的进程，使我们置身于一个全新的生存境遇之中。工业时代的发电机、生产线、工厂等将逐渐被计算机、互联网、硅谷（高科技园区）所取代，“开发人类自身潜能以设计和美化生存环境”的新观念，将取代“征服自然以满足需要和谋取利润”的传统观念而成为主导性的行动引领和目标取向。在这种新观念指导下，人类将不再单纯地依赖土地、石油等已经稀缺的自然资源来解决自己生存和发展中所面临的各种问题，而是要更多地通过自身智力资源的有效开发和利用来寻找解决问题的途径。在知识经济时代，知识经济的缔造者也是受益者，人们对知识经济时代的管理、控制和构建与我们自身的生存和发展息息相关。因此，除了“知识经济时代”成长所需要的一切物质基础和社会组织形式的基本管理成果外，探讨如下原则对我们构建知识经济时代的管理理论更有意义。

1. 系统性原则

知识经济的特点之一就是经济发展是人类知识能力的综合。在知识经济时代，人的综合能力已走向系统综合智能型，系统综合能力的凝聚已成为知识经济，社会人的能力具有较高逻辑起点。因而，知识经济下的创新必然遵循系统原则。

2. 价值性原则

价值原则又称需要性原则或科学性原则，指在创新科研选题中必须着眼于社会实践的需要和科学科技自身逻辑发展的需要。知识经济在资源配置上无论以智力、无形资产、软产品等资源为第一要素，还是对自然资源等经济要素通过科学、合理、优化和集约的配置，都是以实现知识价值为目的的。知识经济下的创新以实现知识的价值为任务。

3. 主体性原则

“工业经济时代”那种为追求利润和财富而使人沦为机器和技术奴隶的行为和现象，是对人类理性和智慧的践踏，同样，在知识经济时代，我们不愿意成为电脑和网络的奴隶，也不愿意在生物技术的操作下使人类自身成为车间里的“产品”。我们必须寻求和捍卫人的价值和尊严，必须时时处处协调人和人类的利益，必须以人为目的来选择、确立我们未来时代发展所需要的管理模式和社会组织形式。建构一个真正属于人的“知识经济时代”，不仅需要强有力的经济基础来支撑，而且需要完全适合人的，并能促进人的幸福和全面发展的社会组织形式和文化氛围来支撑。管理的创新不仅需要高技术，而且需要高情感、新理念；不仅需要技术专业和经济专业知识，而且需要社会科学知识和人文科学知识，需要所有人的通力合作。新的管理观念和模式应该是以人的才能和智慧自由地全面涌流为目的。

4. 前瞻性原则

在知识经济时代，计算机的普及、网络化的形成，使整个社会组织形式呈现出加速变化的势头。因此，管理思维的滞后必将使我们的事业失之千里。能否提高自己的快速反应能力，及时地调整自己的行动方案，将成为我们确立未来时代生存战略的关键。各种经验表明，置身于加速变革的时代，如果我们能够敏捷地做出反应，我们就可以避免和消除意外，赢得积极意外所带来的好处和优势。敏捷反应说到底就是要有应变能力，当面临变化时需要具备预测、谋划、预算等反应能力。预知未来可使我们对未来的多种可能有所准备，这样我们就可以在感觉到变化前采取行动，这就是前瞻性。前瞻性是一种创造性的思维构架，它要求我们着眼未来，及时预测可能发生的意外，并创造性地寻找超常规应变的策略和谋划。管理理论的前瞻性与创新性是密不可分的“孪生兄弟”，比尔·盖茨就是受其前瞻性预断未来的时代是电脑时代，开发作为电脑灵魂的软件将具有广阔的市场前景的驱使，在电脑时代刚起步时就毅然放弃哈佛的求学机会，投身于软件业的开发创造之中，取得了辉煌的成就。目前他又运用前瞻性思维，在诸多“不为人知”的技术领域投下了很大赌注。这种前瞻性的智力积聚的结果会造成知识财富和各种知识创新与管理的积聚，必将进一步推动管理理论的不断创新。

5. 不断创新性原则

面对知识经济时代，各种管理环境正在发生深刻的变化，传统的封闭式的和半封闭式的经营和竞争环境已经彻底消失。科技进步日新月异，产品更新层出不穷；交通通信便捷消除了地理障碍；跨地域生产经营使商业的国界消失；市场全球化、竞争激烈化、企业国际化、经济信息化、运营虚拟化、战略短线化、管理过程化、组织扁平化、职能综合化的全新竞争环境将成为主流。在这种全新的环境下，我们首先遇到的难题是管理的难题。如果管理理论没有创新，加之传统体制、人员素质、旧的思维和管理模式等方面的制约，即使是新的管理理论在组织内部也无法导入，或遭肢解，或被变形，想在激烈的竞争中实现持续发展的可能性几乎为零。

我们可以这样说，在知识经济时代，管理活动的灵魂是创新。而创新需要一种创新主体能够自由思维、自由决策的制度环境。有了制度环境的保障，思维和意识的创新才能使创新释放出巨大的能量。

6. 理性原则

它是指用辩证唯物主义的科学世界观及科学发展中的基本原理评估、选择科学假说的一种方法论原则。它包括两个组成部分：一是普遍的哲学原理；二是科学基本原理（如能量守恒定律、物质不灭定律）。理性原则对创新活动有着重要的指导意义，正确的哲学信念有助于指导创新者去发现事物发展的规律。爱因斯坦关于世界统一性的观念推动他在相对论研究中取得卓越的成就。同时，理性原则自身又是辩证的，它时时处于发展之中，不应视为僵死的教条。经济全球化是知识经济时代的一大特征。全球化、国际化、世界化的浪潮席卷全球，气势排山倒海、铺天盖地，商品国际化使世界贸易飞速发展，资本国际化使跨国公司蓬勃发展，跨国企业已延伸到世界的每一个角落，成为“国中之国”，技术和经济国际化已无国界之分。管理在吸纳和改造资本、技术等方面时，只有用理性的眼光去看待、分析和接纳，才能得到健康的发展。

7. 发挥优势性原则

创新要从自身的长处出发，充分利用和发挥已有的优势条件，扬长避短，量力而行，形成具有特色的、有竞争能力的创新。在知识经济时代，经济走向全球化、国际化，企业间的竞争日益激烈，要想在经济全球化竞争中获胜，就必须发挥自身的优势，形成自身特有的企业文化，同时，创新不是全盘的否定。

8. 动态性原则

科学管理把对象视为系统，管理目的是为了使系统实现最佳效益，但任何系统的正常运转，不仅受着系统内各个因素的制约，同时还受到有关外部系统的约束，并随着时间、环境以及人们主观能动性的变化而变化。创新应随着对象系统的发展而不时修正控制方案，这就是所谓的动态相关特征。在知识经济社会里，社会系统之间的信息、能量、物质方面的交换和联系日益密切，技术的飞速发展、市场的瞬息万变、需求的多样化，使经济环境处于一个动态的环境之中，创新必须遵循动态性原则。

（二）企业创新的程序

创新是一个创造过程，它要求创新者具有较高的智慧、知识和经验；创新也是一种系统行为，它由多因素、多阶段构成，通常要经过以下几个阶段：

第一阶段，产生创新愿望。由于组织内外环境的刺激，开始出现危机意识，并在创新机制的作用下，产生创新激励、形成创新氛围等，进而产生创新愿望。创新愿望的产生包括：（1）自我发动，即由于自身状况或发展存在问题，或是为了其他创新的内在要求而有了创新冲动；（2）环境诱发，即由于外部环境的变化，特别是竞争的加剧使组织必须创新。在这一阶段，应注意各层管理人员的创新思想。因为，各层管理人员是从不同的角度进行创新思维的，而且其创新思想必须得到上层管理人员的认可才能实现。故在这一阶段，要特别注意沟通，使组织成员的创新思想能被高层人士所了解。

第二阶段，进行创新定位。在具有创新愿望的基础上，深入细致地调查研究，分析创新的必要性和可能性，确定创新目标、领域及程度，还要根据条件，确定创新的基本原则。

第三阶段，形成创新方案。在这一阶段需要做大量的工作，运用多种新方法和手段提出具体的解决问题的创新构想，并在创新条件、创新原则、创新目标等的约束下，对各种创新思路进行比较、筛选、综合及可行性评价，以形成一个具体的、切实可行的创新方案。

第四阶段，实施创新方案。这是创新行动的实质性阶段。创新的组织者在一定的创新目标导向下，实施创新方案。这一阶段要注意同步创新条件下的实现和主要的信息反馈，以适当地修正创新方案，确保创新的实现。

第五阶段，创新的评价与总结。经过创新方案的实施，在管理领域会出现新的范式，随着这种模式的日益稳定，创新的效果也日益显现，这时应评价和总结这一创新成果。这个过程还可以通过进一步比较，发现与外界的差距，形成新的创新冲动，促成更深层次的创新。

（三）企业创新的方法

知识经济的发展将不可避免地引起传统经济学和传统经济管理模式的革命。在知识经济的背景下，无论是人财物、产供销等基础性管理，还是产权制度的明晰程度、资本的组织形式、企业组织结构、激励机制要素等制度性管理，都已不可能机械地套用传统的管理模式。传统的思维将完全被摒弃，已有的体系结构将被打乱和重组，许多内容将改变和补充。面对这样的变革，我们必须寻找相应的方法和途径，进行深入的研究。

1. 要求企业家成为创新管理者

知识经济的实质是高技术经济、高文化经济、高智力经济，是以智力资源为依托的经济，是可持续发展的经济。发现、培养、挖掘人才，是知识经济对企业家的基本要求。知识经济的核心是创新，因此企业家必须具备这样的品格：一是创造性思维，善于洞察和想象，使管理工作有合理的前瞻性、科学性；二是风险意识，有远见、不怕失败、敢做超前性的工作，有不达目的誓不罢休的毅力；三是创新的技巧，在创造思维和不怕风险的同时，还必须有科学依据，有可行的操作措施；四是新时代的风格，面对知识经济的挑战，要善于学习，敢于实践，善于团结和合作，尤其要善待因创新而失误的人，永不满足，经常自我挑战；五是服务功能创新，优胜劣汰的竞争机制推动着企业不断创造出更高的劳动生产率，以服务创新去赢得竞争，以更优的产品、更好的质量、更新的技术、更好的服务去赢得市场。随着我国知识经济的发展，社会需要大批的创新管理者，全社会只有为创新管理者的成长提供良好的社会环境，才能培养出大批创新管理人才，才能促使有中国特色的知识经济快速发展。

知识经济的到来已成为一种必然，它将对社会经济各方面产生巨大的影响。在这个过程中，创新是一种必然的选择，只有这样一来才能适应时代的要求，促进经济不断发展。

2. 把研究开发和市场营销作为关键

在知识经济中，企业以生产为主要内容的经营方式已经过时，企业开始为自身发展而承担更多的社会责任。知识经济对企业而言，将意味着更多的科学技术投入，更频繁、更广泛和更深入的职业教育投入，更加灵活多样的绩效考核和评估，更多地为顾客（对外）、为职员（对内）服务。以知识为基础的经济竞争，使企业经营更加复杂。企业必须为适合不同的顾客群的不断变化的精神需求和物质需求而做出巨大努力，这就要求企业职能进行相应的转变。企业在历史上每一个经济发展阶段处理生产与经营、研究与开发等关系都不同。在工业经济时代，企业把重点放在生产阶段。在知识经济时代，随着知识经济化趋势的发展，制造业将不断标准化、自动化、智能化，人力劳动将逐渐被排除在生产过程之外，取而代之的是“智能机器”。劳动本身也在变，将出现柔性的工作组织、扁平化的组织结构、灵活的工作时间、场所以及计酬制度的变化。企业在生产制造方面差别不大，决定企业竞争能力的关键就是研究开发和市场营销，而这正是高智能的体现、应用和实践。在知识经济的发展中，消费资料构成会发生变化，从根本上改变社会消费方式。“知识消费”作为一个崭新的概念，作为知识经济的重要特征之一，标志着消费观念、消费理论、消费方式进入新的发展阶段:（1）知识消费将成为人们的自觉追求。通过知识消费实现对知识的追求、获取和积聚，是适应经济发展的必然选择。（2）知识消费不仅标志着消费水平、消费结构的变化，而且标志着消费行为的变化。人们的消费行为将更趋于合理，在消费中实现物质文明与精神文明、经济发展与社会进步的协调。（3）知识消费过程同时还是人们消费观念变革的过程。在此基础上人们才能提高消费行为的选择能力，使全社会的消费方式趋于文明、健康、合理，从而建立适应于知识经济要求的新的生活方式。可以说，知识经济的消费，是“以人为本”的消费，是“以质为目标”的消费，其结果主要体现为人们知识水平的提高、价值观念的健康、消费行为的合理、生活方式的文明。

知识经济的运行，将根据财富的增长来确立分配要素。知识在财富增长中的重要作用使知识成为独立的分配要素。按知识要素进行分配是知识经济的内在要求，知识经济的发展使知识劳动者真正成为先富起来的一部分。按知识要素进行分配有两层含义:（1）劳动的知识化，即生产财富的劳动中的知识含量。劳动的知识化程度越高，在财富增长中的作用就越大，在分配中的实现程度也就越充分。（2）知识化的劳动。知识经济时期知识生产、知识创造是财富生产和增长的重要组成部分，创造知识的劳动是财富更为重要的来源，完全应该在分配中得到体现。“知识”取代“资本”的主体地位，按知识分配是按劳分配的进一步发展，是按劳分配原则在知识经济时期新的特征和时代内容。围绕知识经济时代人们的消费观和分配观的更新，我们必须重视产品和服务的研究开发、市场营销的理念和策略的改进，以满足人们更高层次的需求。

3. 更有效地利用管理方面的知识

知识依其存在方式和内容的不同，通常可以分为：描述性知识、分析性知识、运用性知识。在知识经济中，智能通过对信息和理论的综合和运用，创造出新的事物，形成新的生产能力。因此，智能在知识经济中是起主导作用的知识。由于管理科学的客观存在性和实践应用性，人们已经形成了有关管理科学的共识，即管理是运用性知识。

4. 强化人力资源开发

知识经济时代的职业环境与构成将发生迅速变化。由于自动化技术发展，导致原有的工种消失，出现许多新的技术工种，从而给教育提出了新的要求。由于知识老化的速度加快，人们获得的所谓继承性知识越来越少，其余绝大部分知识都要在工作中不断学习才能取得。因此，一方面必须推行“终身教育”“更新教育”，让人们取得更多的知识；另一方面，在进行教育的同时，应该传授更多的取得新知识的技能，让人们能够更容易自觉地获取新知识。知识经济的到来，将引起人们的资源观和生产力观的更新。资源和生产力在任何时候都是生产的基本要素，是经济发展的重要基础。经济的发展首先表现为资源的开发水平和利用程度。工业经济与农业经济相比，资源开发的水平及利用程度都有了极大的提高，工业经济在自身的发展过程中以新的三大资源的开发和利用实现了经济迅猛发展。第一是“技术资源”，第二是“市场资源”，第三是“管理资源”。在知识经济时代，资源的开发将显示出崭新的意义和特征。信息、教育、知识已是知识经济时期制约经济发展的三大新的资源。对这三大新资源的开发水平与利用程度将从根本上决定经济的开发水平与质量。根据我国的国情，一方面由于工业经济未能得到长远的发展，另一方面知识经济的挑战又悄然而来，因此在资源的开发和利用方面就面临双重任务，既要大力开发“技术、市场、管理”三大资源，又必须及时地开发“信息、教育、知识”这新的三大资源。知识经济的发展必将引起生产力的新革命，生产力的观念必须更新。在经济发展的不同时期，影响生产力的因素存在着本质的差异。在工业经济时期，劳动者素质提高，劳动工具得到了革命性的改进，劳动对象的利用程度得到了空前的提高，此外，分工、协作、制度、管理等都作为生产力发展的新因素得到重视和运用。在知识经济时期，生产力的发展将集中地表现在：第一是原有的影响生产力发展的因素在内涵上、质量上都发生了重大变化，劳动者的构成将主要是智力型劳动者和脑力劳动者，劳动工具和劳动对象主要表现为科技量的增加。第二是新的促进生产力发展的因素被广泛地运用，其中作为新的资源的信息、教育、知识等是其主要的新因素。无论是原有因素的内涵变化，还是新的因素的出现及被充分利用，都可以归结为知识在生产力发展中的作用。知识将是决定或促进生产力发展的关键因素。知识的首要载体是人。作为经济发展的重要基础的资源的开发和生产力的发展，最重要的是人力资源的开发和培养高素质和高智能的劳动者。事实证明，开发人力资源已成为推动知识经济成长的重要的基础性工作。在未来的世界，一个国家要在世界上取得优势地位，主要依靠的不是物质资源，而是掌握先进思想和技术的人力资源。未来世界范围的经济竞争，归根到底是人才和全民族素质的竞争。人力资源已成为国家、民族、个人在 21 世纪的经济竞争中保持主动、赢得优势的第一资源。强化人力资源的开发是企业管理的重要任务。

5. 训练系统的思维方式

人们在进行思维活动的时候，总是按照一定的模式进行思维，并由此形成决策和采取行动，这种现象又被称为思维的心智模式，它是阻碍我们创新的一个主要因素。所谓心智模式，是指根深蒂固于心中，并影响我们如何了解这个世界以及如何采取行动的许多假设、成见或图像等。心智模式是长期逐渐形成的，它与每个人的经历、生长环境、教育情况等密切相关。心智模式一旦形成，就会使人自觉或不自觉地以某种固定的思维方式去认识和思考问题，并用习惯的做法去解决问题。所以，要进行创新，必须打破现有的心智模式的束缚，有针对性地进行诸如系统思维、逆向思维、开放式和发散思维的训练，并通过综合、改进现有知识、管理和技术创新等多种途径，进行创新。

（1）通过综合多学科的知识，进行创新

多学科知识的综合是指通过把各相关学科的知识交叉运用并加以综合，从而得到新的意向，实现创新。目前，多学科的综合运用和互相渗透的趋势已愈来愈强，通过这种方式来进行的创新也越来越多，因为根据系统思维的观点，各个学科的知识之间本来就有相通之处，多学科的交叉和运用，可以碰撞出智慧的火花，产出新的成果。

（2）通过对原有管理理论的方法的改进和突破，实现创新

改进原有的管理方法是指在现有的管理基础上，进行有创意的提高和改进，通过这种方式，更容易产生创新，这也是现实中用得最多的一种创新途径。它可以是在自己特有的管理的基础上，也可以是在别人的

先进管理思想的基础上进行延伸、提高或通过否定他们而建立新的管理模式。

（3）训练系统的思维方式

系统思维方式可以尽量避免和克服这些不足，它有助于我们看清事物的整体和发现症结所在，并有利于我们超脱狭隘的和短期的利益，还有利于我们了解事物之间的相互联系和矛盾。所以，要进行创新，首先要加强系统思维方法的训练，学会用系统思维的方法来思考和处理问题，以看清事物表象背后的真正原因和矛盾，提出突破性的解决方案，而不仅仅是按经验办事。系统思维已成为创新最基础和最重要的思维方式。

（4）打破常规，训练开放式、发散式的思维方式

人们在思考问题的时候，总是受原有的心智模式的影响，很难打开思路，缺乏想象力，所以我们要注意提醒自已，敢于大胆想象，打破常规，这样才可能产生创新。

（5）学会逆向思维

所谓逆向思维是指在思考问题时，思维逻辑与一般人的相反，善于从新的视角看问题的一种思维方式。具有逆向思维方式的人，往往具有敏锐的观察能力和喜欢思考问题的特点，也正因为如此，他们才会对遇到的问题进行进一步的深入思考，把问题想得更透。

四、企业创新的主要内容

创新，是企业永恒的话题。随着改革的深化和企业经营环境的不断变化，创新的领域和内容也在不断地发生着新的变化，特别是进入知识

经济时代以来，要做一流的企业必须实施一流的管理，而一流的管理产生于自身的土壤之中。当我们为许多一流企业的业绩惊叹不已时，我们也应该看到这些企业在管理方面的独特做法。无论是日本的松下，还是我国的海尔，他们的成功，无不源于创新。创新，既可以是新的有效整合资源，也可以是新的具体资源整合及目标制度等方面的细节管理。如，提出一种新的经营思路、经营理念并加以有效实施，创造一个新的组织机构并使之有效运行，提出一个新的管理方式或设计一种新的管理模式，等等。在诸多方面的创新活动中，最主要、最直接的创新方式应包括以下几个方面：

（一）战略创新

企业为了谋求长期稳定的发展，必须制定具有独创性的经营战略。独创性是经营战略的基本特征，也是取得成功的重要保证。通过对国内外优秀企业的分析考察表明，企业的经营战略不能机械地模仿，只有在调整未来环境变化并掌握企业优势的基础上，摆脱传统观念的束缚灵活机动地进行构思，才能创造出适合本企业的独特战略。要保持企业的持续发展，关键要学会战略创新，对此，特别需要解决好五个问题：

1. 从适应环境向创造环境转变

企业处于复杂多变的环境之中，环境的变化虽然给企业带来制约和威胁，同时也为企业提供了新的发展机会。因此，企业在经营战略创新时，密切注视与企业相关的产业的发展动向，积极地寻找企业可以利用的成长机会，就能够把新事业的创立、新技术的开发、新市场的开拓等战略课题引入企业的整体战略中，为企业适应未来的环境创造良好的条件。

2. 从竞争取向转向非竞争取向

非竞争取向是战略创新的基本方向。所谓非竞争取向，就是避免与竞争对手直接冲突，其中重要的方法是空隙市场集中。空隙市场是尚未满足的消费者需求。在空隙市场中，还没有企业参与或者只有很少企业参与，开辟种种潜在的空隙市场，最初竞争者较少且可获得较高利润，其后也可能培育成很大的市场。所谓空隙市场集中，是指企业将经营资金集中于发现的空隙市场中，形成绝对优势，并积极开拓这一市场。

3. 从常规经营向超常经营转变

由于常规经营是长期经营活动的创新总结，在一定的行业、时期和地区对于指导企业正确开展经营活动有积极作用。但在制定经营战略时，这种经营战略往往成为战略创新的障碍。因此，打破经营常规，实行超常经营成为创新经营战略的重要途径。超常规经营就是指采用那些经营常规之外的新型经营方法来开展经营活动。这就要求经营者以动态的观点重新认识新的环境条件下的经营活动规律，大胆否定传统经营习惯和常规的适用性，勇于提出新奇而独特的设想。只有这样，才能创造出能够适应环境变化的新型经营方法和具有独创性的经营战略。

4. 从开发有形资源向积累无形资源转化

无形资源的积蓄方法有两种：①通过有计划的行动来积蓄。如为树立企业形象开展的广告和公关活动，为开发新产品进行的技术研究活动等。②通过日常业务活动来积蓄。如推销员以周到的服务和口头宣传使顾客对企业产生信任等。企业经营战略创新，应该综合运用以上两种方法，把积蓄未来所需无形资源作为中心内容。

5. 由单一效果转向综合效果

在企业经营活动中，各种单一经营要素所取得的效果是有限的，如果把各种经营要素有机地结合起来，其组合效果就会远远大于各经营要素的单一效果之和。因此，通过各种经营要素的巧妙组合，追求最大的组织效果是经营战略创新的一个方向。

在现代社会，一个企业能否成功，从某种意义上讲，就是看其能否制定正确的发展战略，并予以贯彻实施。随着世界经济一体化的发展，各国对外开放程度的提高，全球化经营已经成为各企业创新经营的战略模式。全球化的战略，首先是面向全球开发和优化配置资本、劳动力、技术等生产资源，根据不同地区的不同利税和金融风险来配置资本，根据不同地区技术发展水平和优势来组织技术开发，根据不同地区文化水平和企业需要来开发和利用人力资源；其次，建立一套基于国际分工协作的高效生产体制，建立面向全球的国际市场营销体系，并起用当地营销人才，迅速准确地把握市场信息，等等。

（二）技术创新

在知识经济时代，高新技术渗透到商品产、供、销各个环节，谁率先进行技术创新，拥有先进技术，生产出成本更低、效用更大、更能够满足消费者需要的新产品，谁就会在竞争中立于不败之地。反之，就会在竞争中处于劣势，最终按市场的规则被淘汰出局。技术创新又包括新发明、新创造的应用和实施过程，还包括了这些新技术成果的商品化、产业化的扩散过程，即新技术成果从开发研究到市场推广的全过程。技术创新的过程被归结为管理问题，具体体现在三个方面：

1. 要素创新

企业的运营过程实质在于对资源要素进行合理配置，其资源要素包括材料创新、设备创新、人力资源创新。

2. 要素组合方法的创新

包括生产工艺与生产过程的组合。工艺创新主要指企业研究和采用更合理的空间布局与时间组合，以提高劳动生产率，缩短生产周期。

3. 产品创新

主要包括品种、结构、效用诸方面的创新。品种创新要求企业根据市场需求的变化及时调整生产方案，开发受市场欢迎的、适销对路的产品品种。结构创新是指改进产品使结构更合理、性能更提高、使用更安全、操作更方便，从而更具有市场竞争力。效用创新则是指通过各种途径了解用户的偏好，并以此为依据改进原有产品，开发新产品，使产品给用户带来更多满足，更受用户欢迎和喜爱。这是企业的生命力所在。产品不能随着市场的变化而不断弃旧图新，就无异于慢性自杀。在 20 世纪 80 以后，电脑市场竞争激烈，美国的王安电脑公司满足于自己产品在设计和技术水平上的优势和声誉，没有跟上电脑转型创新的步伐，没有及时推出新型电脑，最后败在美国国际商用机器公司和苹果公司手下。

技术创新是企业创新的核心，由于技术创新大多具有高效低耗、较少影响环境的特点，因而可以提高效益、加快速度，也有利于调整产业和产品结构，优化资源配置，实现企业要素的最佳组合，使企业始终保持旺盛的生命力。在知识经济时代，企业的目标是最先开发出一种新产品，以此来冲击市场，并力争取得尽可能多的市场份额，这样，企业就必须不断进行技术创新。因此，技术创新是创新中的主要形态，成为决定生产力发展水平的主要因素。

（三）组织创新

现代企业面临的市场环境是一种瞬息万变的复杂环境，根据绝大多数企业当今所处环境的共性来说，建立一个有弹性、有重点、快速反应的组织结构是比较理想的。为此，企业必须设计好自己的权力分配：是集权还是分权。企业还必须设计本组织的管理层次与管理跨度：是垂直型较窄的管理跨度模式还是扁平型较宽的模式。鉴于人们对速度的不断追求，权威式的由上而下的金字塔形领导结构逐渐被扬弃，取而代之的是权力下放的扁平化组织的崛起。组织结构扁平化通过减少管理层次，裁减冗余人员，分散权力，从而建立一种紧凑的组织，使组织变得灵活、敏捷，以提高组织效率和效能。

当今，在管理学界，对组织结构也有一些新的理论与创意。哈默和钱皮认为，公司再造是根据信息社会的要求，彻底改变企业本质。它抛开传统分工理论的包袱，将生产、销售、人事、财务、管理信息等部门的组织结构按自然跨部门的作业流程重新组建。事实上，由于今天信息技术的高度发展，效率不一定像传统的企业管理所说的那样产生于专业化的分工，而很可能产生于整合之中。当代组织所面临的关键问题多属于综合性管理问题，若将这种问题硬性规定为某一专业化的所属范围，很难有效处理由此引起的症结。公司再造的倡导者认为，对于这一类综合型问题最有效的解决办法，是动用信息技术对其进行综合处理，进行一场组织再造革命。

彼德·圣吉提出的学习型组织是目前管理学界普遍推崇的管理学经典创新思维。就本质而言，学习型组织就是一个具有持续创新能力、能不断创造未来的组织。为此，彼德·圣吉提出了学习型组织的五项修炼，他认为这五项修炼是学习型组织必备的技能。

在知识经济时代，信息技术的发展使得知识在管理者之间共享，企业组织等级结构已不再适应现代企业制度的管理要求，纵横交错的信息渠道造就了一种崭新的组织结构——扁平化的组织结构。企业扁平化的组织结构是通过减少管理层次，压缩职能机构，精减人员而建立起来的一种紧凑而富有弹性的新型管理组织。它具有敏捷、灵活、快速、高效的优点。扁平化的组织结构是一种静态构架下的动态组织结构，其最大的特点就是等级型组织和机动的计划小组并存，把具有不同知识水平的人分散在结构复杂的企业组织形式中，通过调控纽带在更广阔的时间与空间，加速知识的全方位运转，以提高组织的绩效。扁平化组织结构的竞争优势在于不但降低了企业管理的协调成本，还大大提高了企业对市场的反应速度和企业满足用户的能力。扁平化的企业组织将是知识经济时代独具特色的组织创新。

（四）制度创新

企业的制度创新是搞好企业各种管理的基础，是企业创新的前提。我国企业体制改革经过多年的试验和探索，最终选择了现代企业制度以对产权制度进行改革，使企业真正成为独立的法人实体。建立现代企业制度本身就是制度创新的基本内容，但至今我们还没有完成，还有一系列的具体制度需要在创新中建立和完善，这里的关键是要建立和完善与现代企业制度和企业发展相适应的企业内部领导体制、管理体制、经营机制等，而其中很重要的是企业约束激励机制的建立和创新。在知识经济条件下，企业要完全按照经济全球化的要求，来完成产权制度创新、经营机制和管理制度创新。

1. 产权制度创新

从我国的实际情况来看，民营企业的产权制度比较容易创新，而国有企业和许多集体企业虽按现代企业制度，建立了股份公司、有限责任公司和股份合作制企业，但总是遇到一些来自多方面因素的困扰。这些困扰在短时期内不会消失，还需国家在长期改革中不断克服。

2. 经营制度或运行机制创新

它主要包括企业的目标机制、激励机制和约束机制的创新。通过创新使企业除了受市场机制约束外，不再受其他约束，逐步增强企业自我变革、自我发展的能力。

3. 管理制度创新

在知识经济条件下，管理的重点是知识的生产与开发，以及对掌握知识的人的培训。培训的重点是培育适应知识经济的企业家，只有优秀的企业家才能把“技术人”和“社会经济人”集合在一起，充分发挥科技资源优势，促进社会经济发展。管理制度的创新还表现在管理的柔性化——以人为本上。分配制度的创新，也是管理制度创新的重要内容。根据现代发达国家的一些经验，按业绩分配和按知识要素分配趋于主导地位。所以，在知识经济条件下，我们应借鉴国际上创新的经验，将以按劳分配为主逐步过渡到以按知识要素分配和按业绩分配为主。

（五）文化创新

世界著名的企业管理家迈克尔·汉默曾指出：一个组织不只是一系列产品和服务的组合，它同时也是人文团体。像其他社会团体一样，它也培育了特殊的形式即企业文化。无论过去还是现在，每一个组织都有自己的语言、自己的历史形态，以及自己的英雄。企业文化的兴起，引起了世界性的变革。所谓企业文化，是由整个企业的成员共同分享的价值观。这种价值观将决定全体员工的处世态度和行为。企业文化对于企业内部而言是提高企业凝聚力的重要手段，共同的价值观、共同的信念会使企业成员凝聚成一个整体，齐心合力为实现企业的发展经营目标全力奋斗。

这里所说的企业文化创新，有两个基本点层次的目标需要达到：形成现代企业应有的基本文化和拥有更为先进的创新文化。处于知识经济时代的企业，拥有能促进创新的企业创新文化也非常重要，好的企业创新文化有助于员工为创新主体产生更多更好的创新行为。由于各个企业的不同经济背景及文化差异，最终形成的企业创新文化有两种模式：个体创新文化和群体创新文化。在个体创新文化下，创新主体主要是由个别人来担当，极其类似于英雄主义的文化。由于所处职位的关系，创新者大多是处于管理阶层的高层管理者。在美国企业中，这种个体创新文化比较流行。在群体创新文化下，企业员工都成为创新主体参与到创新中来，他们可能分散、独立地进行创新，也可能共同进行某一项创新。这种文化使员工都被调动起来，企业创新层出不穷。

就我国企业面临的现状而言，企业文化创新立足于群体创新文化，从各个企业不同的实际出发，创建有中国特色的企业文化。为应对21世纪知识经济的挑战，企业文化创新应明确以下几个思路：一是把“科学技术是第一生产力”的思想融入企业文化建设中，以“科学兴企”为核心，真正形成尊重知识、尊重人才的良好企业文化环境。在企业文化建设中，要在大力提高职工整体素质上下功夫。在知识经济条件下，这是企业文化创新的重点，也是提高企业竞争力的根本所在。二是注重企业整体观念与企业团队意识的培养。当代企业文化创新的实质在于通过以价值观培育为主的各项有效措施来塑造企业团队意识、激励群体意识、构筑职工与企业的命运共同体、强化企业内部的凝聚力。三是创造具有特色的企业文化。企业文化被人们称为管理科学发展的“第四次革命”，一些西方学者已认定，“21世纪新企业经营管理模式”的重要方向之一，是“企业文化的创造与渗透”。在未来的国内外市场竞争日趋激烈的情况下，企业的经营没有特色，产品没有特性，文化没有个性，就不能使广大消费者感知到它的独特性，很难立足于国内外市场之林。四是企业家是企业文化建设和创新的关键。企业的竞争，实质上是企业家和企业文化之间的竞争。成功的企业必须有成功的企业家，必然有卓越的企业文化。松下幸之助、杰克·威尔逊、比尔·盖茨等的名字都是和他们的企业连在一起的。企业家是企业的经营管理者，在企业运作处于中枢地位，他们直接代表了企业文化的特征。企业家以自己个性化的经营管理风格来发展和完善个性化的卓越文化。著名的《财富》杂志对美国十大最受尊重的公司做评论时指出：这十大最受尊重的公司排名表明，商誉正日益成为人们关心的问题，影响公司商誉的关键是领导者的才能。因此，企业家的素质高低决定企业文化建设的效果及企业经济位置的好坏，在未来的企业发展过程中，这一点会表现得更加突出。

在向知识经济时代迈进的过程中，最主要的经营资源就是知识。因此，能够综合利用知识能力的人才也就越来越重要。企业能否成功的关键往往取决于对人力资源的开发和管理。工业社会里的企业文化，把人看成“经济人”“社会人”，认为人仅仅是生产机器的一个组成部分，忽视了人的精神需要和创新精神。而知识经济时代的企业文化把人看成是“文化人”，它注重发掘人的内在潜力和积极性，看重人的作用和价值的实现。近年来，“柔性管理”就是一种以人为本的企业文化，它通过管理者与员工的直接交流，使管理者更加关注员工的需要，为员工提供更多的发展事业的空间，从而更顺利地实现企业发展的目标。

（六）产品创新

产品创新是企业技术创新的最终成果。产品创新在实践中需要把握以下几个问题：（a）企业自身实力；（b）产品开发前景；（c）产品的生命周期；（d）资产利润率；（e）同类产品的竞争对手。具体而言，企业进行产品创新时，应根据市场划分定位的最终用途、交易状况、技术及用户群体的实际，把重点放在以下几方面：一是依托资源优势，抢占制高点。二是用“定时出击”的战略，开发新产品。英特尔公司的“定时出击”的战略——企业根据早已订好的日程表，创造出新产品、新服务或进入另一个新领域、新市场，应该为我们所用。三是采用灵活的经营战略。如甩开竞争对手的战略——人无我有，人有我转；寻找竞争对手在薄弱处下手；寻找市场空白点和缝隙；创造绿色消费的新亮点；缩短经营链——去掉多余的中间环节；实行特许经营权——大、小企业联姻；产品小型化、轻型化；包装精美化；使用有特色的广告策略，等等。这样可以使一些企业在竞争中有较大的回旋余地，始终处于主动地位。

（七）市场创新

企业的各种创新效果必须由市场来检验，市场创新是企业创新的归宿。我国买方市场的出现，使企业市场创新的难度增加。但市场是企业的镜子，在买方市场的情况下，容易暴露企业的各种问题，因此也就更要便于企业管理者针对问题采取创新措施。企业要全方位面对现实市场、潜在市场和未来市场这三个层次的市场。首先企业的产品应该适应现实市场，然后用已有力量挖掘潜在市场，进行渗透型市场创新或开发型市场创新，同时还要开辟未来市场，创造市场，引导消费潮流。在知识经济时代，信息网络技术进入商品流通的各个环节，实现了对传统商业管理的根本性变革。网络营销就是信息革命带来的一次市场创新。美国人于 1997 年率先提出“全球网络贸易框架”，明确了“网络自由贸易区”的概念，将电子商务活动的触角伸向世界各地。网络营销日益成为开拓市场的有效手段，它使买方和卖方都发生了根本性的变革。

在知识经济条件下，市场不再是相对稳定的静态市场，而是动态变化的。研究其变化情况比占领市场份额更重要，建设和培育市场比市场推销更重要。市场创新主要是“创市场”，而不是“抢市场”或“跟市场”。在知识经济条件下，企业的市场创新的重点不在于某个企业本身，而在于创造系统本身。因此，知识经济条件下的市场创新战略应该是从价值链到价值群的自动互动式策略。为了实施这种市场创新战略，企业就必须拥有两种资源：知识与客户。知识经济最主要的挑战之一就是如何协调知识与客户关系，即为了更好地利用建立好的关系，企业需要不断扩充自己的知识储备，不断增加对知识的投资。在知识经济条件下，市场创新主要表现在以下几方面：

1. 经济全球化的市场创新

在经济全球化的竞争中，企业应采取以下市场创新战略。（1）竞争性战略。具体而言，我国企业除采用美国企业市场创新法宝——推出新产品、掌握消费者资料攻心为上、最好的服务加最低的价格、寻找最适宜的地理位置、品牌战略外，还可采用侧面出击战略、粘贴性战略、引进消化后再创造战略、爆冷门战略、渗透性战略等等。（2）出口替代战略。我国改革开放 20 年来，国内产品已经具有一定国际竞争能力，供给短缺的矛盾已得到解决。现在的问题需要在国际市场上推出本国优势产品，实施出口替代战略，争取更多外汇收入，以增强中国在世界经济中的经济实力。

2. 网络市场的创新

随着电子商业网络的建立，因特网在全球的普及，各国企业和消费者不受时间和空间的限制纷纷上网取得资源，实现经济快速增长。一般认为，电子商务在以下方面可以受益：①接触到世界范围用户；②没有地区、时间限制；③吸引那些不愿面对售货员的顾客；④为公司业务扩展提供一个新渠道；⑤企业可以上网销售；⑥成本低，价格具有竞争性；⑦销售简便易行，容易销售附加产品，等等。

3. 会员制创新

客户向批发商和零售商缴纳一定数额的会员费或年费后，就可以取得资格而成为该商品企业的会员，自此便能享受到一定的价格优惠或价格折扣。其主要形式有：①公司会员制。客户是以公司的名义入会，商店向入会公司收取一定数额的年费，公司会员制是入会公司对持卡购买人提供的一种信用担保。公司会员制的会员在购物时可享受 10% 至 20% 的购物价格优惠和一些免费服务项目。②终身会员制。客户一次性缴纳一定数额的会费，使之成为商店的终身会员，可以享受一定购物价格优惠和长年的商品广告及一些免费服务项目。③普通会员制。客户不缴纳会费或年费，只向商店一次性购买定额商品便得到会员卡，此后便享受 5% 或 10% 价格优惠和一些免费服务项目。④内部信用卡会员制。客户申请到商店信用卡成为会员后，购物时出示信用卡，便可享受分期付款或购物后一定时间内现金免息付款的优惠，有的还享受店方一定的价格折扣。

（八）观念创新

企业的发展、经济形态的转变，离不开思想的不断解放和观念的不断更新。马克思的存在决定意识原理告诉我们，企业经营和管理环境的变化将直接导致企业所有者、经营者以及企业从业人员的观念转变，从而推动企业不断创新。

从国际环境看，自 20 世纪 90 年代以来，世界企业开始掀起新一轮的管理变革浪潮，新的经营理念和管理学说应运而生。从国内环境看，经济体制尚处于转轨时期，政企分开的制度环境正在营造过程中，企业制度双轨制并存并呈胶着状态，传统的管理思维和方式还在顽强地发生作用。但从现代企业制度要求的管理科学的高度看，必须摒弃越来越不适应国内外经营环境的企业管理思想，这就要求我们借鉴外国的先进管理思想，结合中国国情，善于总结企业改革中脱颖而出的管理新思潮，树立市场观念、竞争观念、效益观念、信息观念、战略观念、营销观念、人才观念等各种以社会主义市场经济为核心的新理念，只有这样才能适应迅速变化的企业内外环境。

在观念创新中，最重要的是要树立知识管理的新理念。在传统的企业管理中，人们常常忽略知识这一资源。它突出地表现在管理理论体系及其实践主要集中在对企业人、财、物的管理，而忽略知识资源或者是融知识于其中的企业智力资本和无形资产的管理。这表现在企业的资产负债表中，企业的资产从来只考虑实物资产，很少考虑智力资本和无形资产。而实际上，现代企业中存在大量的智力资本和无形资产，有资料表明，1992 年美国企业市场价值的 40% 没有在资产负债表中记录，对于知识密集型企业来说，约有 50% 以上的智力资本和无形资产没有记录在资产负债表中。在知识经济时代，知识资源对经济增长起着巨大的作用。虽然实物资产和金融资产仍是企业生产活动中不可或缺的稀缺资源，但企业赖以生存和发展的已是在它们背后起决定性作用的知识资源。在当前如此激烈的市场竞争中，企业只有靠不断的企业创新去赢得市场。而企业创新的源泉恰恰是知识资源。知识资源为企业创造巨大的市场机会和财富，是企业在激烈的竞争环境中获取竞争优势的根本。因此，企业必须精心对待知识资源，加强企业的知识管理，开展全方位的企业知识管理，加强对知识资源的充分开发和利用，这样才能增强企业创新的深度和广度。企业才有可能在激烈的市场竞争中立于不败之地，才有可能赢得生存和发展壮大的机会。

【案例】

“真功夫”的创新管理

“真功夫”是知名的中式快餐品牌，主打美味、营养的原盅蒸汤、蒸饭，其前身是蔡达标与潘宇海 1994 年创立于广东东莞的“168”蒸品店，1997 年改名为“双种子”，2004 年改名为“真功夫”。真功夫传承中华饮食五千年文化并加以创新，把中华饮食传统的 30 多种烹饪方法汇聚于一身：以岭南饮食的原盅蒸品为特色，发扬中华饮食“营养”优势，塑造“营养”为品牌核心价值。2008 年真功夫米饭销量突破 5000 万份，全国有 400 多家直营店，是直营店数最多、规模最大的中式快餐连锁企业，是中国快餐五强企业中唯一的中国本土快餐品牌。

产品内容：

真功夫的产品主要是中式快餐，蒸饭蒸汤以及蒸菜。

盈利模式：

售卖快餐营收 - 原材料成本 - 人员工资 - 月租 - 水电 = 利润

成功因素：

真功夫的成功最主要在于其创新的中式快餐制作模式。采用蒸的方式，标准化了制作流程，使产品制作速度更快，口味更统一。厨房加工的是半成品，省去了厨师对产品口味的影响。而且只用蒸柜、微波炉等无烟厨具，降低了审批通过难度。

相对于麦当劳肯德基这些洋快餐，真功夫所提供的中式快餐显然更适合中国人的口味。

由此可见，标准化、规模化生产是中式快餐未来的必经之路。因为纵观每一种产业的发展，其壮大过程必然经过一个工业化过程。而要做工业化，必须统一产品的标准，形成规模生产。

第2章

小微企业战略创新

一、战略管理的基本含义

（一）企业战略

企业战略是企业根据外部环境的变化和内部资源能力的状况，为求得生存和长期、稳定的发展，对企业发展的方向、目标和路径进行的总体谋划。战略大师迈克尔·波特认为：战略，一是创造一种独特、有利的定位；二是在竞争中做出取舍，其实质就是选择不做哪些事情；三是在企业的各项运营活动之间建立一种匹配。因此，我们可以从以下三个方面认识和理解企业战略。

首先，战略就是有利的定位。从产业空间（环境）或产业价值链的角度来说，战略就是有利的定位。在生物界，各种生物都以某种独特的方式生存着：或者在天上飞，做天上的雄鹰；或者在地上跑，做地上的猛兽；或者在水中游，做水中的鲨鱼……在企业界，也必须找到某种独特的生存方式，以某种方式定位。

其次，战略就是清晰的取舍。从企业资源配置和竞争的角度来说，战略就是清晰的取舍。经济学是研究稀缺条件下的资源分配方法。在企业界也同样存在资源和能力有限的问题，企业必须在资源和能力有限的情况下，决定干什么和不干什么，就是要有清晰的取舍。

最后，战略就是系统的匹配。从企业组织和运营系统的角度来说，战略就是系统的匹配。所谓匹配，一是内部资源与外部环境的匹配，二是内部各层面、各环节的协调、匹配，方向一致，形成合力。

（二）企业战略管理

“战略管理”一词是由安索夫在其1976年出版的《从战略规划到战略管理》一书中首先提出来的，是指将企业的日常业务决策同长期计划决策相结合而形成的一系列的经营管理业务。美国学者斯坦纳在其1982年出版的《企业政策与战略》一书中则认为，战略管理是一种区别于传统职能管理的新管理方式，这种新管理方式的基本理论和方法是企业战略指导企业的一切活动，企业战略管理的重点是制定和实施企业战略，制定和实施企业战略的关键是对企业的内部条件和外部资源进行分析，并在此基础上确定企业的愿景、使命和战略目标，使它们之间形成并保持动态平衡。因此，企业战略管理的含义可以界定为：企业战略管理是为了实现企业的愿景、使命和战略目标，科学地分析企业的内部条件和外部环境，制定战略决策，评估选择并且实施战略方案以及控制战略绩效的动态过程。

对于企业战略管理，可以从广义和狭义两个方面来理解。广义的战略管理是指运用战略对整个企业进行管理。狭义的战略管理是指对企业战略的分析、制定、执行、控制和调整的全过程进行管理。目前，战略管理主要是指狭义战略管理。

二、战略管理的基本要素

一般说来，战略管理包含战略分析、战略选择、战略实施以及战略评价和调整四个基本要素。

（一）战略分析

战略分析就是了解企业所处的环境和相对竞争地位，主要目的是评价影响企业目前和今后发展的关键因素，并确定在战略选择步骤中的具体影响因素。战略分析包括三个主要方面，一是确定企业的使命和目标，这是企业战略制定和评估的依据。二是外部环境分析，就是了解企业所处的环境（包括宏观、微观环境）正在发生哪些变化，这些变化将给企业带来更多的机会还是更多的威胁。三是内部条件分析，就是了解企业自身所处的相对地位、具有哪些资源以及战略能力，还需要了解与企业有关的利益相关者的利益期望，在战略制定、评价和实施过程中，这些利益相关者会有哪些反应以及这些反应对组织行为产生怎样的影响和制约。

（二）战略选择

战略选择包括战略备选方案的制定、评估和选择。战略分析明确了企业目前状况，战略选择所要回答的问题是企业走向何处。

首先，需要制定战略备选方案。在制定战略备选方案过程中，当然是可供选择的方案越多越好。企业可以从对企业整体目标的保障、对中下层管理人员积极性的发挥以及企业各部门的协调等多个角度考虑，选择自上而下、自下而上或上下结合的方法来制定战略备选方案。

第二步是评估战略备选方案。评估备选方案通常使用两个标准：一是考虑选择的战略是否发挥了企业的优势、克服了劣势，是否利用了机会，将威胁减轻到最低限度；二是考虑选择的战略能否被企业利益相关者所接受。需要指出的是，实际上并不存在最佳的选择标准，管理层和利益相关团体的价值观和期望在很大程度上影响着战略的选择。此外，对战略的评估最终还要落实到战略收益、风险和可行性分析的财务指标上。

第三步是选择战略。就是做最终的战略决策，确定准备实施的战略。如果由于用多个指标对多个战略方案的评价产生不一致时，最终的战略选择可以考虑以下几种方法：①根据企业目标选择战略。企业目标是企业使命的具体体现，因而，选择对实现企业目标最有利的战略方案。②聘请外部机构。聘请外部咨询专家进行战略选择工作，利用专家们广博和丰富的经验，能够提供较客观的思路和看法。③提交上级管理部门审批。对于中下层机构提交的战略方案，上级管理部门能够使最终选择方案更加符合企业整体战略目标。

（三）战略实施

战略实施就是采取措施发挥战略作用，将战略转化为行动。战略实施主要涉及以下一些问题：如何在企业内部各部门和各层次间分配及使用现有的资源；为了实现企业目标，还需要获得哪些外部资源以及如何使用；为了实现既定的战略目标，需要对组织结构做哪些调整；如何处理可能出现的利益再分配与企业文化的适应问题；如何进行企业文化管理，以保证企业战略的成功实施等。企业战略管理的实践表明，战略制定固然重要，战略实施同样重要。一个好的战略仅是战略成功的前提，有效的企业战略实施才是企业战略目标顺利实现的保证。

（四）战略评价与调整

战略评价就是检验战略的有效性，通过评价企业的经营业绩，审视战略的科学性和有效性。战略调整就是根据企业情况的发展变化，即参照实际的经营事实、变化的经营环境、新的思维和新的机会，及时对所制定的战略进行调整，以保证战略对企业经营管理进行指导的有效性，包括调整公司的战略展望、发展方向、目标体系以及公司战略的执行等内容。

三、企业的经营意识创新

经营是一门运筹的学问，苦心经营者方知它的博大精深。经营又是一门艺术，成功经营者能体验到它的极高的价值。世界上的企业形形色色，当然经营方式也就千差万别。但是，综观世界成功企业的经营之道，无不因为它们都能适应经营环境的变化，开拓经营视野，突破旧习，适时转变经营意识，顺应市场竞争的结果。

一个企业没有经营，就难以生存；一个经营者，没有创新的经营意识，就不能进行正确的决策，就难以进行经营创新。成功的企业经营者应树立以下几个重要的经营创新意识。

（一）经营导向意识

在市场经济条件下，企业的核心问题是经营，经营的核心问题是决策，决策的核心问题是创新。成功的企业经营者必须树立适应市场竞争的经营意识，首要的是牢固树立围绕市场竞争的经营导向意识，改变以生产为中心的传统观念。

市场经济要求企业应该由传统的生产导向型转变为经营导向型，这就必须明确企业的工作重点应该在经营、信息、科技开发、销售等方面。

在计划经济体制下，不存在市场竞争问题，企业当然也不存在经营的问题，只需按国家下达的计划指标组织生产；企业也不需要搞新产品开发与市场开拓，产品可以几年、几十年一贯制；生产出来的产品也不必促销，按国家计划完成调拨，是一种计划性的“销售”，这就必然是生产是第一线，一切都要围绕生产而开展工作。在市场经济条件下，市场才是企业真正的前方，车间则是后方，前方需要什么，后方就应按质按量及时供应什么，企业的第一线不再是生产，而是围绕市场而开展的经营、信息、科技开发和销售；企业的工作重点不再是生产部门，而是经营、信息、科技开发和销售部门，其中经营又是一线中的一线，缺乏经营能力的企业高层管理者是不够格的。所以，企业高层管理者首先应是经营专家，并能带出一支精明的经营队伍来。

（二）市场行为意识

市场行为与政府行为截然不同。树立市场行为意识，就是围绕市场搞经营，向开拓市场要效益，破除“有困难，找市长”的计划经济传统观念。在计划经济体制下，许多企业习惯于找政府要资源、解难题，养成了“等、靠、要”的消极态度。在市场经济条件下，企业不能够再指望用政府行为来解决问题，找“市长”所能解决的问题已是很有限的，而找市场则是无限的。只要按价值规律办事，没有办不到的事情，也绝没有轻轻松松就能好办的事情。市场、商场、战场，竞争激烈，但商机是无限的。过去计划经济体制下找“市长”、跑政府部门，只要列入计划就总能“到位”；现在，在市场经济条件下，找市场则必须抓住机遇，必须“抢位”。有些企业领导者，过惯了计划经济体制下的日子，市场观念、竞争意识淡薄，只有彻底换脑筋，才能真正树立起市场行为理念。观念决定行动，思路决定出路。脑筋不换，困境难改；脑筋一换，天地一新，心有市场天地宽。

（三）商机无限意识

商机，一般来说就是经营的机会。寻找商机，就是经营者在变化的市场中去发现、捕捉有利的机会。时下，常常听到人们谈论商机，许多人感叹“现在什么都不好干，干什么也不赚钱”，其根据就是现在市场上商品丰富，供过于求，是买方市场。的确，短缺经济结束后，已由卖方市场转化为买方市场，致使许多人认为商机难寻，殊不知商机就在变化之中。无数事实证明，变化与商机密不可分。变化孕育商机，变化创造商机，变化就是商机。变化是客观的，是永恒的，商机也是无限的。

凡是变化，必然造成旧的消费点萎缩，消费热点转移，消费更新换代，必然产生新的消费热点，并高速增长，形成巨大需求，从而孕育出巨大商机。因此，发现了变化，就是发现了商机；把握住变化，就是抓住了商机。而抓住了商机，就等于掌握了打开市场大门的金钥匙。在现实生活中，变化无处不在。如观念变化，能推动新的消费浪潮；时尚变化，能引起消费的新潮流；政策变化，会产生新的产业增长点；经济结构变化，能使优势产业更迅速地发展；科学技术变化，会引起新的产业革命。总之，从观念到物质，从政治到经济，从国内到国外，从宏观到微观，从生产到流通，变化无处不在，无处不有，而且这些变化生生不息，变化无穷，商机无限。从变化中寻找商机，“商机难寻”就会变成“商机可求”。

“机不可失，时不再来。”只要善于“察”变化于青萍之末，“识”变化于市场风云，就一定能及时抓准、抓住商机，在变幻莫测的商海中游刃有余，扬帆奋进。

（四）经营未来意识

许多企业领导人在考察项目时，总是先问什么时候收到回报。当然，注意回报是应该的，但是过分强调回报或急于得到回报是有负面影响的。一些企业高层管理人员的短期行为存在着缺乏经营未来的意识，对企业是十分不利的。

人类的伟大，不在于他们在做什么，而在于他们想做什么。许多人不成功是因为他们把大部分时间都花在了眼前正要做的事情上，而没有时间去做那些关系未来的重要的事情。所以，企业的领导人要学会经营未来，要用相当多的精力和时间考虑和筹划未来。“良机总是偏爱有准备的人”，经营未来的一个很重要的方面就是要有自己企业的经营战略。

四、企业经营战略思维创新

现代企业要想在变化多端和激烈的市场竞争中生存、发展并成为一流企业，需要在经营思路上有创意并付诸实施，从而形成创新。在经营思路上，的确存在着无限的创新空间，许多成功的企业正是因为在经营思路方面有所创新，才超出对手一筹。经营战略思维创新不是一件易事，但一旦能实现，就会成为企业制胜的法宝。

观念决定行动，思路决定出路。在阐述企业经营意识创新的基础上，提出如下一些经营战略思维创新的一般思路，以期对企业中的实际工作者产生启发和影响。

（一）出奇兵、善应变思维

企业要想在市场竞争中取胜，则必须出奇兵、善应变，与众不同，前所未有，事事处处搞创造。有人说过这样一句话：“独辟蹊径才能创造出伟大的业绩，在街道上挤来挤去不会有所作为。”这句话告诉企业的经营者，最有力的竞争是避开竞争，想别人未想、干别人未干的事，要出新招，拿新法，能开辟一个崭新的领域，开拓新的市场，引导新的消费。这样的应变力比争夺势力、瓜分市场要高明得多。

出奇兵、善应变思路，就是不光盯住现有的优势，要经常改换思路，就是要创新而不能僵化模仿。僵化与模仿是创新的对立面，不破除习惯势力，就不能很好地创造，也就不能取得创新的成功。唯有从实际出发，打出自己的旗帜，走自己的路，走创新的路，才能赢得市场经济中的成功。

（二）科技兴企思维

“科学技术是第一生产力”，依靠科技振兴企业，这是市场经济条件下企业发展的根本途径和通用型思路。市场竞争如同战场作战，必须抢占制高点才能取得成功，获得主动。而科技创新就是市场竞争的制高点，只有依靠科技创新才能振兴企业。

从目前我国企业界的现状看，真正认识到科技兴企是企业经营根本途径的企业人员还不是很普遍，曾有一些企业高层管理人员坦诚地说：“科技兴企好是好，但风险不小，更何况本企业科技实力很差，也不实际，倒不如按照‘勤劳致富’千年古训拼设备，吃老本，多流汗多出力来得稳当保险。省下的钱可以用来增加工资福利，用来买设备，也可以提高产值发展企业，何苦去冒风险？”这是典型的小农经济意识和小生产观念。应该说，勤劳本身并不错，但将其作为经营思路就错了。勤劳只能温饱，勤劳只有在自然经济那种封闭而无竞争的条件下才能略有富余，而且最多也只是“小富”。

在市场经济条件下，我们必须把立足点从自然经济的“勤劳致富”转移到“科技兴企”上来。一方面要高起点地引进技术，并加以消化、吸收，反输出地进行再创造。不能像某些单位那样，仅以引进后的国内暂时先进为满足，不搞消化改进，还对外“保密”，以减少竞争，其实这还是封闭保守的自然经济观念。一般情况下，外商不会把最先进的技术毫不保留地卖出，而是有了彩电才转让黑白电视技术，有了“画王”才给彩电，有了高清晰度电视才给“画王”……如果仅满足于引进而不搞创新就会永远落后。另一方面，还应大力开展科技创造，提高产品的附加值，并开发创新高附加值商品。这一切都只有依靠科技兴企才能实现，只有先换了脑筋，才能真正转换思路。

科技兴企思路要顺利实施，还必须树立大科技的观念。有些企业高层管理人员说：“我们是中小企业，没有科技实力怎么办？”其实即使是国有大型企业，科技实力也是有限的，问题是不能只看到本单位的科技力量，而应有大科技观念。在原来计划经济体制下，科技人员都是单位所有，是人才就更不能流动。市场经济是按照价值规律配置资源，这当然也包括科技资源。尽管缺乏科技人才、科研经费、科技信息或科技成果资源，但只要有了先进的大科技观念，并按价值规律办事，就没有办不到的事情。曾有一位观念先进的企业高层管理人员说过：“全国的科技人员都可以为我所用，只要我有机制。”这就是大科技观念的一种具体体现。当然也必须有《中华人民共和国反不正当竞争法》的具体约束，不能不择手段地“为我所用”。按照大科技观念，在用好本单位科技力量的基础上，还可以迈开社会合作的步子，寻求科技靠山来咨询服务。

或请科技院（所）搞技术入股式的紧密合作；或到科技发达地区（包括国外）去聘请客座研究人员，按协议前来本单位工作一段；或在社会上广泛借用潜力极大的科技人员业余兼职服务（如星期天工程师）；或开展人才招聘；或委托高校、院所培训、培养科技后备力量；或在企业内外广泛开展难题招标技术承包；或依靠企业内的小材大用、逼人成才策略；等等。

（三）开发与销售并重及“借鸡生蛋”思维

在市场经济条件下，开发与销售是企业中比生产更为重要的一线部门。从市场和经营的角度看，重要的是要有好产品与大批的订单，生产则是组织安排的问题。当然，生产高质量的产品，必须有先进的技术，技术创新同样是重要的创新活动。但在市场变化快、商机瞬息即失的情况下，要学会抓时机，牢记一个“先”字，实现一个“早”字。企业看准了的商机，就应快速反应，“兵贵神速”。有生产部门的，可以连同生产利润一起创造；若没有生产部门，经营得法的话，商品附加值还可能比生产利润大得多。人们不会忘记山东龙口特产——龙口粉丝“出口又进口”给我们的启迪。当时的龙口粉丝是由龙口的乡镇企业生产，质量优，价格便宜，出口量也相当可观，主要是出口日本。出口的龙口粉丝是用麻袋包装的，而精明的日本人将麻袋包装的龙口粉丝改用盒装，每盒量小供家庭食用，包装盒设计美观，也方便携带和存放，然后再出口其他国家，销路大畅，就连中国大陆也出现了由日本进口而来的盒装“龙口粉丝”。日本人没有生产基地，只是在包装上来一个“改头换面”，加之设计艺术，方便实用，赚得了比生产利润大得多的利润。

抓商机，搞经营，即使没有自己的生产基地，也完全可以“借鸡生蛋”，主要的问题在于经营得法。也许有人会说这是“皮包公司”，其实这只是一种"投机取巧"的经营思路。且看许多新技术开发公司，尤其在起步阶段，往往都搞"借鸡生蛋"，并都迅速地发展了起来。有很多企业都凭借着经营实力到国外搞合资企业，用外国的生产力量打开了海外市场。

可能有些同志一听到"投机取巧"便条件反射似的认为应予取缔。然而"投机取巧"并非贬义，"机"即机会、机遇、商机，"巧"即思路、办法、策略，这都是市场经济所必需的。有人说，"市场经济条件下，投资是科学，投机是技巧"，有一定道理。不能把经营思路和策略与"政治投机"混为一谈，经营上的"投机取巧"与法律上的"投机倒把"也是两码事，"投机倒把"是违法经营，必须坚决予以取缔。在当前，"投机倒把"主要是搞假冒伪劣、炒卖批件、欺行霸市、哄抬物价。随着时代的前进，社会认识也在改变，在改革开放初期曾一度认为是"投机倒把"的长途贩运、"皮包公司"、买空卖空，现在看来已不属于"投机倒把"。长途贩运是正常的流通；"皮包公司"主要指中介经纪，是凭信息与组织工作而对市场交易的促进；买空卖空则是市场交易中的一种特殊形式，即期货交易。

由此可见，"借鸡生蛋"这种投机取巧并不是违法经营，而是一种灵活的经营思路，是一种正当的经营策略。这个策略可以促使我们更加重视开发与销售，更加重视创新经营。

开发与销售并重与"借鸡生蛋"经营思路和策略在市场经济中并不少见。例如，国际运动鞋、旅游鞋业排名第一的美国耐克公司名声很响，可是却没有一个直接所有的生产车间，连一批样品鞋也常由台湾的加工厂来制作。耐克公司只集中精力抓开发设计与销售经营，但商品附加值的大头恰恰存在于开发与销售中。在高科技领域的飞机制造业中，美国麦道公司、波音公司只生产飞机驾驶舱，其他部分则常由十几个国家的飞机工厂为其加工，甚至整机也由国外的工厂加工，其中也包括我国的上海、西安等地的飞机厂。这样，麦道公司、波音公司自己就可以主要抓新机型的开发设计与销售，以及对各加工厂的严格的质量管理与检查。这样做的理由很简单，这就是投入少、成本低，获得大部分附加值。

北大方正公司是生产激光照排印刷设备的高科技企业，全公司 200 多名员工曾创造过年销售额 9.4 亿元的佳绩。仅 200 余人是怎样获得这么大的销售额的呢？其实这 200 余人主要是搞经营、开发与销售，该公司只有一个搞外协工作的生产部，有 12 名员工，没有一台生产设备。那又是如何保证产品质量的呢？经调查研究发现，专业工厂的产品质量均比万能型的工厂要好，一个工厂对外加工的质量也往往比为本厂加工的质量要好。为此，该公司把激光照排设备分解成零部件，全部选送质量最好的专业工厂外协加工，以求各项零部件的“最佳”，最终组合出整机质量的“最佳”。于是，将集成电路交由航天部某厂加工，计算机芯片向日本某公司订货，塑料外壳向香港定做，总装调试则交北京大学无线电厂承担。各个生产厂分别拿生产利润，北大方正公司则拿商品附加值与销售利润。这样，既不需要厂房基建、固定资产投入与生产管理成本，又大大地缩短了产品投产的制作周期，并能获得巨大利润。北大方正公司的成功说明了什么？说明了高明的经营思路和策略的重要意义和关键作用。

（四）竞争中的联合协作思维

在市场竞争中，必须考虑各种方式的联合与协作。俗话说：“天时不如地利，地利不如人和。”“多一个朋友多一条路。”“朋友也是生产力。”

市场经济条件下，企业的周围是各方面的竞争者、联合协作者、供应者和消费者，但都不是一成不变的。只要战略战术运用得当，在不同的情况下，灵活地开展联合协作，就可以壮大自己的力量，取得更大的成功。然而要搞好联合协作，其前提依然是要换脑筋。一谈到联合，自然经济的传统观念是“同行是冤家”，既然是“冤家”，怎样联合？而且“船小好掉头”，何必搞联合？计划经济体制下往往从局部利益出发，除非有不可违背的计划任务，否则难以主动积极地去联合。市场经济则主张“竞争中的联合，联合中的竞争”，认为“船大才能抗大风浪”。国外的经济界人士还认为，如果不能把对手打倒，就得不同程度地考虑与之联合，这是竞争的战略需要。

我国的企业受自然经济、计划经济传统观念影响时间长且根深蒂固，政企不分，并且地方保护主义只考虑地方利益，不求联合与调整。只有破除自然经济的“各人自扫门前雪”与计划经济的地方保护主义观念，才能体现社会主义制度的优势，才能够搞得比国外更好。如我国当年对录像机的引进与开发工作，就曾吸取了过去彩电、冰箱一哄而上搞重复引进的教训，在国务院的领导下，由8省、市的10家电子企业联合建立了股份制的华录公司，为全国的录像机厂配套生产磁头等关键部件，从日本松下公司引进最先进的技术，从而实现了录像机的高起点、高水平、高速度与高效益开发。这充分证明，搞社会主义市场经济是能够实现高效的联合与协作的。

联合经营是社会主义市场经济的优势。创造性的联合必须要有积极而慎重的部署，要有可靠的管理措施。企业间的协作是联合的另一种形式。协作不但可以更好地利用社会资源，还可把经营搞得更好、更活。要敢于协作又善于协作，就应破除自然经济的“万事不求人”“肥水不流外人田”的传统观念，破除计划经济追求“小而全”“大而全”，片面追求本厂化率、国产化率的思想。不破除这些非市场经济观念，就搞不好真正的联合与协作。

随着市场经济的发展，生产加工国际化的趋势也越来越明显，“怎么合算怎么干，哪儿合算哪儿干”已成为企业家的共识。据报道，日本的理光、美能达等照相机的海外生产比例都已超过 70%；连海湾战争中美国的爱国者导弹上关键的计算机芯片也并不是美国生产，而是在日本加工的。至于能否保证质量和交货期呢？只要严格按合同办，谁也不敢轻易违约。大量事实证明，创新经营离不开联合与协作。其实这一套经营思路和策略也并不难学，关键在于观念更新，只要观念先进，我们就能干得更好。

（五）高起点、一步到位与负债经营思维

考察过珠江三角洲的人可能都会感到那里的明星企业很多，办一个企业，抓一个项目，过不多久便可以成为批量大、质量高、效益好的明星企业。相比之下，北方与西部地区的许多企业，虽然在发展经济上也花了极大的精力，却往往是铺一个摊子就成为一个包袱，成功率很低，明星企业则更少，干了十几年还成不了气候。原因何在？仍然是市场经济与自然经济这两种截然不同的观念在起决定性作用。

先进地区的企业高层管理人员们常说：“要么不干，要干就必须一流。”办企业、上项目的基本原则就是高起点，一步到位。一位企业高层管理人员由衷地说：“哪怕扫大街，也要拿个扫街的全国冠军。”在这种竞争意识与事业精神的指导下，经营上盯住国际市场，技术上抢占制高点，就能事在人为，成为明星企业。而自然经济观念指导下总是习惯于小打小闹、小富即安，只求风险小、不亏损，不用说主动到海外去竞争，连海外有可能打进来与我们竞争都没想过，办企业则往往强调白手起家，低速度滚动发展，最好少借钱、不借钱，崇尚一无内债、二无外债的“无债一身轻”。观念不同，行动不同，结果当然就不同。

搞滚动式发展是符合规律的，也是常用的经营思路和策略，但差别就在起点上，起点决定发展。以滚雪球来说吧，当然是从高坡往下滚雪球要比在平地上滚雪球要滚得快、滚得大。低起点、慢慢滚动发展，是自然经济的典型发展模式，在没有市场竞争的条件下可以实施，而在竞争的条件下必然相形见绌了。就拿农村的盖房来说吧，我们常常看到许多农民好不容易积攒点钱，首先是按传统标准盖新房，随着农村经济的发展，扒了再盖，过几年再扒再盖，反复折腾的结果是一代人要盖三次房，经济上极不合算。同样是农村盖房，在经济发达的珠江三角洲、苏南、烟台地区、北京郊区等，很讲究高起点，一步到位。如广东珠江口附近农村的住房都是马赛克外墙装饰，即使目前还装不上空调，盖房时就已预留了空调器的安装孔，这样，便可三代人盖一次房，几十年不落后。观念不同，做法不同，效果也明显不同。

当然，办企业的高起点不同于盖房装修，办企业的高起点也不是在用车上、享受上的高起点，而首先是指在经营、开发、规模、质量、营销上的高起点，指的是科技创新的制高点。经济发展快的先进地区、先进企业都无一例外的是高起点，并且都是一步到位发展起来的。

高起点经营，一般需要负债经营，因而，首先要敢于负债。过去我们曾追求“一无内债、二无外债”，对负债的看法是片面的，一定程度上使经济发展滞后。美国是世界上最大的债务国，欠有巨大的国债，但若无此举债，也难有经济的高度发达。对于企业来说，在市场经济条件下，适度负债经营比不负债经营，在发展速度上要快得多。没有负债经营，就没有企业的腾飞。负债经营的企业，首先由于总资本的增加而可以获得高起点的发展，使企业的经营开发可以一步到位；其次，当总资产利润率（息税前资产利润率）大于银行利息率时，可以提高自有资本利润率，实现在资金上的“借鸡生蛋”；第三，负债的利息可以计入成本费用在税前扣除，这是完全合理合法的避税；第四，企业的每笔负债，都是企业的一次能量的贮存，企业可借此为动力，实现腾飞。这里还要指出一种认识上的误区，即负债若超过自有资本便是资不抵债。其实，资不抵债的“资”指的是企业的全部资产而不是所有者权益，资不抵债是全部资产金额小于全部负债金额，此时企业的所有者权益即自有资本就是负数了，负债超过自有资本与负债超过全部资产是两码事，负债超过自有资本其实是完全正常的。在大多数股份公司中，股东的总权益常常是原企业自有资本的数倍，同时负债金额也相当大，往往也超过股东的总权益。当然，负债经营必须将所负的债务用于经营，用于高投入产出比的经营。也有的亏损企业，过去不搞负债经营，亏损后却大负其债充作工资、福利费，还自以为“债多不愁”，国家总会来救济照顾的，对于这样的企业，企图躺在银行身上“赖账”，是不会长存的，况且，没有投入产出效益的项目，银行是不会支持的。负债必须用于经营，而且前提是有市场、会经营，这样的负债经营才能有良好的效果。

（六）战术性赔钱思维

企业经营的目标是赚钱。然而，为了更多更好地赚钱，又往往需要实施战术性赔钱的思路和策略。国外企业界流行一句话：“赔钱的买卖是行家干的。”

要实施战术性赔钱的经营思路和策略，也必须先转换观念。自然经济的传统习惯是只顾眼前，斤斤计较，只算小账，丢掉了长远的根本利益，其实并不高明。市场经济条件下，追求的是高瞻远瞩，不能只求一时一事的暂时得失，而必须算总账、算大账，追求企业的根本利益与长期发展。精明必须再加上开明才算得上高明。

战术性赔钱的具体种类很多，有先赔后赚、小赔大赚；有高档、低档产品赔而中档产品赚；有在产品生命周期中的诞生期、衰退期赔，而在成长期、成熟期大赚；有为了企业的生命——信誉，则必须赔钱保信誉；有为了保证凝聚力，企业内的赔钱；有在企业间的联合协作中，通过让别人分切一块“蛋糕”而把“蛋糕”做得更人等多种战术性的赔钱思路与策略。企业应从实际出发把战术性赔钱这一策略用活用好。

应当指出，战术性赔钱这一经营思路和策略的实施，要在企业发展的总体战略目标的指导下具体开展。例如美国的可口可乐公司，为了打开中国市场这一战略目标，在我国的改革开放初期就主动地给北京、广州等地赔送灌装生产线，但却换得了其可乐原浆在中国的畅销，待中国市场发展到年进口可乐原浆用的外汇高达 100 万美元后，再在上海合资建设原浆生产厂，从而开始在中国稳定地赚钱，这是很高明的战术性赔钱范例。战术性赔钱应该从战术对象的心理出发，使赔钱赔在点子上，从而获得最佳效果。

在企业间的合作中，如不更新观念，不会灵活地采取战术性赔钱的经营思路和策略，一味只求精明，也是无法开展市场经济方式的企业合作的。广东的同志常说：“有钱大家赚，钱是赚不完的。”因而在合作中，他们通常都不算别人赚走了多少钱，而只考虑由于合作自己已经多赚了多少钱，还能够再多赚多少钱。然而，我们也常常看到内地一些企业的决策者，宁可一次次地去高档酒店宴请，却不愿按照价值规律付出应有的技术服务费，这些决策者的价值观念确实应该更新了。

（七）一业为主，多种经营思维

多种经营思路是一种意识，更是一种良好的策略。它是市场经济的产物，意味着没有任何经营框框，是把经营决策回归到企业经营的原点后，为了获取经济效益与社会效益而广开经营思路的策略。一业为主，多种经营，则意味着在不放弃有效的经营优势的前提下，可以通过多种经营来增加企业的收入，并减少经营风险。成功企业经营的一句名言是“不要把鸡蛋放在一个筐子里”，这比传统的只能“一棵树上吊死”的经营方式要有效得多。

从我国的具体国情出发，我们在较长一段时间以第一产业为主、多种经营并存发展，应该调整产业结构，大力发展第三产业。要调整好产业结构，必须首先端正对第三产业的认识。第一产业指的是大农业，包括农、林、牧与水产业；第二产业是指工业与建筑业，是生产有形产品的制造业；第三产业则是其他一切非有形产品产业，具体包括商业、餐饮服务业、修理业、旅游业、交通运输业、邮电通信业、金融保险业、文教卫生业、科技咨询业等。第三产业占国民经济的比例在现代社会里已越来越高，并成为一个国家或地区现代化程度的重要标志。然而自然经济条件下的封建社会是看不起第三产业的。我国的封建社会历史最长，长期以来看不起商人，一提到商人便是“无商不奸”，一提到钱便是“铜臭味”，第三产业长期被认为是“不创造社会财富”“低人一等”的行业。由于存在这些认识误区，我国第三产业占国民经济的比例长期以来一直严重低下，居世界各国的末尾。其实，第三产业绝不是不创造财富，而是高效益产业。第三产业投入少、周期短、效益高，又是劳动密集型产业，这也正是我们当前产业结构调整的主要方向。因而，我们必须更新观念，重视第三产业，绝不能再把第三产业看作可有可无，或是在企业里解决安排老弱病残、调皮捣蛋者的场所，而应该以战略调整的观点，来重新审视与认识并大力发展。

（八）“靠山吃水”思维

俗话说：“靠山吃山，靠水吃水。”这其实是搞自然经济的一套习惯认识和做法，仅仅能发展资源导向型经济。当然，“靠山吃山”也可算一种有效的经营策略，尤其是在具有独特的稀有资源、紧俏资源的情况下，“靠山吃山”是可以充分发挥地理优势的。但若该资源并非稀缺、紧俏资源，而靠着这同一座“山”的竞争者又很多时，这种“靠山吃山”势必成为低水平者的重复竞争，很难谈得上有多少优势。诸如农村许多石灰岩地区星罗棋布的小石灰、小水泥企业就是这种资源导向型经营策略的产物。如果缺乏有力的宏观调控，这些小企业不但很难经济起飞，还会产生很多环境污染与资源破坏问题。

在市场经济条件下，资源是无地域、无国界的，而经济效益的关键则在于对资源的深加工技术与深加工产品的市场竞争。自然资源缺乏的香港与新加坡照样可以发展成亚洲“四小龙”，它们靠的则是“靠山吃水”，即主要依靠市场导向而不是依靠资源导向。再例如，美国的经济当初也是东部发展得快，西部发展得慢，大规模的西部开发，是在西部发现金矿之后，随着淘金者的大批涌入而逐步开展的。最初，人们都只盯着金矿资源，在上万名淘金者中，却又有多少人由于淘到大量黄金而发大财呢？但是旧金山的一位经营者不自觉地应用“靠山吃水”的思路发了大财，他就是牛仔裤的发明者莱维。在众人一哄而上争相淘金时，他并没有头脑发热，却发现淘金者们的裤子极易损坏，动脑筋用帐篷布料制成了结实的紧身工作裤，立即走俏矿区。以后，莱维又不断地继续创新，最后制成了石磨蓝面料并带铜钉扣的结实的紧身牛仔裤，从中发了大财。搞牛仔裤经营，不用顾虑当地是否有牛仔裤的原料，关键是要有牛仔裤的市场，而原料则是可以无地域、无国界的。可见，“靠山吃水”经营思路和策略，能为企业的经营工作，带来新的经济发展思路。

（九）无地域经营思维

严格地讲，无地域经营应是市场经济的一个基本原则。然而，在传统观念影响颇深的状况下，真正认识并按此原则经营企业的企业家却很少。因此，我们将无地域经营作为一种认识、一种思路、一种经营的策略，谁先拥有了这一思路，谁的观念先进，谁就又多了一条有活力的出路。

自然经济的重要特点是自给自足、因循守旧、闭关自守，其习惯势力使许多企业现今搞市场经营也还是守在当地等顾客上门；计划经济则片面强调经营秩序与经营范围的计划分工，把超地域、跨行业经营看成“出格”，并从地方保护与行业保护出发抵制无地域经营；而市场经济的最大特点则是竞争，竞争是积极主动并且没有经营框框的，买全国、卖全国，买世界、卖世界的势头正迅猛发展。

在现今的国际经营方式中，欧美地区的市场需求，完全可以通过在工业设计方面水平较高的日本来设计，而把生产安排在成本相对较低的东南亚地区去完成。在国际贸易战中，更因为各国间都以贸易配额相互限制对方，于是便有了许多无地域经营的对策应运而生。曾几何时，在美国的汽车销售市场上，日本汽车的销售量已占 1/3，于是美国便决定对日本实行汽车进口限额限制，而日本则通过无地域、无国界经营在美国直接开办汽车厂。虽然日本减少了对美国的汽车直接出口，但在美国市场上的日本汽车销量反而增加了，而且还节省了运输费用与关税。可见无地域经营确实是市场竞争中一种十分重要的策略。

在国内，大搞跨地域经营的都是经济发达、观念先进地区的企业。

例如，浙江省的民营企业实施西进战略，用当地的原材料、能源、劳动力来抢占中西部市场；江苏省为调整产业结构，已提出“腾笼换凤”的新思路，把许多劳动密集型企业、资本密集型企业整厂迁往外地，腾出场地改搞技术密集型企业，等等。市场经济无地域，这确实可给企业带来更多的竞争优势与经营活力。

但是，我们也清醒地看到，仍有相当多的内地企业却依然在自我封闭，不想也不愿到经济效益更好的地方去搞无地域经营，只是满足于目前企业经营的小富即安，只想小打小闹地凑合过日子；有的则是怕吃苦受累，反正“金窝银窝不如自己的穷窝”；还有的害怕竞争，害怕风险，想过平安日子；也还有的不了解市场经济的知识和特点，误认为无地域经营是不合法的，是投机倒把；更有的抱有狭隘的地方利益观念，生怕地方资金与税收外流，宁可困死在当地也不去寻找市场经营的自主权和主动权，究其原因，是当地政府的领导及企业的领导，片面地认为只有在本地发展才是天经地义的。其实，这是落后的观念，企业只有摆脱自我束缚，彻底更新观念，才能有真正的大发展，才能在市场经营的大道上阔步前进。

（十）居安思危思维

市场经济的最大特点是竞争，要竞争就肯定有风险。面对市场经济，真正的企业家必须同时具有风险意识、忧患意识与保险意识，应该进攻与防御并举，一句话，就是要有居安思危意识，并拿出相应的思路和具体对策。市场经济环境下，风险是客观存在的，而对待风险，一要不怕，二要重视。其实，真正的风险往往并不在于风险本身，而首先是缺乏风险意识，没有危机感。被一时的成功冲昏头脑，对危机的到来麻木不仁、茫然不知，这才是最大的风险。我们不由得回想起 20 世纪 80 年代初期与中期，当时国内一批最著名的、市场占有率很高的电冰箱厂、收录机厂、电视机厂与洗衣机厂，在当时都是手里的订单干不完，日子也很好过。可是进入 80 年代后期以后，这些企业却纷纷陷入了困境，原有的市场一丢再丢，有些企业变成了亏损大户，有些企业直到近年才慢慢缓过劲来，但也早已没有了往日的雄风。这其中一个重要的原因就在于它们在日子过得顺利时没有居安思危，在产品抢手时只注意抓增产，缺乏战略思考与战略眼光，等到竞争对手的新产品纷纷上市，质量与品质更胜一筹时，再想转舵则为时已晚，只得落伍。所以，一个现代企业的成败，在相当程度上是看其有无危机感。企业必须要有居安思危的观念，要有忧患的意识，并且要拿出居安思危的对策来。企业应经常做好如下的具体工作：

①在企业内制造危机感，激发全体员工的忧患意识。制造危机感，营造危机氛围，是居安思危最基本、最常用的认识对策，主要通过收集市场变化动向与竞争对手的信息，在横比中找到本企业的危机，并利用信息渠道使全体员工建立经常性的危机感。例如，美国百事可乐公司搞的“末日管理”，就是通过横比而不断发现危机，并宣称“末日来临，不可满足”，从而让每个员工都有压力并想出办法。在国内，无锡小天鹅洗衣机厂也曾学习百事可乐公司，开展“末日管理”，大力制造危机感。在该厂经营业绩十分出色，占领了全国约 50% 的全自动洗衣机市场，年利润已超亿元的辉煌时期，企业就十分清醒地提出：“企业最好的时候也就是最不好的开始，产品最走红时也就是滞销的开端。”通过“末日管理”，该厂一方面向全体员工要办法，另一方面邀请各方面的专家对企业的发展战略进行研讨，同时，还通过全国各地 25 家晚报，推出“小天鹅 60 万重金买意见”的公共关系活动，收到了相当好的效果。

②在企业内专设“保全经理”。国外一些企业里，为了实施居安思

危策略，还专门设立一位副经理专门研究风险，防止危机，取得了较好的效果。

③成立“找问题小分队”。真正做到居安思危，一个重要方面就是善于发现自己的问题，并解决问题。例如，有一家商厦在员工中专门抽出人员，成立脱产的“找问题小分队”，每人每天都定有寻找商厦的经营管理问题的硬指标，发现问题并提出积极的措施建议，过一段时间再调换一批同志寻找问题。这样做既起到了专业防范的作用，也提高了员工的危机感，使企业经营管理水平有了很大的提高。

④开展企业诊断。搞企业诊断是居安思危的最佳方法之一，属于智囊团经济的管理方式。企业是法人，法人也有健康状况的评价问题，这就需要保健咨询与及时诊治。企业的问题往往是“当局者迷，旁观者清”，这就需要请有经验、有水平的专业人员，帮助企业发现问题，找到毛病并分析出病因，以对症下药，恢复健康。有问题而不诊治则是十分危险的。

企业居安思危的具体做法很多，提出以上几个做法供借鉴。重要的是各企业要结合本企业的具体实际，有创造性地开展居安思危的活动，确保企业长盛不衰的上升势头。

（十一）抢跑道思维与快速反应机制

市场如战场，必须兵贵神速。经营思路再好，经营策略再高明，行动迟缓、举棋不定、优柔寡断，好思路会时过境迁，高明策略也会变成低俗策略。

《孙子兵法》是古代优秀的军事思想，据后人对孙子军事思想的研究，若将孙子兵法仅用三个字概括，即“势、奇、捷”，其中就有一个“捷”字。这里所讲的“势”是指气候、地势、因势，心合力坚，势如山倒；“奇”

是指足智多谋，出奇制胜；“捷”则是把握机遇，捷足先登，行动敏捷。要赢得胜利，必须“势、奇、捷”三者结合。

“捷”，含有“抢”的意思，当然不能搞违法逆德的“抢”。抢位意识强的企业，则都能得到市场的回报。要抢跑道，则必须建立快速反应的经营机制，这也如同古代战争中，为了快速反应而特设“尚方宝剑”，可以先斩后奏。如北京牡丹电子集团，为了市场竞争的需要，成立了名为“快速反应小分队”的轻型精干的开发公司，在研究了市场后即可自主开发，允许“先斩后奏”，省略了大型企业层层上报、协调与审批的手续，从而保证了市场信息的快速反应。很多企业的实践证明，成立专攻市场难点的小分队，便于机动灵活地快速行动。强化抢跑道意识，实施快捷策略，建立快速反应的机制，成立快速反应小分队，这些都是抓住市场机遇所必需的。

【案例】

恒大冰泉的快速反应与立体营销策略

2013 年 11 月 9 日，恒大夺取冠军的新闻沸腾了整个中国。作为长期以来相对薄弱的体育项目，“恒大登冠”无疑是中国足球历史上的一次“意外惊喜”，也是继 1990 年辽宁队后中国球队再度称霸亚洲。这次的夺冠，让广州恒大家喻户晓。“恒大足球”“恒大集团”“许家印”等一时间成为关注度和搜索率极高的新闻热词。就在这举国瞩目的“惊喜”发生的第二天，恒大集团迅速采取趁热打铁之势，举行恒大冰泉上市发布会。

（1）悬念式营销。据说，2013 年 11 月 8 日，恒大地产相关工作人员向一些媒体记者发出采访邀请，但是拒绝透露任何其他信息。在 9 日晚的冠亚决战之中，恒大悄然更换了比赛队员们的球衣，不仅所有球员的比赛服装印上了“恒大冰泉”的胸前广告，教练员、工作人员的服装也同样如此。就在工作人员忙着将亚足联颁奖仪式的用具搬离绿茵场的时候，四只超大的矿泉水瓶被人扛进体育场绕场庆祝，而上面“恒大冰泉”字样赫然醒目。与此同时，亚冠决赛当晚，无论电视、网络，只要与亚冠决赛有关的版面均出现了“恒大冰泉”的广告。

（2）政、商、学、体各界云集。恒大冰泉发布会上，商界、政界、学术界、体育界相关人员云集，吸引百余家媒体到场。恒大矿泉水集团董事长、恒大集团副总裁、吉林白山市市长、中国矿业联合会天然矿泉水专业委员会主任、国务院资深参事、水文地质学家、勘察大师等依次致辞。世界名帅里皮、郎平、前世界足球先生菲戈以及前西班牙兼皇马双料队长耶罗受聘成为恒大冰泉全球推广大使。

（3）水源优质。在冰泉矿泉水的相关介绍中，显示其水源地为长白山深层矿泉，它与阿尔卑斯山、高加索山一并被公认为世界三大黄金水源。长白山深层矿泉，属火山岩冷泉。水温常年保持在6℃~8℃，水质中的矿物成分及含量相对稳定，水质纯净、零污染，口感温顺清爽。另外，官方宣称，经世界权威鉴定机构——德国Fresenius（费森尤斯）检测，“口感和质量与世界著名品牌矿泉水相近，部分指标更优”。

（4）生产工艺先进。在生产工艺方面，恒大冰泉整个生产线均引进世界上最先进的生产设备，且直接从深层火山岩中取水，无空气接触灌装生产，保障质量。

（5）背靠大山的品牌。恒大集团在香港上市，是以民生住宅产业为主，集商业、酒店、体育及文化产业为一体的特大型企业集团。总资产达2745.9亿元，在全国140个主要城市拥有大型项目262个，连续三年土地储备全国第一、在建面积全国第一、销售面积全国第一、销售额稳居全国三甲。“冰泉”作为新生的矿泉水品牌，背靠大山，可谓握着金钥匙“出世”。

（6）高品低价的民生事业。恒大冰泉的领导对外宣称将坚持“一处水源供全国”模式，坚持“高端品质，亲民价格”微利模式，保障每一滴水均来自长白山，为广大老百姓提供安全健康养生的天然矿泉水，改善现代人的亚健康状态，全面增强国民体质。

（7）保健诉求。水是生命之源，人体的 70% 由水分组成，饮用高质量的水，被认为是有助于提升生命质量的最重要途径之一，但我国百姓的饮用健康好水的观念还比较薄弱。恒大冰泉在宣传中充分体现了“保健”这一概念：“蕴含丰富且均衡的人体所需钼、硒、锶、锂等 20 多种微量元素，且偏硅酸含量较高。偏硅酸对人体主动脉硬化具有软化作用，对心脏病、高血压、动脉硬化、神经功能紊乱等都有医疗保健作用。”

（8）强势的广告轰炸。2013 年 11 月 9 日两小时的亚冠决赛直播、各大网站和媒体的广告投放，都让“恒大冰泉”这款新产品备受关注。另外，它还通过纸媒的整版广告以及奇艺网、新浪网等各知名网站进行广告宣传，也在湖南卫视、江西卫视等电视台进行高密度广告投放。

（9）多元化销售渠道。在发布会上，恒大冰泉的领导指出，将借助恒大地产特色产业平台，打造多元化的立体营销渠道服务平台。以终端直营渠道和现代渠道为主，以特通渠道和经销商渠道为辅，建立起立体营销网络。恒大集团考虑建立一套独立的饮用水系统，将恒大天然矿泉水纳入楼盘社区系统，使之成为恒大物业的一大亮点，为物业提高附加值。

另外，恒大冰泉还在全国超过 130 个城市、逾 200 个项目、各地区恒大酒店、恒大影城、健康养生会所等设置产品展示零售店，并且还开通“恒大矿泉水”网上商城，这些举措不仅令恒大冰泉的销售渠道更加立体，也将为消费者提供全方位的后期客户跟踪服务。

第3章

小微企业创意开发

一、创意的内涵及其特征

（一）创意的内涵

创新一向被视为人类本质的最高表现，没有创新，就没有社会进步，就没有人类的未来。实践没有止境，创新也没有止境，创新是一个民族进步的灵魂，是一个国家兴旺发达的不竭动力。而创意是创新的开始，是创新的源泉，任何伟大的创造，初始时往往只是一种思想的火花。这种思想的火花基于对传统的继承与叛逆，是打破常规的哲学，是破旧立新的创造。进入 21 世纪以来，人类社会正逐步迈向一个创意经济时代，不再是简单的工业经济时代的规模决定一切，也不再是信息革命时代的技术万能，人的创造力、想象力、创意成了核心，创意也逐渐成为推动经济发展的核心和主导力量。

创意（Creative）是一个从西方引入的外来词，也可译为创造性，对应的名词是创造力或创新力（Creativity）。一般而言，“创意”是人们平常所说的“点子”“主意”或“想法”，一般源于个人创造力、技能和才华。进而言之，创意是“人类经历（概念和直觉的混合物）的整合，它们可能是简单的或者是复杂的；伟大的创意——不管是源启发达国家还是发展中国家——都能够产生巨大的新价值和财富”。可见，在知识经济前提下，创意是新的“流通货币”。随着创意经济的出现，创意的本质深化为科学技术和艺术创造的结合，此种结合使人们重新认识到科学技术包含感性认识、艺术气质和美学内涵等方面，更强调个人的天赋。

创意是将一些简单、平凡的元素或生活智慧经过不断延伸、整合，赋予另一种意趣、表现方式或呈现形态的过程。对创意内涵的定义，可以从宏观和微观两个方面具体理解。

从宏观方面讲，创意是对传统的叛逆，是打破常规的哲学，是大智大勇的同义，是导引递进升华的圣圈，是一种智能拓展，是一种文化底蕴，是对宏观微缩的审视，是对点题造势的把握，是跳出“庐山之外”的思路，是超越自我超越常规的导引，是智能与文化神奇组合的经济魔方，是思想库与智囊库的能量释放，是推动社会不断发展变化的强大动力，是深度情感和理性的思考与实践，是思维碰撞、智慧对接，是创造性的奇思怪想，是投资未来、创造未来的过程。

从微观方面来看，创意是生产作品的能力，这些作品既新颖（也就是具有原创性，是不可预期的）又恰当（也就是符合用途、适合目标所给予的限制）。这个比较广泛的定义有助于我们的讨论。作为创意产业或创意经济中的创意，创意经济的研究者有着明确的界定。被誉为“创意产业理论之父”的约翰·霍金斯（John Howkins）在其《创意经济——如何点石成金》一书中指出：创意是能够给人类带来快乐的基本的普遍的天赋，是催生某种新事物的能力，它表示一人或多人创意和发明的产生。霍金斯进一步指出：任何创意都具有三个基本条件，即个人性、独创性和意义。首先，人不是物体，人类具有创意，创意需要个人观察某些或表面或深层的东西，然后让它们成型；其次，创意又是独创性的，它可以是全新的“从无中形成”，也可以是赋予某物新的特征，即“崭新”或“独特”；最后，创意又具有深远意义，它一方面满足人们创造的需求，带来创造的愉悦，另一方面还会经由知识产权法和市场使个人性、原创性的创意转变成创意产品，实现创意的商业化、市场化运作，从而实现创意的巨大经济价值。霍金斯还特别指出，创意在科学研究和开发领域与在艺术创造领域一样活跃。

综上所述，创意是经济主体通过创造性思维活动而获得的，是对某种潜在获利机会的原创性识别与认知。因此，创意作为一种原创性的知识，它既可以是某种点子、想法，也可以是某种策划、思路或解决方案；既可以是某种新发明或新技术的内心感知，也可以是对某种新的要素组合方式、新的商业模式或新的市场需求的前瞻性判断与敏锐洞察。因此，“创意”的内涵可理解为源于个人自身文化和经验积累而获得的个人天赋，并能在经济、社会和技术高度发达的社会中迅速转化为获得财富的新思想和新观念。

（二）创意的特征

作为一种特殊的生产要素，创意不同于一般的已经显性化、编码化的知识，它具有创造性、难言性、价值性、理由充分性、不确定性、互补性六大特征。

1. 创造性

创意首先应当具有创造性，这是创意的本质特征。凡是创意，必然对原有思想、理论、技术、方法等有重大突破，并提出新的思想、理论、技术、方法等。创意是对现有的不合理事物的扬弃，革除过时的内容，确立新事物。马克思和恩格斯就是突破了黑格尔的唯心主义辩证法、费尔巴哈的形而上学唯物主义、亚当·斯密的政治经济学，以及圣西门、傅立叶、欧文的空想社会主义等的局限性，同时吸收了他们学说中积极的、合理的东西，从而创立了马克思主义。爱因斯坦突破了牛顿把时间、空间和物质运动割裂开来的绝对的、机械的时空观，揭示了高速条件下时间、空间与物质运动的变化规律，创立了狭义相对论与广义相对论，为日后世界上一系列重大科学技术创新奠定了崭新的理论基础。

2. 难言性

创意的难言性体现在某种观念、想法、灵感等是非标准化的，它难以准确描述和表达。创意的产生高度依赖于个体的体验、直觉和洞察力，是难以充分交流的。

3. 价值性

创意具有“始创”“修旧”之意。从古今中外的历史来看，“创意”的主要特点是“始创”，即前无古人，独自创造。首创的意义在于第一个揭开了某一领域、某一方面的秘密，第一次揭示了某种内在规律，或发现、发明某种新理论、新技术、新方法，引起经济、社会的重大变革。创意有明显、具体的价值，对经济社会具有一定的效益。在数不胜数的广告创意中，“百年润发”电视广告品牌形象的独特定位、商业性和文化气质的完美结合，给人以心灵的震撼，堪称具有中国特色的经典之作。著名影星周润发为女主角洗头发这个创意，点破了女性内心深处的渴求，也将周润发的魅力发挥到极致，把品牌与明星有机地结合在了一起。百年润发的创意是新颖独到的，它别具匠心地利用了“百年借古抒情”，这是大胆创新，也是对民族文化的继承和发扬。广告中对中华民族文化下的美好联想，以及背景音乐中铿锵的锣鼓、委婉的京胡，也使京剧、二胡等国粹大放异彩。优美的视听觉语言、精良的制作，使得品牌形象在重复中加深，在加深中难忘，它也因此荣获第五届全国影视广告金奖，当之无愧。

4. 理由充分性

任何创意都应建立在充分的根据之上，要具备充足的理由，绝不是凭空想象，更不是胡思乱想。创意的产生总是以一定的事实为依据，在现实的基础上加以想象和联想，最终得到新颖的想法。

5. 不确定性

创意的不确定性集中体现为其使用价值和价值实现的未知性。例如，某种创意能否转化为某种现实的物化产品（服务），这种现实的物化产品（服务）能否被市场所接受，等等。这些在事前大都是未知的，只有最终经过市场的检验，才能够有明确的答案。

6. 互补性

创意的互补性体现在它是在已有知识存量基础上的一种增量知识，是一种分裂知识，是人类社会知识分工的一种深化。其本身并不直接转化为现实生产力，只有与已有的各种相关知识及各种类型的要素资源有机结合起来，并发生不同程度的嬗变，才能有效发挥自身的目的性。任何创新活动都有一定的目的，这个特性贯彻于创新过程的始终。

从对创意特征的描述中可以得出：首先，创意是一种迁移。所谓迁移，就是用观察此事物的办法去观察彼事物，就是用不同的眼光去观察同一个现象。通过这种视角的迁移，人们可以创造出许多新鲜的、交叉的、融合的、异化的新事物。其次，创意所强调的是通过各种元素的组合可以形成各种新的物质，获得新的创意。它不是简单地相加或者模仿，而是在原有基础上的一种创造。最后，创意的元素包罗万象，可以是实际的，也可以是抽象的，可以是现实存在的，也可以是虚构的。

二、创意开发活动要素及过程

彼得·德鲁克在《创新和企业家精神》一书中写道："创新是企业家的具体工具，也就是他们借以利用变化作为开创一种新的实业和一项新的服务的机会的手段。企业家们需要有意识地去寻找创新的源泉，去寻找表明存在进行成功创新机会的情况变化或其征兆。他们还需要懂得进行成功的创新的原则并加以运用。”这段内容表明了企业要想维持经营和发展，获得更加丰厚的经济效益，就必须不断地进行创新，发现新的机遇，迎接新的挑战。

（一）创意开发的特征

俗话说：“第一个用鲜花比喻少女的人是天才，第二个套用比喻的人是庸才，第三个是蠢才。”这句话通俗地揭示了创意创新的重要性。现代社会已经进入了信息时代，在当今世界，国与国之间已由政治、经济、军事等方面的竞争逐步转向科技和人才方面的竞争。一个创造力、创新力低下的民族是不可能在世界民族之林中取得平等地位的，因此，创造力和创新能力对一个国家和民族的重要性就显得格外突出，创意开发也成为推动人类历史和社会发展的强大动力。创意开发具有以下基本特征：

1. 新颖性

具有新颖性的东西，往往带有创造性，具有独特性、先进性等特征。其要领就是突破常规、出人意料。它的思维特征是“求异”，即与众不同，想人之所未想，发人之所未发。

2. 目的性

好的创意是有目的性的，人类的创意开发活动是一种有特定目的的生产实践。这个清晰的特点包括：确定创意开发的目标、明确创意开发的观点、安排具体内容等。

3. 主观能动性

主观能动性是人类特有的，也是人类与动物的区别。创意开发活动的主体是人，无论是重大的创造还是一般水平的创造，都是人的主观能动性发挥的结果，是精神变为物质的转化过程。主观能动性在创意开发活动中表现为对创意开发意识运用和创意开发手段的实施等。

（二）创意开发的原理

日产汽车公司曾推出一种被称为“极具浪漫风采”，名为“费加洛”的中古型轿车。日产公司在新闻发布会上宣布：这种车只生产 20000 辆，保证以后不再生产这一车型，只在一定时间内接受预订，然后抽签发售。消息传出后，在全国引起轰动。前来申请的人超过 30 万，能中签买到车的人当然欣喜万分，没有中签的人虽有遗憾，但以后肯定会再来。这种限量刺激的创意，无非就是使市场上出现一定的“不饱和状态”，来刺激消费者的购买欲。这家公司的做法恰恰是运用了创意开发原理中的逆向原理，利用消费者“物以稀为贵”的心理，从而获得了巨大的利润和市场。可见，创意开发原理在生产、销售等方面的正确运用，可以给企业和厂家带来丰厚的经济效益。

常见的六大创意开发原理如下：

1. 择优原理

一个人在成长的过程中，会不断地择优：选择更好的朋友，选择更好的书籍，选择更好的学校，选择更好的生活条件……每个人都在潜意识中不断地进行择优，择优源自人的天性。在创意开发的过程中，人们往往会遇到许多问题，而创意开发的实质就是问题的创造性解决，这就要求人们做到先提出待解决问题并定义问题，进而围绕这一问题进行创意构思，提出多种解决方案，最后运用择优原理，从中选择最佳方案。

2. 关联原理

世界上的每一个事物或现象都同其他事物或现象相互联系着，没有绝对孤立的东西。事物本身的关联性是导致激励创造时联想发挥的重要因素。人们常常可因为一个创意的构思引发对其相似内涵的许多构思的联想。而在创意开发的过程中，有些关系是直接的，有些是间接的，有些容易发现，有些不容易发现，这就需要进行具体的分析研究。

3. 逆向原理

逆向原理也称求异原理，它是对司空见惯的似乎已成定论的事物或观点反过来思考的一种思维方法。有人落水，常规的思维模式是“救人离水”，而司马光面对紧急险情，运用了逆向思维，果断地用石头把缸砸破，“让水离人”，救了小伙伴的性命。在创意开发的过程中，要以现有的物质产品和信息等为对象，进行深入、系统的分析，反向研究它的性能、结构、原材料、配方、设计、使用效率和条件，以及其他一些与之相关的重要因素，进而进行思维的联想发挥、移植和改良，获得所需的新的创意。

4. 对应原理

客观事物错综复杂，但都有其对立的一面。可以从现有的创意和概念的相反方面出发，去构造新的概念和规律，就是创意开发的对应原理。在创意开发的过程中，此原理的运用是为了扩展人们固有思维的范围，从而开发出更多的创意。

5. 组合原理

组合，作为名词，是指由几个部分或个体结合成的整体；作为动词，是指组织成整体。在创意开发的过程中，将两种或两种以上的技术思想或物质产品的整体或部分进行适当结合，就可形成新的产品概念，激励出新的创意，不同的组合可以得到不同的结果。

6. 综合原理

在创意开发的过程中，把研究对象各个层次的种种因素按照其内部联系进行组织结合，把研究的相关问题分解为各个层次和各种因素，并分别加以研究，分析其本质、特征、优势以及劣势，然后将这些要素按其内在联系有机地组织起来，即可形成新的解决方案。

（三）创意开发的活动要素

雀巢咖啡的目标消费群以 18~35 岁的大学生和年轻白领为主。为吸引这群追求创意、个性，喜欢网络分享的年轻人，2009 年 8 月 13 日—10 月 8 日，雀巢发起“咖啡玩上‘饮’漫画总动员”活动，倡导消费者创作雀巢咖啡“即饮饮料和你的趣味故事”，并奉上众多时尚大奖，借雀巢咖啡即饮饮料更换新包装之机，以网络为平台掀起新一轮品牌推广。雀巢通过自主开发的四格漫画在线创作程序，利用雀巢卡通素材创作漫画，并进行网络评选。无论是网站设计的风格，还是各种活泼生动的卡通人物题材，都展现出符合年轻人口味的时尚感和原创性。在比赛中，创作的漫画中必须包含场景、咖啡产品和品牌标识三种元素，融入品牌形象，这样使雀巢咖啡即饮饮料“无论到哪里，和你在一起”的产品特性深入人心，提升品牌好感度。

由上述雀巢咖啡的“漫画总动员”项目可以看出，一项创意开发同其他社会生产活动一样，涉及多种主客观因素，如创意开发的主体、创意开发的对象和创意开发的手段。创意开发也可以认为是这些要素在一定的社会环境里相互作用、相互联系并不断趋近创意开发目标的过程。要想深入了解创意开发，必须研究创意开发活动的要素和创意开发的环境。

1. 创意开发的主体

创意开发的主体即创意开发者，是产生创意开发行为的主体，是在创意开发活动系统中占主导和支配地位的基本要素。

产生创意开发行为的主体既可以是单独的一个创意开发者，也可以是由若干创意开发者组成的集体。将一个创意开发者的创意开发主体称为创意开发个体，相应的创意开发行为称作个体创意开发行为；多个创意开发个体的集合并产生共同的创造行为，则称为创意开发群体。

一项创意开发活动究竟需要由个体还是集体来完成，与创意开发研究课题的技术水平、难度、所需经费以及所处的环境有关。但无论创意开发者是谁，都应当强调其创造力的充分发挥和应用。富有创意开发精神和创意开发能力的创意开发个体，以及具有智力互补和资源优势的创意开发集体，都能在持续的创造性活动中，凭借自己的创造力为社会贡献优秀的创意作品。

2. 创意开发的对象

创意开发的对象是指创意开发活动系统中的客体要素，而确定创意开发对象的意义在于分析整个创意开发过程所要解决的最终问题。由于创意开发活动都具有目的性，因此，创意开发对象是创意开发活动中的一个基本要素。创意开发对象可以归纳为自然客体和社会客体。人们为了认识和改造这些客体，就会提出新问题，从而将创意开发对象具体化。

由于创意是面向应用的学问，是设计性的诊断，而不是单纯试验性的诊断，所以在创意开发过程中，首先要运用有关理论，经分析研究，确定工作方向，明确创意开发的对象，做到有的放矢、“对症下药”，这样才有意义，否则就会劳而无功，甚至因“误诊”或“力不从心”而造成不良后果。

3. 创意开发的手段

做任何事，为了得到想要的结果，都必须有实现的手段和方法。因此，在创意开发活动中，创意开发手段起着重要的作用。它是指创意开发主体借以展开创意开发活动的方法和条件。不同的创意开发活动具有不同的创意开发手段。例如，开展科学研究和技术开发工作所需的设备、仪器仪表、材料和经费等“硬”创意开发手段。又如，创造性思维方法、创造性观察方法、科学实验方法和创造工程技法等“软”创意开发手段。

当然，由于创意开发是一种社会实践活动，其主体总是在一定的客观背景下表现自己的创意开发行为，并受到该客观环境背景的影响。这种对创意开发活动产生影响的非创意开发对象客体就是创意开发环境。创意开发环境对企业的影响是不可忽视的。

由于创意开发环境相对于创意开发主体来说是一种外部条件，它对创意开发主体的思维方式和运用创意开发手段的状况都有正面或者负面的影响。因此，企业的创意应紧跟环境的变化与发展，并结合自身条件去适应环境，尽可能地利用环境中的有利条件，并加以影响，使其向有利于自己的方向发展。只有具有强烈的创意开发意识和一定的创意开发手段，才有可能做到有所发现、有所创新。

（四）创意开发的过程

著名创新学家郎加明在其所著的《创新的奥秘》一书中指出：“创新——创造新的世界的真正奥秘在于：创新首先是一种由创新者的素质和创新者的思路组成的运行机制，它是一个由创新者的素质转化为创新者的思路，再由创新者的思路转化为创新者的行为的复杂过程。”由这句话大概能够看出创意开发的过程：创意思路——创意行为——创意结果。那么，创意开发究竟是怎样进行的呢？通常认为，创意开发过程包含创意潜伏期、创意导入期、创意初现期和创意成熟期四个阶段。

1. 创意潜伏期

创意潜伏期的主要任务是积累平时的素材和训练创造性思维。在这个时期，除了广泛收集素材、涉猎多方面知识、善于观察生活以外，还应注重对创造性思维的训练。可以说创意最终来自创造性思维。一个优秀的创意，是素材和创造性思维的完美结合。训练自身的创造性思维，打破自己的思维定式，从不同角度进行观察，培养发散思维、逆向思维、跳跃式思维、交互式思维等。只有这样，才能提高一个人的综合素养，从而在进行创意设计时做到信手拈来、游刃有余，并做到将他人的智慧为己所用。

2. 创意导入期

一个优秀的创意不仅仅要靠手和脑的倾力合作，还需要脚的协作。也就是说，创意设计人员要走出去，深入社会，了解客户，了解竞争对手，只有这样，创意作品才会更加优秀且切实可行。

在接到具体的设计任务后，创意思维的开发就进入第二个阶段，即创意导入期。在创意目标确立以后，创意开发人员需要收集大量的信息，不仅要收集企业内部信息，更重要的是企业外部信息。例如，在为某企业做广告创意设计之前，应该走访相关企业，对其产品及服务本身进行透彻的研究，了解消费者的喜好和需求，也可以从竞争对手发布的广告信息中挖掘竞争者的策略，等等。这些都是在为下一个阶段做充足的准备。

3. 创意初现期

创意初现期即创意的形成时期，也就是在收集、总结的基础上进行交流和思考的阶段。经过创意潜伏期和导入期，头脑中会积聚大量的直接资料与间接资料，也会闪现出许多具有创意的“小点子”。这时要做的就是拿起笔来，把它们记下，而不要否定其中任何一个想法。

在创意初现期，应该加强训练创意思维，从创意导入期收集到的信息中提炼出创意主题，尝试用不同的方式进行表现，还可以与他人讨论，收集更多的创意方案。常用的创意思维方法有水平思维法、发散思维法、逆向思维法、头脑风暴法等。

4. 创意成熟期

在掌握了大量的信息后，头脑中有了基本的创意构想，初步方案需要进行进一步修改和完善，此刻即进入创意成熟期。比如，初步的创意可以打 80 分，那么如何通过对初步创意进行完善和提高，使最终结果得到 90 分或者 95 分？这些就是创意成熟期应该研究和讨论的。

三、创意开发的方法及技巧

在了解创意开发的过程及活动要素的基础上，如何使创意开发发挥最大效用？本节将具体介绍几种创意开发的常见方法，帮助大家更好地养成创意开发的意识。

（一）分析法——SWOT（优劣势分析法）

创意需要以一定的客观情况为基础，才有可能取得成功，因而在创意开发过程中，应对企业的内外部环境进行分析，以求做出正确的、切实可行的创意，而不致被带入空想的歧途，使企业遭受不必要的损失。目前采用的比较成熟的创意开发分析方法之一是 SWOT 分析方法。

SWOT 分析方法是一种根据企业自身的既定内在条件进行分析，找出企业的优势、劣势及核心竞争力所在的企业战略分析方法。SWOT 分析方法的重要贡献就在于用系统的思想将企业内部的优势、弱点，外部的机会、威胁等这些似乎独立的因素相互匹配起来进行综合分析，使企业战略计划的制订更加科学、全面。

S（Strength，优势）是组织机构的内部因素，具体包括：有利的竞争态势，充足的财政来源，良好的企业形象，强大的技术力量，具有规模经济，优秀的产品质量，较大的市场份额，具有成本优势，广告宣传到位，等等。

W（Weakness，劣势）是在竞争中相对弱势的方面，也是组织机构的内部因素，具体包括：设备老化，管理混乱，缺少关键技术，研究开发落后，资金短缺，经营不善，产品积压，竞争力差，等等。

O（Opportunity，机会）是组织机构的外部因素，具体包括：新产品，新市场，新需求，市场壁垒解除，竞争对手失误，等等。

T（Threat，威胁）也是组织机构的外部因素，具体包括：新的竞争对手，替代产品增多，市场紧缩，行业政策变化，经济衰退，客户偏好改变，突发事件，等等。

从广义上来讲，创意开发活动千姿百态，所面临的问题也各式各样。而SWOT分析方法以其分析直观、使用简单的优点，逐渐成为企业创意开发的重要分析工具。但是，正是这种直观和简单，使得SWOT不可避免地带有精度不够的缺陷。以此为依据做出的判断，不免带有一定程度的主观臆断。因此，在运用SWOT分析方法罗列分析企业创意开发环境时，要尽量真实、客观、精确，并提供一定的定量数据来弥补SWOT定性分析的不足，以此来构建高层定性分析的基础。

（二）协作法——头脑风暴法

头脑风暴法是最为人所熟悉的创意思维策略，又称智力激励法、自由思考法，是由美国创造学家A·F·奥斯本（A·F·Osborn）于1939年首次提出、1953年正式发表的一种激发性思维的方法。其基本原理是：只专心提出构想而不加以评价；不局限思考的空间，鼓励想出越多主意越好。创意产生的过程即为创意的收集整理阶段，此阶段是与创意激发和生成同时进行的。可见，该方法是一种集体的创造性思维，是发散思维的延伸。在创意开发具体方法中，它被归到协作法中，强调的是集体协作。李奥·贝纳广告公司创始人李奥·贝纳（Leo Burnett）曾说过："唯一有价值的创意会议是，参与的每个人都以相同的事实为讨论的基准，不论点子乍听之下有多狂野，也都有雅量相待，并表现出谦逊的尊重。"这个"唯一有价值的创意会议"就是头脑风暴法的具体体现。

为使"头脑风暴"取得成功，一般需注意以下事项：

①参加人数不宜过多，一般为6~10人。

②参加者应自由发表意见，提出办法。任何人对别人的意见或办法均不得做出评价或判断，包括会议主持者在内。欢迎各抒己见，营造一种自由、活跃的气氛，激发参加者提出各种想法，甚至是荒诞的想法。

③会议应设专人详细记录所有发言。

④会议后，应另行召集会议，由几名决策者参加，对前一次会议上提出的各种意见、办法加以分析、估价与判断。需要时，可查阅前一次会议记录。对任何人提出的任何建议均不应轻易否定，一些看似荒诞、怪异、可笑的意见中可能包含着合理的成分。

⑤决策者的责任在于分析比较、综合概括，从各种意见和方法中找到解决难题的最佳办法。

实践经验表明，头脑风暴法可以排除折中方案，对所讨论问题通过客观、连续的分析，找到一组创意切实可行的方案，因而头脑风暴法在各种类型的决策中得到了较广泛的应用。其主要优点有：极易操作执行，具有很强的实用价值；非常具体地体现了集思广益，体现了团队的智慧，也可以有效锻炼一个人及团队的创造力；有利于增加团队的凝聚力，增强团队的合作精神；在头脑风暴中，每个人的思维都能得到最大限度的开拓，能有效开阔思路、激发灵感；在最短的时间内可以批量生产灵感，会有大量意想不到的收获，同时也可以提高工作效率，更快、更高效地解决问题；还能使参加者更加有责任心，因为人们一般都乐意对自己的主张承担责任。其主要缺点有：实施的成本（时间、费用等）相对较高，要求参与者有较高的素质。这些因素是否满足，会影响头脑风暴法实施的效果。

（三）系统法——TRIZ（发明问题的解决理论）法

TRIZ 是发明问题的解决理论，用英语标音可读为“Teoriya Resheniya Izobreatatelskikh Zadatch”，缩写为 TRIZ。该理论基于技术的发展演化规律研究整个设计与开发过程，揭示创造发明的内在规律和原理，着力于澄清和强调系统中存在的矛盾。其目标是完全解决矛盾，获得最终的理想解。实践证明，运用 TRIZ 理论，可大大加快人们创造发明的进程，而且能得到高质量的创新产品。

TRIZ 理论中提供了如多屏幕法等系统分析问题的科学方法。多屏幕法是指根据系统论的观点，系统由多个子系统组成，并通过子系统之间的相互作用实现一定的功能。系统之外的高层次系统称为超系统，系统之内的低层次系统称为子系统。人们所要研究的问题正在当前发生的系统，通常也称作当前系统。当前系统一般称为系统。而对于复杂问题，可以利用物——场分析法等进行分析，针对具体问题的物——场模型的不同特征，分别对应有标准的模型处理方法，包括模型的修整、转换、物质与场的添加等。可以针对技术系统进化演变规律，利用在大量专利分析基础上的 TRIZ 理论的八个基本进化法则，分析、确认当前产品的技术状态，并预测未来的发展趋势，开发具有竞争力的新产品。

应用TRIZ法解决问题的第一步是对给定的问题进行分析：如果发现存在冲突，则应用原理去解决；如果问题明确但不知道如何解决，则应用效应去解决；第三种选择是对待创新的技术系统，进行进化过程的预测。最后是评价，确定是否满足要求。如果满足要求，则进行后序的设计工作；反之，要对问题进行重新分析。

相较传统创意开发方法，如六六讨论、头脑风暴法等，TRIZ法具有鲜明的特点和优势。TRIZ法是一套以人为导向的知识系统的系统化创新问题解决方法。它有别于传统的脑力激荡，强调发明或创新可依一定的程序与步骤进行，而非仅是随机的或天马行空的脑力刺激。它的目标是完全解决矛盾，并成功揭示了创造发明的内在规律和原理；它能够准确确定问题的探索方向，打破思维定式，以新的视角分析问题，能根据技术进化规律预测未来的发展趋势，帮助人们开发具有竞争力的新产品。

（四）思维法——水平思考法

水平思考法（Lateral Thinking）又称为发散式思维法或水平思维法。垂直和水平思考法是英国心理学家爱德华·戴勃诺（Edward de Bono）博士所倡导的广告创意思考法，因此，此方法通常又被称作戴勃诺理论。水平思维法是针对垂直思维（逻辑思维）而言的。

人们将传统思维称为“垂直思维”，意指按照既定的思维路线进行思考，始终逃脱不了原有的思维框架（又称思维定式）的羁绊，因而无法做到创造性地去思考。区别于垂直思维，水平思维不是过多地考虑事物的确定性，而是考虑它多种选择的可能性；关心的不是完善旧观点，而是如何提出新观点；不是一味地追求正确性，而是追求丰富性。这种方法的运用一般基于人的发散性思维，故称为发散式思维法。

垂直思维集中考虑的是必须取出一块石子，而水平思维却把注意力集中于口袋里剩下的那块石子。垂直思维对事物进行“最合理”的分析观察，然后利用逻辑推理予以解决，但在上面这个例子中，运用逻辑推理无法求得理想的解答；而水平思维则用不同的方法去观察事物，然后用最有希望的方法去处理，化险为夷。由此可以得出，水平思考法是指在思考问题时摆脱已有知识和旧的经验约束，冲破常规，摆脱逻辑思维和线性思维的思考方法。这种方法更多地考虑事物的多种选择的可能性，关心的是如何提出新观点，追求丰富性；从多角度、多侧面去观察和思考同一件事，善于捕捉偶然发生的构想，提出富有创造性的见解、观点和方案，从而产生意想不到的“创意”结果。

（五）其他创意开发的方法

1. 六六讨论法

六六讨论法（Phillips 66.Technique）是以头脑风暴法为基础的团体式讨论法。具体方法是将大团体分为 6 人一组，只进行 6 分钟小组讨论，每人 1 分钟，然后再回到大团体中分享并做最终的评估。

2. 心智图法

心智图法（Mind Mapping）又称思维导图，是一项流行的全脑式学习方法，它能够将各种点子、想法以及它们之间的关联性以图像视觉的景象呈现出来。它能够将一些核心概念、事物与另一些概念、事物形象地组织起来，输入人们脑内的记忆树形图。它允许人们对复杂的概念、信息、数据进行组织加工，以更形象、易懂的形式展现。结构上，它具备开放性及系统性的特点，让使用者能自由地进行扩散性思维，发挥联想力，又能有层次地将各类想法组织起来，从而发挥出全脑思考的多元化功能。

3. 曼陀罗法

曼陀罗法是一种有助于散性思维的思考策略，它利用一幅九宫格图，将主题写在中央，然后把由主题所引发的各种想法或联想写在其余的八个圈内。其作用主要表现为：帮助人们开发创意，能立即发现问题，提高学习与工作效率；也能作为计划表，帮助人们走完丰富的一生。

4. 逆向思考法

经营贵在出奇，出奇才能制胜，逆向思维是“出奇”的重要源头。所谓逆向思考法，就是从一个事情的反面或者另一个角度来思考问题的方法。很多事情用普通的逻辑思维往往想不出解决方法，可以试着换个角度，就会得到很多答案。这是一种可获得创造性构想的思考方法，具体可以分为三大类型：①反转型逆向思维法。这种方法是指从已知事物的相反方向进行思考，从而产生发明构思的途径。②转换型逆向思维法。这是指在研究问题时，由于解决这一问题的手段受阻，而转换成另一种手段，或转换角度思考，以使问题顺利解决的思维方法。③缺点逆用思维法。这是一种利用事物的缺点，将缺点变为可利用的东西，化被动为主动、化不利为有利的思维发明方法。如果能将以上三类方法加以综合运用，创造性就可加倍提高了。

5. 六何分析法

六何分析法也称 5W1H 分析法、六合检讨法。它既是一种思考方法，也是一种创造技法，是指对选定的项目、工序或操作都要从为何（Why）、做何事（What）、何人（Who）、何时（When）、何地（Where）、如何做（How）这六个方面进行分析考虑。这种看似很可笑、很天真的问话和思考方法，却能使思考的内容深化、科学化。

6. 七何分析法（5W2H 分析法）

七何分析法是“六何分析法”的延伸，此法的优点是提示讨论者从不同的层面去思考和解决问题。“5W”是指为何(Why)、做何事(What)、何人(Who)、何时(When)、何地(Where),“2H”是指如何做(How)、何价(How Much)。

7. 希望点列举法

希望人人皆有,“希望点”就是指创造性强且又科学、可行的希望。希望点列举法是指通过列举希望新的事物具有的属性以寻找新的发明目标的一种创造方法。这是一种不断地提出“希望”“怎样才能更好”等理想和愿望,进而探求解决问题和改善对策的技法。

8. 缺点列举法

这是一种不断地针对一项事物,检讨此事物的各种缺点及缺漏,并进而探求解决问题和改善对策的技法。

9. 优点列举法

在缺点列举法的基础上产生了优点列举分析法。优点列举法是一种逐一列出事物优点,进而探求解决问题和改善对策的方法。

10. 检核表法

检核表法(Checklist Method)是指在考虑某一个问题时,先制成一览表对每个项目逐一进行检查,以避免遗漏要点,进而获得观念的方法。它可用来训练员工,使其思考周密,避免考虑问题时有所遗漏,也有助于构想出新的创意。

11. 属性列举法

属性列举法(Attribute Listing Technique)也称特性列举法,是美国尼布拉斯加大学的克劳福德(Robert Crawford)教授在1954年提倡的一种著名的创意思维策略。此法强调使用者在创造的过程中观察和分析事物或问题的特性或属性,然后针对每项特性提出改良或 改变的构想。

12. 目录法

目录法又称“强制关联法”或“目录检查法”，是一种查阅和问题有关的目录或索引，以提供解决问题的线索或灵感的方法。具体做法是，在考虑解决某一个问题时，一边翻阅资料性的目录，一边强迫性地把在眼前出现的信息和正在思考的主题联系起来，从中得到构想。

四、创意开发与创造、创新的关系

美国历经百年的自由女神铜像翻新后，现场存有 200 吨废料，难以处理。一位名叫斯塔克的人自告奋勇，主动承包清理。他将废料分类整理，把废铜皮改铸成纪念塔，废铅改铸成纪念币，水泥碎块整理后做成小石碑装在玲珑透明的小盒子里，让人们选购。结果，本来无人问津、难以处理的一堆垃圾，顿时化腐朽为神奇，身价百倍，人们争相购买，200 吨废料制品很快被一抢而空。斯塔克不拘泥于传统方法，采取标新立异的思维方式，别出心裁地想出了处理办法，并由此而获得大利。

很多人都知道福特的 T 型轿车创造了现代工业史上的奇迹，但却未必过多关注过 T 型轿车的悲惨结局。在 20 世纪 20 年代中期，由于产量激增，美国汽车市场基本形成了买方市场，简陋而千篇一律的 T 型轿车虽然廉价，但已不能满足消费者的需求。竞争对手通用汽车公司在汽车的舒适性、个性化和多样化等方面大做文章，以产品的特色化来对抗廉价的福特汽车，推出了各种新式样的雪佛兰汽车，严重冲击了福特 T 型轿车的市场份额。面对市场的急剧变化，福特仍不相信还有比单一品种、大批量、精密分工、流水线生产更加经济、更加有效率的生产方式，他甚至都不愿意生产黑色以外的其他颜色的汽车。他还宣称:“无论你需要什么颜色的汽车,我福特只有黑色的。”然而到了 1927 年,福特也不得不承认自己失败,T 型轿车最终停止了生产。

以上两个结果完全相反的例子向人们揭示了一个道理:创造是对传统的叛逆,是打破常规的哲学;创新是大智大勇的同义词,是导引递进升华的圣圈;创意是一种智能拓展,是具有新颖性和创造性的想法,而且能够通过创新创造出更大的效益,包括物质的和精神的效益。而当人们有意识地将创意、创新和创造三者有机结合在一起时,往往就会收获意想不到的成功。

(一)创意开发与创造的关系

创意开发与创造有着千丝万缕的联系。韦氏词典的词条中对创造力的定义是“创造有意义的新组织的能力”,更具体地讲,是“带来新的或原创性事物的能力”。创造的本质在于甄选,甄选出真正有建设性的联系(事物或概念之间的联系)。但在应用实践中,创造的定义更加宽泛,是“思想产生、联想和转化为有价值的物质的过程”,包含了创新、企业家精神和新思想的表达,带来的是价值。

霍金斯(Howkins)在其《创意经济》一书中更是将创造力视为一种资产,从而形成了继人力资本、结构资本和智慧资本之后的第四项资本——创意资本。他认为,“把创造力视为资产是十分合理的,因为其具有实际价值的特质,是投资而产生的获利结果,也是人力资本的一个重要的元素”。因此,人们把智力资本称为“闲置的点子”,而创意资本则可以称为“闲置的创造力”。进而言之,从狭义上理解,创意资本等同于文化资本。但创造力不能仅被理解为艺术和文化的思想能力,还包括科学和技术的创造力。从这一范畴理解,文化不仅是美学(Aesthetics)

上的意义，更是人类学（Anthropology）上的意义，包括了艺术、文化、科学和技术等方面的内容。

在实际生活中，创意开发更多地应用在广告、传媒等文化产业领域，因为这些产业的一些基本特征使开发的商业产品具有一个突出的特点：高度凝结和体现创意开发主体的绝妙创意。而创造更倾向于在技术开发、科技发明等领域内的使用，但是若从发明创造的最初表现形式——一个好的点子、想法，也就是说从创意来看，创造与创意开发只是一个概念的两种表述。总而言之，创造力即是创意作为生产的能力，所强调的本质和内涵与创意的内涵是一致的。

（二）创意开发与创新的关系

需要指出的是，创意一经出现，便经常与创新（Innovation）概念混淆起来。事实上，创意是创新的基础，创新是创意人群和创意过程作用的结果。创意不等同于创新，两者是有区别的。创意是个人的和主观的（Subjective），而创新是团队领导的、竞争性的和客观的（Objective）。从内涵来看，创新一般是一种破坏性的创造，不仅包括有关中间手段和技术的创意，而且还是对人的意义和价值的创造性反映。更多的情形下，它与技术等层面的变革和创造有关，以知识和技术的积累为基础，需要大量的投资支持和较长的产业化进程。

一般而言，与新产品直接有关的技术变动才是创新。注重技术和发明创造，更多地强调功能上的改变，是创意与创新内涵上的主要区别之一。随着对文化创意产业研究的兴起，人们习惯将创意与文化、创新与技术连接在一起，但二者之间具有联动关系，即技术创新是文化创意大规模发展的推动力，文化创意是决定技术创新能力的重要因素。

如前所述，创意开发的本质即个人创造力，包括技术、文化和艺术上的创造力。一些学者把“创意开发”和“创新”内涵割裂开来，此种严格的概念割裂是值得商榷的。离开创意开发谈创新，就像离开火种谈火焰；离开创新谈创意开发，好比离开生长谈幼苗。创新是从创意到商业化生产的过程；而创意开发是创新的基础，更多地强调一种“思想”。当创意开发由“思想”转化为“生产结果”时，就是创新。

综上所述可以得出：

①创意开发是创新的起点，创意通过创新而达到自己的目标。

②创新开发是创意的延展，创新是实现创意必不可少的手段。

③创新开发在创意的激发下，调动一切力量，向着创意指引的最初方向前进，无论走多少弯路，只要目标不变，都是可以理解的。

④如果说创意是一颗颗散落的珍珠，那么创新就是一条精美的珍珠项链。

⑤创意即创造力的思想，理应包括一切可能的创造思想。

⑥创意开发在创新的过程中，被提炼、升华、整合、修改，甚至产生更高级的创意，都是正常的，但这无损于它的源点形象。

⑦创新是客观的、可以量化的，而创意更强调创新的人文价值，是主观的，往往具有模糊性。

（三）创意开发与创造、创新的关系

事实上，在不十分严格的语境下，上述三个概念常常被混淆。一般而言，三个概念都是指通过人类的创造性劳动，产生一种前所未有的事物或思想。然而，这三个概念在外延上是存在明显的区别的。

首先，创意是创新过程的初始阶段，也是策划、谋划、务虚的阶段。相比之下，创新更注重结果，并体现在利润之中，没有创造价值的创意是没有意义的。没有人力、财力、物力等资源的投入，任何好的创意都

不可能变成商业化的创新。从需求、产生环境、保障机制、可实现性上来说，创新和创意都是不同的。从实现方式来看，创意是原生态的创新，是能动性的表现。说到底，创意是人文精神回归的内在体现，体现了经济生活中人们对技术创新向人文创新的转变。创意常常是天马行空的，创意的结果和过程不一定能够准确面向商业应用；而创新更需要执行力和制度的保障，它包含一个研究和实践的过程，而且任何一家创新公司都会列举出创新在企业中的利润体现。

其次，创造是中期阶段或者说是成果阶段，也是实验、中试、制作阶段。人们之所以有时将创造与创新相混淆，是因为创造里面有创新，创新里面也有创造。创造是创新过程中的一个环节，创新的本质在于创造。创造是一个绝对的概念，它在“首创”或“第一”问题上是绝对的，就其成果对社会发展的作用来说具有两面性，即既有积极的创造，也有消极的创造。创新则是一个经济学范畴，必须有收益，同时又是一个相对的概念，更强调永无止境的更新，其成果对社会发展的作用来说必须是积极正面的。

最后，创意开发与创造、创新在企业里的运用和联系更为紧密。具体表现为：创意开发产生思路，为企业生产注入新的活力和动力；之后，在创意的指导下，通过创造产生作品；最终，由创新产生企业的经济效益，从而不断推动企业朝着新目标前进。

可以认为，从过程及其序列性来看，创意开发只是一个起点；创新始于创意，创意决定创新。“意”更在于出发点，“新”更注重结果；创造是创意的技术化成果，并使其具有知识产权属性。创新也是两者的商业化应用过程，并且表现为利润实现的结果之中，有时是创意开发的直接的商业化行为，更多的时候是作为知识产权的创造的积极成果。

【案例】

直升机扇雪

某一年，美国北方格外寒冷，大雪纷飞，电线上积满冰雪，大跨度的电线常被积雪压断，严重影响了通信。过去，许多人试图解决这一问题，但都未能如愿。后来，电信公司的经理应用奥斯本发明的头脑风暴法，举行了一场针对此问题的讨论会议，并成功解决了这一难题。

在会议过程中，有人提出设计一种专用的电线清雪机，有人想到用电热来化解冰雪，还有人提出能否带上几把大扫帚，乘坐直升机去扫电线上的积雪。对于这种“坐飞机扫雪”的设想，尽管大家心里觉得滑稽可笑，但在会上也无人提出批评。相反，有一名工程师在百思不得其解时，听到用飞机扫雪的想法后，大脑突然受到冲击，一种简单可行且高效率的清雪方法冒了出来。他想，每当大雪过后，出动直升机沿积雪严重的电线飞行，依靠高速旋转的螺旋桨即可将电线上的积雪迅速吹落。他提出“用直升机扇雪”的新设想，又引起其他与会者的响应与支持，有关用飞机除雪的主意一下子又多了七八条。不到一小时，与会的10名技术人员共提出90多条新设想。

会后，公司组织专家对设想进行分类论证。专家们认为设计专用清雪机，采用电热或电磁振荡等方法清除电线上的积雪，在技术上虽然可行，但研制费用高、周期长，一时难以见效；那种因“坐飞机扫雪”激发出来的几种设想，倒是一种大胆的新方案，如果可行，将是一种既简单又高效的好办法。经过现场试验，发现用直升机扇雪真的能奏效，一个久悬未决的难题，终于在头脑风暴会议中得到解决。

第4章

小微企业企划创新

一、企划的含义

企划是为理性决策提供按效益化原则设计的方案。通俗地讲，是对一个企业进行资源整合（优化组合），规避风险（降低可控范围），使效益最大化。规避风险和追求效益最大化是企划的两大功能。

企划是一个战略系统，广义上牵涉企业的发展战略、品牌战略，狭义上牵涉企业的营销管理、广告策略和市场管理。从某种意义上说，企划必须是企业内部全体管理班子的事，企划人、企划部门仅仅是一个牵头组织或者领衔人。因此，企划工作必须在企业运营过程中实现系统管理，全员企划。大到企业发展方向的制定，小到区域市场促销活动的执行，必须积极调动企业管理层、全体员工来参与、执行。假如企划人、企划部门闭门造车，那么企划的危机就会不可避免地爆发。随着社会的进步与科学的发展，人们的需求也在不断向多层次、大纵深方向发展。所谓的多层次是指，突破单一的、简单的，逐渐多元化的结构；所谓大纵深是指，每一种需求的企划是近年来引进并迅速兴起的一门边缘性综合性极强的前沿学科。总经理企划没有捷径可走，只有靠其扎实的（专业）基础、广泛的涉猎（知识）、敏捷的思维（头脑）、丰富的（实践）经验和超常的智（情）商。

二、企划制定步骤

企划工作有其特定的程序，这就要求总经理必须全面地了解企划过程的各个步骤。企划工作大致可分为界定企划主题、收集企划资料、寻求企划线索、产生企划创意、制订和修正企划方案等几个步骤。这些步骤是动态地组合在一起的，并不是独立的。在企划工作中，各个步骤应按顺序展开，同时各步又是对前一步的反馈，既不能随意跳过任何一步，又要注意每一步的反馈作用。

（一）界定企划主题

界定企划主题是开展企划工作的第一步。有些总经理往往为了尽快拿出方案，事先不去耐心地界定所要解决的问题。其实，好的开始是成功的一半，认真界定问题，把问题简单化、明确化和重要化（准确判断出问题的重要性），问题就有效地解决了一半。

总经理在界定企划问题时，应从以下几个方面入手。

1. 做好充分的准备工作

总经理必须有效地确定课题对象。企业中的企划课题很多，但并不是每个企划课题都可以付诸实施。企划的实施会受到现实状况、企划者能力和预算等许多因素的限制，因此，总经理要在牵涉企划的很多个问题中，把精力投入到重要的问题上。在有限的资源制约下，同时去实现多个目标的话，到头来很可能会一事无成。成功的总经理，往往会针对一个目标，坚持不懈，直至成功。

在企划过程中，总经理应该有效地细分问题，这样将有助于更好地发现问题的真正症结，选择好解决问题的切入点，从而更好地解决问题。

同时，多问“为什么”可使问题明确化、浅显化、重点化。诸如“为什么这个企划、方案、观念或概念会是这样”的疑问有助于对现状进行合理的改变。

企划课题对象明确后，认真了解企划的动机是十分必要的。同一个企划方案因侧重面不同，所达到的目标和效果是不一样的。例如，同样是提高生产效率，企划的方案却可以截然不同。显然，如不确定企划的根本动机，就无法提出可解决企划本意问题的方案，企划就无法顺利推行。

总经理在着手思考企划构想、决定企划框架前，应对企划对象做充分的调查和研究，从多角度调查，把握企划对象。独特的企划不能脱离客观条件，为此，总经理就要多看、多听、多问、多查。

多看，就是仔细观察现场，收集情报。

多听、多问，就是多接触、了解与企划书有关的各方人士的意见、期望与想法，多问他们，与他们多商量，勤做笔记，更好地了解现状及企划的动机。

多查，就是对过去的事例、经验、其他厂商的做法、报纸刊物、说明书、记录等相关材料多进行查阅。

2. 找出并确立重点

二次明确主题。从问题意识中发掘出来的企划对象可能很多，但绝不要把它们全部纳入到企划作业中，总经理应抓住企业迫切要解决的问题进行重点企划。

无论哪种企划对象，进入企划作业前，都要尽可能明确有关这个企划对象的各种问题。如为什么被选为主题，针对应提出的企划书会有什么效果，有什么意义等。总经理对这些相关问题认识得越清楚，就越能产生使命感和干劲。

选择企划主题。企划人可根据自己的情况，制定选择企划对象的工作程序及确定对象的标准。例如得到多数投票通过的主题、各事业部主管认为必要的主题、董事长认为必要的主题等等，都可以作为企划对象加以选择。实际上，企划对象选择的程序可视为企业内部各方统一认识、交流看法的过程。

确定主题。企划作业开始前，总经理首先要做的事就是使自己明确企划主题，并使企划主题与动机相吻合，保证企划主题不与企业的意图相背离。为使以后的企划工作更容易展开，应将诸如时间、地区、营业额等事项描述得具体而又明确。主题的明确化，是成功企划的重要保证。

3. 确定企划目标

勾勒企划轮廓。企划轮廓是企划方案的一个整体上、原则上的粗略的设想。这种设想是在把握了企业相关目标，进行了企业经营要点初步估价后形成的，这种设想将在以后的企划过程中得到调整并被具体化。

确定企划目标。获得企划的初步轮廓后，应尽可能将其简化为目标，即将企划轮廓“目标化”。这里所说的目标，就是企划要实现的期望值。例如，降低销售成本15%，缩短流通时间20%等。目标不明确，企划印象就会模糊，就不易产生企划构想。当然，要在合理的情况下进行企划目标的设定。

量化企划目标。设定企划目标值，要尽量数字化。用数字表现出来的目标，很容易把握。例如:“降低生产费用20%”比“尽可能降低生产费用”明确得多。目标数字化，也好提出相应措施，容易评价其实现的可能性。企划目标设定的过程，有时可以产生企划的线索和创意，企划目标设定的好坏，也同时决定了企划方案能否实现以及企划效率的高低。

总经理在设定企划目标时还必须注意：

第一，目标不要求高求全。

第二，目标之间不应有矛盾，存在矛盾时，要合理均衡。

第三，必须明确表述目标的优先顺序。

（二）收集企划资料

企划信息的了解是发现问题、激发创意的基础工作，不进行信息的收集，企划就没有现实基础，创意也只能是凭空想象。收集企划资料一般可以从两个方面着手，一是进行日常的积累，二是运用专门的方法进行专项调查、收集。

1. 日常资料的收集

总经理在日常活动中就要注意资料的收集，以便扩大了解企业外部环境的范围、增加获得企划暗示的概率。在日常资料的收集中，可以从以下几点着手。

树立情报意识。能够迅速处理最新的信息是总经理最基本的一个要领，所以，总经理的信息感知度越高，就越能看清周围的事物，越能发现有利的信息。但是，有价值的信息不是随处都有，只有树立目标意识，带着“信息精神”，才有可能从日常生活的细微处发现信息。这是收集新信息的重要原则。

沟通带来信息。丰富的人际关系可以帮助总经理获取很多信息，但要拥有丰富的人际关系，必须从日常做起。我们可以通过积极创造与人见面的机会、注重与人见面的场合、进入其他行业的人际关系圈子、在交往中要有“在施与中接受快乐”的精神等方式，丰富自己的人际关系。

掌握有价值的信息。总经理在收集信息时，一定要注意信息是否有价值，注意并追踪使你有不一样的感觉的信息。这些信息可能包括以前不曾有过的新现象或新信息，跟以前不一样的现象或信息，以前不曾发生过的有趣、快乐的现象或信息等等。同时我们还应注意到，在负面信息中常常也蕴藏着有利于企划的暗示。

在各种媒介及舆论中掌握信息。舆论信息是最高度概括的信息来源，因此总经理要注意收集报纸杂志、广播电视等来自各种媒介和舆论的信息。

阅读报纸杂志时应注意养成看到重要新闻立刻剪贴的习惯，剪贴的新闻记事需注明出处，细心保管新闻剪贴簿。

在阅读、收视（听）报纸杂志、广播电视等时，要特别注重小的消息，着眼于著名人物的评论或总编的评述，着眼于新闻访谈，着眼于读者的心声，着眼于对失败的报道。

别局限在小的区域里。在收集信息时，总经理应扩大收集信息的范围，而不应局限在小的区域里。在工作中，可用“强烈好奇心”“改变营业活动路线”和“养成记录习惯”等方式掌握最新生活信息；在日常生活中，可用“探访百货公司或超级市场”“去不同的餐饮店用餐”和“探访书店”等方法收集信息。

整理信息。对已经收集的情报资料，必须进行刻意的加工。也就是说，这些既存的知识、情报，不该是单纯地收集和使用，而必须加上自己的重新塑造，改变若干的切入口或加上新的灵感、新的创意，才可用在企划上。为了使收集到的信息在必要时能够被利用，总经理平时就要注意信息的整理和保管。因为虽然有些信息可能会立即用于企划之中，但大部分信息可能只会在日后得以运用。信息的整理最好由自己亲手操作，将资料进行粗略的分类，并设定信息整理时间，这样可以避免信息过于凌乱。

2. 市场调查

信息收集除了日常信息的收集，还可以使用实际的市场调查的方法。一般市场调查的目的不是把握过去或现在，而是为未来提供有益的信息。

一般而言，实际市场调查方法主要包括实验法、观察法、留置法、访问面谈法、团体面谈法、电话调查法、邮件调查法等。

实验法。该方法是调查一方给出任意的条件，通过对这些变化的反应来收集信息。

观察法。该方法是通过实际观察需调查的对象来收集信息。

问卷调查法。该方法是调查员向调查对象发放问卷调查表，在一定期间之后收回。

访问面谈法。该方法就是调查员通过对对象直接访问、直接会面进行调查。这种方法由于直接与调查对象会面，所以能进行对方能够理解的调查，答案较正确，但是需要较多的时间与费用。

团体面谈法。就是将调查对象集中起来，让他们回答民意测验、发表自己意见的方法。

电话调查法。就是以调查表为内容，通过向调查对象打电话进行调查的方法。此法费用很少，但只能问简单的问题。

邮件调查法。就是指给调查对象的调查表，其发送及回收都通过邮寄方式进行的方法。此法不需要调查员，但回收率很低。

（三）寻求企划线索

总经理面对复杂多变的内外环境和各种各样的棘手问题，必须拥有化繁为简、厘清复杂问题的能力，即找出解决问题的线索的能力。

1. 从顾客的抱怨中找线索

满足顾客的需求是企业开发商品的目的。当顾客出现不满、不平、不便、不快等情况时，商品的效用就无法充分发挥，这将给企业带来不利影响。同时，这也是给企业最宝贵的暗示，只要将这种潜在的需求适当具体化，就可能产生让顾客满意的商品，同样也可能产生企划的基本着眼点。作为总经理，此时应该将顾客的抗议或不满作为企划暗示的机会，将不满等负面行为视为“在提供下次企划暗示”，彻底倾听其意见，将抗议变为“创意的宝库”。

2. 从顾客的希望里找线索

一般而言，当人的一种欲望满足了，便会期待着下一种欲望的满足，这些更新的欲望会表现为顾客的新的希望。这也是顾客潜在的需求，它一般不像不满意心声那样表面化。在接受顾客希望心声的思考过程中，还会听到“异想天开”的心声。总经理千万不要否定这种看似不可能实现的心声，只有将眼光放远，才可以得到对企划工作有利的暗示或启示。

3. 从时代趋势中找线索

把握时代的脉搏，紧跟时代潮流。总经理不仅要关注本行业的动向，还要关注其他行业乃至整个时代的变化。

值得注意的是，时代潮流多半是短期的趋势。拟定企划一定要先于风潮，否则就会流于失败。

4. 从畅销产品中找线索

仔细分析畅销商品受人喜欢的原因，就可以看出现在购买者的需求。事实上，通过对畅销商品进行详细分析，也可以帮助企划发现宝贵的暗示。当然，总经理应该注意不同范围内畅销的商品，找出畅销原因并巧妙地将其活用于企划上，通常这样就能开发出崭新、成功的商品。杰出的企划者更是可以在畅销商品尚未成为热门话题之前，先找出其畅销原因，尽量先于媒体介绍之前，进行调查，抢占先机。

新技术有可能带来新的变化。对市场竞争而言，新技术可能是新的市场机会。所以，总经理应关注不同范围的新技术。有时，可能与本企业无关的新技术也会对企业产生新的影响，也可以带来企划的暗示。

5. 从购买者不经意的谈话中找到线索

在轻松愉快的气氛下，往往会轻松地听到对方心里想说的话。在忙碌的营业活动中与购买者谈天，虽会耗费一些时间，但可以获得有效的企划的暗示。

购买者感到困扰时，总经理本着“如何解决此问题”的原则与购买者交谈，可以获得宝贵的企划暗示。

总经理还可从商品不同寻常的销售状况、日常生活中的浪费、一些特别异常的现象等方面着手，找出解决问题的切入点。

（四）产生企划创意

当充分占有资料后，经过整理和分析，创意会逐渐浮现。总经理要明白，单纯的念头可以当作创意的发现，却不能当作创意。在创意的发现之中，实际能够发展成创意的，只不过是极少数的一部分而已。而这些创意，在进入企划案中，化为实行计划的阶段时，又可能因为各种原因而减少。

总经理应以企业现况、企划主题为宗旨来一一过滤这些创意的发现，并予以分类，以是否容易实行、是否有效、是否符合企业情况等来做客观评价，通过筛选，也许有许多创意发现都可以被采用，然而，仅凭这些是远远不够的。创意的发现只能算初期的创意胚胎，这些创意发现必须化为创意。

关于怎样将创意发现更好地转化为创意，日本学者川江朗曾提出过以下这 12 个步骤，可供总经理实践参考。

①明确掌握问题。

②收集情报。

③调查事实。

④排出问题顺序。

⑤设定截止日期。

⑥设定解决目标。

⑦以理论追溯。

⑧活用关键语、核对表。

⑨描出印象。

⑩改变观点。

⑪探求类比。

⑫执着思考。

作为一名总经理，如果能将这些方法熟悉掌握后化为自己的手法，那么做起企划工作来必能得心应手、游刃有余。在这当中，尤其是集中时间和精神收集情报（知识、理论、实例等），还有用关键语、核对表寻找创意的暗示等方法，如能细心体会，必对你的工作大有裨益。

（五）制订企划方案

单有创意并不能运用到企业实际运作当中，总经理必须制订出具体的企划方案，才能起到企划应有的作用。作为一个总经理，制订一个成功的企划方案应遵循以下步骤。

1. 制订企划书

如果联想和创意只有立案者自己了解、满足，则无法使其成为真正符合企业层次的企划。企划唯有向上级、同事提出，或向企划会等会议提出，经过商议得到相应承认、支持后，才能成为符合企业层次的企划并付诸实施。

总经理必须善于将创意整理为企划书，向企划有关方面提出并经审议通过，以便在实行时得到强有力的支持。为了这个目的，总经理必须时刻努力提高"企划书方案能力"。总经理因此就必须要了解企划书应有的项目和条件、企划书立案的技术以及企划内容的表现技术。

向别人说明企划书以说服别人、获得认可与支持，这是制作企划书的主要目的。实际上，很多总经理自己做企划时，往往会犯自以为是的错误，认为自己理解了，别人肯定也理解。而事实上将企划书按一定格式整理时，却会发现许多问题。诸如原以为别人会懂的别人却并不懂，自己以为不很重要的却又是相当重要的条件，有些自己明白却很难向对方说明，有些光凭文字很难表现，有些没有考虑实行者的立场而很难具体说明，有些在理想上应如此但公司的实力达不到等问题。因此，总经理必须尽可能准确、有效地表明自己的观点，同时还要考虑他人是否容易接受、是否会给予支持。

所以，制订企划书时应注意简明具体地表达企划内容，对效果与结果进行尽可能准确的预测，企划创意不可贪多；在预定的截止时间保证结束创意活动，长期企划需设定中期与近期目标等问题。

2. 选择企划方案

总经理在做企划书时，如果有多种构想，可以根据不同的取舍选择和组合方式，做出若干种方案的企划书。在面临难以取舍的情形时，总经理可优先选择自己最有自信的创意组合和企划书。一般来说，总经理感觉自信的企划书，内容比较扎实，同时会更具有说服性，即使被人提出质疑，也能有信心说服他人，因为总经理可以方便地解释自己喜欢的技法和模式，体现出自己的个性和特色。

在对几份企划书进行选择时，一方面要考虑自己的主观愿望，另一方面还要采取客观标准、方法进行选择。例如，可以用最低费用效果比进行选择。所谓费用效果比，是指预计实现企划所需要投入的总费用与预计实现企划得到的总效果之比，此指标可比较客观地表明企划效率的高低。通常情况下，费用越少、效果越高，表示企划效率越高。此外，还可以用企划书实现的难易程度来进行选择，在相同期望结果下，越容易实现的企划，就越应被优先考虑。

3. 介绍并确立企划方案

做好准备工作。企划书能不能通过审议会，被上级有关部门或委托方采纳，是企划书能否确立的关键。因此，总经理必须在提案之前做好充分的准备，提高被采用的概率。

企划书的事前准备应以审议人充分了解并接受为重点。为此，总经理要准备好各种可能出现的质疑。此时，可以采用让企业中的有关人员进行预质问的方法发现问题，再对企划书进行补充和修正。当然，也可以通过自问自答的方法，反复揣摩，集中考虑自己最难回答的问题，并尽量站在审议人的角度考虑问题并给予回答，增强企划书的说服力和自己的自信心。

选择适当的提案时机。这是企划书能否顺利通过的关键。一般情况下，可以在审议人时间充裕时提案，当然也可以在审议人时间仓促时提案，不过此法不予以鼓励。另外，应避免在支持自己企划的审议人缺席时提出企划书，要合理安排提案的顺序，并尽量在审议人心情舒畅时提案。

努力说服各方，确立企划方案。

首先，要做到说服决策者，就要充分了解决策者。提出企划书时，要了解决策者的理论水平和容易接受的表达方式，尽量用生动、形象的表现形式表达企划的中心、结构和重点，避免陷入如统计学、数学等基础理论的讲解中去。为此，要事先测定审议者的理解水平，并由此来选定包括模型、简单的图形、图表、幻灯片等在内的比较直观的表达方式。这样，可以最大限度地引起决策者的共鸣。

另外，在审议过程中，如果让担任审议的人以某种形式参与企划过程的一部分，请他们提出意见、建议，并巧妙地将之纳入企划书中，这些人很可能会因此而变成企划书的赞同者。实际操作时，可以使审议者成为企划的正式成员，或者在企划书完成后，专门致谢其建议等。运用这些方法，可以加大企划书被确立的概率。

还有，总经理应该把说明力提升为说服力。在说明企划案时应有足够的信心。充满自信的说服力，更容易让对方接纳，而强有力的说服可使企划书得到各方的支持。增强说服力，不仅要用一些如图表、幻灯片之类的视觉化工具，还要有对企划书的自信及对企划成果的自信。充分说明企划对企业或委托方的必要性，用充满自信的态度应答质疑，并且在说服人时加进一些创意。对于反对意见和批评，要沉着应对，避免引起对方反感或发生意气用事的争论。有时，在说明企划时多少需要点“为了方便的小谎言”。在审议过程中，很容易出现使企划书夭折的否定意见，总经理必须事先研究准备，对审议者的否定态度要考虑如何去说明、说服。在审议现场如何进行说服，需要下一些功夫。其重要的前提是要将企划内容做详细说明，并尽量采用具有亲和力的态度和方式，使否定意见一一得以消除。当然，说服力的基础，必须是对企业及委托方的诚实、中肯和认真的态度。

最后一点，要从失败中寻找成功。让审议者认同的企划书是总经理显示信心与执着的标志。当提案被拒绝否定时，正确的企划态度应该是全力尝试修正、充实，努力建立新的关系，以便再度迎接挑战。总经理必须牢记：“企划是在放弃时失败的。”使企划得到确立，重要的是企划者的执着及对自己的企划充满信心。

（六）修正企划方案

就企划过程来说，企划书实施并获得结果表明了企划的结束，但对总经理来说，这并不意味着企划的结束。结果出来时，总经理还必须对企划结果和经过，做充分的分析和检讨，从中找出经验、问题和教训，并将其有效地体现在下一次企划中。至此，本次企划工作才告终结。

1. 总结企划实施结果

在进行企划实施结果分析时，若发现企划的期望值与实际结果有差异，必须做好以下重点研究：

①尽可能正确掌握预测值与结果的差异。

②分析差异原因。

③找出实施过程中有关的问题，发现反省点和改进点。

④总结出下次企划立案及实施时的教训、启示和创意等。

总经理应将企划实施结果的研究、分析，做成企划终了的报告书，向总经理或委托方提出。报告书中，最重要的是预测与结果的差异分析。

通常情况下，企划的预测与结果产生差异的原因主要有确定性原因、推断性原因和不确定原因三种。

对于确定性原因如可去除，要在下次企划中予以去除；对于推断性原因如有可能发生，有必要尽可能在下次企划中去除及修改；对于不确定原因则应多下功夫进行分析，尽量修正。

2. 针对不足努力改进

（1）总结经验以利再战

结果的研究、经过的分析、通过检讨反省所得的具体启示、教训和改善点等，对于总经理来说，可以作为从此以后企划上的经验、教训和参考，也可以从这些经验、教训中获得许多创意和暗示。这种将经验、教训、创意等反馈于以后企划的行动，我们称为反馈行动。越优秀的总经理，这种反馈能力应该越强。

（2）积累企划知识

总经理要有意识、有计划地持续不断地去学习新的知识、获取宝贵的经验，从而不断完善自己的企划能力，这都需要知识和经验的累积储存。

三、市场定位企划

（一）市场定位企划的基本内容

现代企业的市场定位企划，主要是从产品定位、市场定位、企业定位三个方面入手的。

1. 产品定位

产品定位主要是用来确定企业产品的各种属性的位置档次。它主要包括产品的质量定位、产品的功能定位、产品的造型定位、产品的包装定位、产品的价格定位、产品的用途定位、产品的性质定位、产品的体积定位、产品的色彩定位等。

2. 市场定位

所谓市场定位实际上是指确定企业的产品需要进入的目标市场。市场定位主要包括以下几个方面的内容：

（1）地域定位

地域定位主要是用来确定企业产品需要进入的市场区域，是世界范围、全国范围还是本地区范围，这些必须在推出产品之前明确。

（2）气候定位

气候定位是指该产品适合在什么气候类型的区域销售。

（3）层次定位

不同阶层的消费者其消费特点也不同。层次定位就是通过对不同阶层的消费者的具体划分来确定目标市场的。

（4）职业定位

职业定位按不同的标准有不同的定位方式，企业在具体定位时可以根据企业的实际需要进行定位。

（5）文化定位

不同地区、不同国家、不同民族有着各自不同的文化。所以，市场定位需要考虑不同文化对产品销售带来的影响。

（6）性别定位

（7）年龄定位

不同年龄段的消费者往往对产品的需求不同，市场定位就是要充分掌握不同年龄阶段消费者的消费特征，然后有针对性地抢占市场。

（8）个性定位

不同个性的消费者具有不同的消费特征，企业在考虑目标市场时要注重消费者的个性特征。

市场定位最基本的要求就是要让本企业的产品与市场上的其他同类产品有所区别，要做到这一点，就必须进行创新企划，实现产品差别化。要实现产品差别化，通常从三个方面入手：

首先，要通过产品实体的创新体现产品的差别化。也就是说，要通过产品在功能、质量、结构、包装、性能、用途等方面的创新来区别于其他同类产品。

其次，要通过服务创新实现产品差异化。现代企业之间产品的竞争，不仅仅是质量、用途、价格等的竞争，更重要的是其服务质量的竞争。企业可以不断完善服务质量，在服务上与其他同类产品形成产品差异，从而增强企业产品竞争能力。

再次，通过一定的宣传和信息传递手段体现出产品的差异化。宣传和信息传递对实现产品差异化有着非常重要的作用。企业可以通过一些宣传文字、图像、声音等媒体，加强宣传和信息传播，让企业产品的有关特征信息迅速传递到目标市场，让顾客真实感受到本企业产品与同类产品的差异，从而在顾客心目中树立该产品的良好形象，增强企业综合竞争力。

3. 企业定位

具体来说，企业定位是对产品定位和市场定位的一种补充和强化，主要是运用一定手段和方法不断提高企业整体形象，增强企业的社会影响力，从而增强企业营销实力的一系列活动。企业定位通常都是运用独特的产品、独特的文化、有影响力的杰出人物、企业环境和公共关系等手段进行的。

（二）目标市场的细分

所谓的目标市场细分是指从顾客不同购买欲望和需求的差异性出发，按一定的标准将一个整体市场划分为若干个子市场，从而确定企业目标市场的活动过程。市场是由无数消费者构成的，不同的消费者在一个或几个方面可能存在消费差异，他们可能在购买要求、购买态度或购买习惯等方面存在差异，这就为目标市场的细分提供了前提条件。

美国学者伊·杰·麦肯斯提出了一套非常直观、逻辑性非常强的七步细分法，其具体操作步骤如下：

1. 确定企业的长期经营战略和经营方向

长期战略和经营方向的确定是市场细分的前提和基础，只有总的方向明确了，企划者才能根据企业内外的实际情况对市场进行细分。

2. 根据消费者的实际需求状况，确定市场细分变量

消费者的需求状况对市场的细分有着直接的影响，只有准确地把握住消费者的实际需求状况，对市场的细分才会更有把握。

3. 根据市场细分变量，进行初步细分

初步的细分一般是根据消费者的具体需求来划分，需要初步确定将消费者划分为哪些类型。

4. 加工筛选

一般来说，同一类的消费群体还存在某些差异，这就需要在具体细分时，能够抓住重点，能够求同存异，删除某些不必要的因素。

5. 对市场细分初步命名

市场细分的名称既要简单，又要富有艺术性，最好能够体现其特点。

6. 进行检查分析

在市场细分后，要进一步确定细分市场是否科学、合理，必要的时候要做进一步调整。

7. 选定目标市场

（三）目标市场的选择企划

市场细分以后，企划者面临的就是如何对这些细分的目标市场进行评估和如何将企业产品和目标市场进行衔接的问题，这就涉及目标市场的选择企划。目标市场的选择企划具体是指企业将选择哪一个或哪几个市场作为营销对象的决策。

1. 目标市场的选择策略

目标市场选择策略主要有以下几种方式：

（1）密集单一型市场

最简单的方式是营销企划者选择一个细分的目标市场进行集中营销。事实上，采用这种策略的企业大多都是一些中小型企业。这种策略的优势在于竞争对手少，有利于企业不断扩大市场份额，也有利于企业形成局部的竞争优势。

（2）有选择的专门化

这种方法主要是指营销企划者选择若干个细分市场进行营销，这些细分市场之间并没有联系，但每个细分市场都具有很强的吸引力，能够为企业获利，并且符合企业的经营目标和资源状况，还可以分散企业的经营风险。即使企业失去其中一个或一些细分市场，但企业可以继续经营，在其他细分市场上获利。

（3）产品专门化

采用这种方法的大多是一些中小企业，企业通过用这种方法集中生产一种产品，并向各类消费者销售这种产品。比如说显微镜生产商向大学实验室、政府实验室和工商企业实验室销售显微镜。企业准备向不同的消费群体销售不同种类的显微镜，而不去生产实验室可能需要的其他仪器。企业通过这种策略，在某个产品上树立起良好的声誉。但如果产品被其他新的产品（比如说新的显像技术）所代替，就会产生一定的滑坡现象。

（4）市场专业化

市场专业化是指企业专门为满足某个消费者群体的各种需求服务。例如企业可为大学实验室提供一系列服务，包括显微镜、示波器、试管等。企业专门为这些消费者群体服务，而获得良好的声誉，并成为这个消费群体所需要的各种新产品的销售代理商。如果这个消费群体——这里是指大学实验室，突然发现经费预算已经削减，它们就会减少从这个市场专业化企业购买仪器的数量，这也会使企业产生滑坡的危险。

（5）完全市场覆盖

完全市场覆盖是指企业想用各种产品满足各种消费群体的需求。一般来说，只有大企业才能采用完全市场覆盖策略。例如，国际商用机器公司（计算机市场）、通用汽车公司（汽车市场）和可口可乐公司（饮料市场）等。

企业通常会采用两种方法来实现完全市场覆盖这一目标，即通过无差异市场营销或差异市场营销这两种方法。

①无差异性营销策略。

无差异性营销策略具体是指企业将全部的细分市场作为选择的目标市场，将细分市场之间的差异忽略不计，为此只提供单一的产品在整个市场上销售。企业只生产购买者需求的产品，而不生产他们所需求的其他产品。也就是说，企业采用这种策略只是注重细分市场的共性，而不考虑细分市场的个体特征，把市场看成一个无差别的整体。如可口可乐公司早期曾用单一规格的瓶子装单一口味的饮料，以满足各种顾客的需要。

这种营销策略的优势在于，能够通过单一产品的大批量生产降低产品成本并提高设备利用率，同时可以节省部分开发费用和市场促销费用，这样就可以靠低价位抢占市场。当然，这种策略也存在很大的弊端，主要表现在不能满足消费者日益变化的消费需求，不利于企业新产品的开发，这种策略也缺乏灵活性，很难适应市场变化。

②差异性营销策略。

差异性营销策略主要是指企业在对市场细分的基础上，根据各细分市场不同层次的需求，相应地为其设计不同的产品，并运用不同的营销策略进行服务。

例如，通用汽车公司宣称该公司将为每个“财富、目标和个性”不同的人生产一种汽车，就是采用了这种市场营销策略。国际商用机器公司也向电脑市场上各种不同的细分市场供应不同的硬件和软件。

差异性营销策略是目前大多数企业采用的目标市场策略。采用这种策略的优势在于，企业通过不同的营销策略和不同的产品来满足各个细分市场的需要，可以为企业吸引更多的消费者，可以帮助企业抢占更大的市场，从而不断增强企业的核心竞争力。

但是，这一策略也有其不足之处，主要表现在由于采用不同的营销策略，采用多样化的产品战略，这样就不可避免地增加了经营成本。

2. 目标市场选择策略的变因

企业在确定目标市场选择策略时，必须充分考虑企业内外的各种因素影响。这些因素主要表现在：

（1）企业资源

如果企业的人力、物力、财力等资源相对充足，实力雄厚，企业可以采用无差异营销或差异营销策略；如果企业的资源相对不足，实力相对薄弱，企业最好选择集中营销的方式。

（2）市场的差异性

如果市场上消费者的购买需求基本相同或相似，即在同一时期购买的数量相同、对市场营销刺激的反应也相同，这种市场一般可以认为是同质市场，可以采用无差异性营销；而对于需求差异性较大的异质市场，则应采用差异营销或集中营销。

（3）产品的差异性

某些产品如食盐、大米、钢材等差异性很小，可以认为是“同质”产品，可以采用无差异营销；如果是差异性较大的产品，如服装、轿车、房地产等则应采用差异营销或集中营销。

（4）产品所处生命周期的阶段

处于不同生命周期的产品，其营销策略也不同。一般来说，处于导入期或成长期的产品，企业主要是向消费者宣传自己的产品，培养消费者的品牌喜好，争夺更多的市场份额，而且在这时消费者的需求差异也没有充分地表现出来，因此企业不宜提供过多的产品种类，最好采用无差异营销；而处于成熟期的产品，市场趋于饱和或已经饱和，市场竞争激烈，消费者需求差异非常明显，企业这时最好采用差异营销；相应地在衰退期，产品的购买者主要是新产品接受相对困难者或是一些品牌的坚定忠诚者，企业这时最好采用集中营销。

（5）竞争对手所采取的目标市场营销策略

在选择目标市场营销策略时，必须对竞争对手的各种情况进行充分了解。如果企业实力比竞争对手雄厚时，可以完全自主地决定目标市场的营销策略。但当企业与竞争对手的实力相当或处于劣势地位时，则应充分考虑竞争者的目标市场营销策略。一般来说，在这种情况下不宜采用相同的策略，因为这将导致激烈的竞争。当对手实行无差异营销时，企业可以实行差异营销或集中营销；而当对手实行差异营销时，企业可以实行集中营销。这样，有助于在确定的细分市场上保证企业的相对竞争优势，也有利于企业增强核心竞争力和长期竞争优势。如果企业的资源相对不足，实力相对薄弱，企业最好选择集中营销的方式。

四、新产品开发企划

（一）新产品开发概述

新产品的研究和开发，是企业营销决策的重大问题。对现代企业来说，不断开发新产品是企业在市场竞争中求得生存和发展的重要条件之一。任何企业要想生存，要想发展，就必须充分把握市场机遇，就必须不断研究和开发新产品，从而确保其竞争优势。

1. 新产品的范畴

从市场营销的角度来看，新产品是一个相对广泛的概念。既指绝对的新产品，又指相对的新产品；既可以对市场而言，又可以对企业而言。也就是说，只要是产品整体概念中的任何一个要素创新、变革或改造，都可以被理解为新产品。因此，这里的新产品是指在企业经营活动中的一切新开创的产品，不仅包括全新产品，还包括现有产品的改进，竞争产品的仿制和产品线的增设等。根据新产品的性能、结构等特点，新产品可以分为四种类型：

（1）全新产品

这是采用新原理、新结构、新技术和新材料等制成的新产品，这种新产品与老产品相比，具有明显的技术和经济优势。例如，利用激光技术制成激光唱片，激光切割机就属于全新产品。

（2）换代产品

是指产品的基本原理不变，部分地采用新技术、新结构或新材料，从而使产品的功能、性能和经济指标有一定程度的提高。比如说从普通电熨斗到蒸汽电熨斗，从普通电话到可视电话等。

（3）改进新产品

改进新产品指对老产品进行各种技术改进，使产品技术性能有所提高，规格、形式有所改进。当然也可以是以新的市场或细分市场为目标的现行产品。因为这种开发新产品方式难度较小，因此比较常用。

（4）仿制产品

是指市场上已有产品，本企业仿制竞争者的产品，也算是本企业的新产品。

2. 新产品开发的困境

新产品开发对企业来说具有十分重要的战略意义，但同时，新产品开发对企业来说存在着很大的风险性。世界上每年都有大量的新产品问世，但真正能迎合市场、在市场上站住脚的、为消费者所接受的，却是少之又少。据资料介绍，新产品的失败率高达80%至90%。美国波士顿两位教授经过认真调研分析，提出了新产品开发失败的主要原因：公司对潜在销售量的错误估计，导致新产品失败的占32%；由于新产品价格不合适未被市场接受的占14%；因新产品上市时机选择不当而失败的约占10%；新产品刚上市就被竞争者击败的占8%；由于公司整体营销策略不当导致新产品失败的约占13%。当然，公司开发新产品时要受到自身技术条件、资金能力的限制和营销环境的制约。因此，任何企业在开发新产品时都必须谨慎小心。

随着全球经济一体化趋势的增强和我国市场体系的不断完善，企业要想成功开发新产品，必须注意以下几点：

（1）各种限制条件日益增多

新产品的开发，不仅要讲求经济效益，更重要的是要讲求社会效益。

如消费者的安全和生态平衡等。新产品在社会效益方面的高要求，使得企业在开发新产品时更加困难，开发费用也有较大的增长。

（2）新产品开发周期缩短

随着高科技和信息技术的迅速发展，新产品开发周期逐步缩短。一个非常有潜力的构思可能被许多公司同时获得，而最终胜利者往往是那些行动迅速的企业。

（3）某些领域内缺乏有效的新产品构思

西方一些科学家认为，随着时间的推移，在汽车、电视机、计算机等领域内，值得投资的切实可行的新技术微乎其微。

（4）开发成本越来越高

随着竞争的日趋加剧，企业为了找到理想的构思，通常需要形成许多新产品构思。因此，企业必须承担日益上升的研究开发费用、生产费用和市场营销费用。

（5）成功产品的生命周期缩短

当一种新产品成功以后，竞争对手就会立即对其进行模仿，从而使新产品的生命周期大为缩短。

3. 新产品开发的趋势

近年来，企业对新产品的开发呈现出以下趋势：

（1）节能化

任何资源都是有限的，节能已经成为现代企业新产品开发的一个重要趋势。由于能源的紧张，因此节电、节煤、节油、节水、节气的节约性产品是产品开发的重要方向。

（2）便捷化

随着人们生活节奏的加快，人们对产品的要求越来越注重其方便性、快捷性。如数码照相机、手机、模糊洗衣机等的发展充分说明了这一趋势。

（3）高性能化

采用高科技开发有时代超前特征的新产品，实现产品的高性能化，引导消费新潮是现代产品开发的一大趋势。例如，2000年美国通用汽车公司推出的“网络汽车”，就是一种高性能化的超前产品。

（4）多功能化

随着高科技的发展，消费者对产品的要求不再只是单纯的质量问题了。功能越强大、质量越好的产品，就越容易得到消费者的认可。如很多厂家的电视机已经改进为收、录、看、唱的多功能电视机。

（5）人性化

现代企业在开发新产品时，都非常重视产品的人性化特征。比如说宝洁公司在中国市场推出的洗发香波的很多品牌都被赋予了鲜明的个性：飘柔——使头发光滑柔顺；潘婷——为头发提供营养保健；海飞丝——头屑去无踪、秀发更出众；等等。这些品牌都包含了一个东方女性的共性——自信。

（6）知识化

一般来说，产品都包含两部分价值：一是由人的体力劳动创造的原材料价值和产品的加工费；二是由人的脑力劳动创造的包含在产品中的技术、样式和格调的价格，这后一部分价值就是“知识与智慧的价值”。比如说，在实践中很多传统技术采用高新技术后，成本提高了10%~25%，售价却提高了70%~150%。

（二）新产品开发的流程

新产品开发是一项十分复杂而又具有一定风险的工作，它直接关系企业经营的成败。因此，企业在进行新产品开发时，必须按照一定的科学程序来进行。一般来说，新产品开发主要分为七个阶段：即产品构思、构思筛选、建立产品概念、营业分析、产品试制、市场试销和产品上市。

1. 产品构思

产品构思是指企业准备向市场推出什么产品。在构思阶段企划者应该发动企业内部全体员工集思广益，同时应该从企业外部通过用户、中间商、上级部门和科研机关等收集相关情报资料，从而掌握新产品开发的第一手资料，并对其进行认真研究分析。

一般来说，新产品构思的来源主要表现在以下几个方面：

（1）顾客的需求及偏好

顾客需求及偏好是寻求新产品构思的主要源泉。为了发掘顾客的需要，常用的方法是消费者调查，调查顾客对企业现有产品的购买、使用、印象和意见，然后对这些资料进行整理分析，从而获得不同的新产品构思。美国市场营销专家曾指出，新的工业品的绝大部分构思来源于顾客，尤其是顾客对本企业现有产品提出的问题。

（2）企业内部相关人员的创意

企业自己的经营管理者和科研人员，以及企业的广大员工，都是新产品构思的源泉。不同层次的员工，会因不同环境而有不同的观察视角，这样往往容易给企业带来新的产品构思。比如说，销售人员和营业员长期接触顾客，他们的对顾客的需求最了解，他们的意见及建议对企业新产品构思有着非常重要的作用。

（3）竞争对手的相关产品信息

在实践中，有很多企业是通过模仿其竞争对手的产品来发现新产品构思的。他们可以从经销商、供应商以及销售代表那里，了解竞争对手产品的相关信息，分析其产品的成功和失败之处，这样就可以通过竞争者的新产品来发现顾客喜欢或不喜欢哪些产品。企业应该对谁在购买和为什么购买竞争对手的新产品有准确了解，这样就可以在产品设计时进一步增强产品的卖点，从而营造企业产品的核心竞争力。

（4）相关科研人员的支持

随着高科技被越来越广泛地应用，科技对生产力的贡献越来越明显。掌握高科技的科研人员越来越被广大企业所重视，科研成果越来越多地成为新产品创意的重要来源。

（5）经销商和供应商的相关信息

经销商和供应商以及一些销售代表等，他们比较详尽地掌握着顾客的第一手资料，他们确切地知道顾客的实际需求，同时，他们对竞争对手的产品信息也有比较准确的了解，这些都对企业的新产品构思有着非常重要的作用。

2. 筛选构思方案

新产品构思的好坏，对新产品开发能否成功有着直接的影响。因此，要对构想好的方案进行认真筛选。据对美国 180 多家企业的调查表明，其构想成功率不到 25%。筛选工作完成后就可着手进行设计和样品试验。

企业有了市场需要的好构思，如何使它转化为新产品，需要一个精密的、全面的构思筛选过程，以便删除那些与企业目标或资源不相适应的新构思。一般来说，对产品构思进行筛选需要考虑两个方面的因素：一是要考虑市场需求量、价格、质量要求、竞争情况、技术趋向和顾客意见及建议等外部因素；二是要考虑企业的资金状况、技术水平、人力资源状况、设备能力、管理水平、营销能力等内部因素。

当然，经过筛选后的新产品构思还需要进一步的评价，表 4-1 的案例是用加权指数法加以评定的产品构思评分表。

表 4-1

产品成功的必要条件	相对权数（m）	企业能力水平（n）										评分 m*n
		1	2	3	4	5	6	7	8	9	10	
企业形象	0.2									+		1.8
市场营销能力	0.1								+			0.8
研究与开发能力	0.1									+		0.9
工艺水平	0.05				+							0.2
财务状况	0.05						+					0.3
地理位置	0.15							+				1.05
设备状况	0.05				+							0.2
供应与采购	0.2							+				1.4
组织结构	0.1						+					0.5
踪迹	1											7.15

3. 建立产品概念阶段

新产品开发构思经过筛选确立以后，就要把它发展成完整的产品概念，因为产品的构思是从企业的立场出发的，企业产品是否被消费者所接受，还要将产品的构思转化到消费者渴望的产品概念上去。比如说，一只手表，对企业来说它包括了零件齿轮、轴心和表壳等部件，它的制造过程、管理方法及成本预算等等都是企业要考虑的，但这些因素都不是消费者考虑是否购买本产品的因素。消费者考虑的主要是手表的外形、准确性、价格、相关服务等。因此产品构思只是从企业的角度来看待产品的，而产品概念则更多的是从消费者的角度来看待问题的。

同样一个新产品构思，根据企业目标的不同，就会转变为许多不同的产品概念。比如说一家食品厂打算生产一种粉状食品，供加入牛奶里，既增加营养，又使它美味可口，这是一种很好的新产品构思。根据不同的企业目标，这个新产品构思可以转化成不同的产品概念：供儿童白天食用的方便奶粉，供成年人使用的速溶早餐饮料，供老年人食用的睡前补品。这样，企业就可以从三种产品概念中挑选一种核心产品概念进行测试。

在现代企业中，最常用的产品概念测试就是消费者调查，通过设置调查问卷，充分了解消费者信息。调查问卷中通常要明确下列问题：该产品的优点在哪？是否需要购买这项产品？对产品是否满意？对产品概念是否明确？还有哪些需要改进的地方，等等。总之，消费者调查对新产品开发来说非常重要，规范、科学的消费者调查是新产品开发的前提和基础。

4. 营业分析阶段

营业分析的主要目标是对新产品从财务上分析，计算新产品的未来销售量、成本、利润和投资收益率，判断它是否符合企业发展战略目标，是否有发展潜力。一般来说，营业分析操作起来比较困难，一方面因为产品模型还尚未做好，有关成本与利润还不能确定；另一方面，因为产品尚未正式生产，销售量预测也不会十分准确，这些都给营业分析带来了实质性的困难。现代企业比较常用的营业分析方法有盈亏平衡法、现金支出分析法及投资收益分析法等。

5. 产品试制阶段

新产品试制就是根据测验后的核心产品概念而创造的新产品模型或样品。新产品试制主要包括以下内容：

（1）制造新产品样本或模型

新产品样本或模型既具备产品概念所规定的一切性能，又在技术上、销售上切实可行，之后可以进行相应的消费者测验，一方面检查消费者的接受程度，另一方面也可以通过消费者的实际使用检验出产品存在的问题，从而对其进一步完善。

（2）设计产品的包装

产品的包装是企业形象的外在表现。对制造商来说，尽管包装费会增加产品成本，但包装同时会对产品起到保护和推广作用。良好的包装不仅会提高产品形象，而且也有利于消费者携带。

（3）设计产品品牌

产品品牌是产品整体不可或缺的组成部分，良好的品牌有利于展现产品的优点。在设计产品品牌时，品牌的名称往往对产品形象有着非常关键的作用，品牌的名称应该具有一定的时代气息，要能准确表达产品的特性。

6. 产品试销阶段

新产品模型和样本经过一系列的消费者试验以后，企业会根据消费者的意见和建议，对产品进行进一步的完善，在对产品进一步完善之后，企业需要制造少量的正式产品，投入一定范围的市场进行试销。试销一方面使企业对新产品有了进一步的了解和认识，能够准确发现产品存在的缺陷，从而在产品全面上市之前加以改进；另一方面，试销的反应也有利于企业制定正确的销售策略，从而能有准备地使产品进入预期的目标市场。一般来说，在产品试销阶段，要注意解决好下面几个问题：

第一，试销目标市场的选择。企业应该根据产品的特性选择特定的目标市场进行试销，目标市场的选择要确保收集资料的准确性和有代表性。

第二，试销时间的确定。一般来说，试销时间的长短要根据该项产品平均重复购买的时间来决定，同时需要考虑其成本因素。

第三，资料的收集。在试销期间，企业应该派专人负责资料的收集，这对企业下一步的决策非常重要。企业可以根据收集到的相关资料，对产品进一步论证分析，从而确定其上市的时间及生产规模等。

通常来说，企业进行产品试销主要有以下几种方法：

（1）模拟市场试销法

这种做法通常是在购物场所找一定数量的消费者，请他们看一些简短的电视广告（这些广告有些是旧广告，有些是新广告，其中有一个广告是宣传该产品的广告，在消费者观看广告时不能有任何提示）。然后向这些消费者提供一定数量的钱并要求他们光顾某家商场，他们可以自由地购买任何限额内的商品，企划者应及时记录有多少消费者购买了该新产品和竞争品。用这种方法可以衡量出在引导消费者试用方面，该企业与竞争对手商业广告相比的有效性。然后可以再次将消费者召集起来，询问他们选择某种商品的原因。经过一段时间之后，可以再次询问他们，征求他们对新产品的意见和建议。这种方法的优点是能有效地衡量广告的效用和新产品的试用率，但花费时间较长，且费用较高。

（2）控制性试销法

控制性试销法是企业通过安排一定数量的受控制商店，将产品送到选定的商店并安排货架位置、装饰物用量、产品陈列以及限量购买的促销和定价等。销售情况可以通过货架上产品的销售情况和消费者的购买记录来进行核算。控制性试销法可以使企业在不涉足消费者市场的情况下，测试目标市场的各种因素和有限的广告宣传对消费者购买行为的影响。

对新产品进行市场试销的方法很多，比如经营产品试销方法分析法、实验市场法等，企业可以根据产品特征灵活选择。

7. 产品上市

新产品经过试销以后，企业可以对收集到的资料进行综合分析，如果证明企业的新产品是成功的，企业就需要将新产品正式推向市场。在决定推出新产品时，企业要做好以下几方面的工作：

（1）要确定恰当的产品上市时间

如果同类产品的竞争者很少或几乎没有，或潜在的竞争对手的上市条件尚未成熟，应该采取立即上市策略；如果产品虽然成型，但有待于进一步完善，就应该加以改进使其完善后再推出；如果新产品季节性很强，应该根据季节及时上市推销。总之，产品的上市要选择恰当的时机。

（2）要选择恰当的上市地点

上市的地点即决定推出新产品的地域，是在一个地区还是几个地区，是在国内还是在国外，这些企业应该根据自身的实力准确把握。一般来说，投放的地点要由点及面，由小及大，由地区市场到国际市场，采取长期性的逐步推广策略。麦当劳公司最初进入中国市场时，首先选中北京市场，买下了王府井路口的寸金之地兴建最大规模的快餐厅，以后的兴旺发达说明了它上市地点选择的正确性。

（3）选择合适的目标顾客

产品的最终享用者是消费者，因年龄、性格、性别的不同，他们的购买需要也不同，企业应该选择合适的目标顾客。新上市的消费品，它的主要目标顾客应该具备这样的特征：他们是该产品的早期使用者；他们是该产品的大量使用者；他们是该产品的舆论先导者，对该产品有比较理想的评价，能影响他人的购买；企业花费少量的费用就能接近他们。

（4）营销策略

产品上市以后，企业采用什么样的营销策略把新产品打入市场，企业应该及时确定各种营销活动的先后次序，制定恰当的营销方案，使产品迅速进入目标市场。

五、广告企划创新

（一）广告企划的含义

广告企划是对广告传播活动的运筹规划，是在充分获取市场信息的前提下，预测市场的发展规律，在符合广告主营销策略的基础上，科学地制定广告总体战略，以追求最优化的广告效果的活动过程。

广告企划应该包括以下内容：

1. 广告企划是先于广告活动的行为

从时间顺序上看，广告企划在前，具体的广告活动在后。只有先对广告战略和策略进行分析判断，形成整体的思路和运作规划，才能进一步按照企划的要求和路径分步实施广告活动。

2. 广告企划以市场调研为前提

任何广告活动，都必须建立在一定的调研基础上，只有经过充分的调研，具体的广告活动才能有的放矢。

3. 广告企划要以广告主的市场营销策略为基础

以广告诉求策略、广告定位策略、广告表现策略、广告媒介策略为核心内容，以具有可操作性的广告企划文本为直接结果，以广告效果测定为终结。

4. 广告企划是广告活动的行动指南

广告活动要达到良好的效果，必须把企划作为活动的指南，在企划方案规定的框架内有步骤地展开广告活动。

（二）认识和分析广告对象

对广告对象的分析，是信息传导的基础。了解有关广告对象的一些基本情况，包括广告对象的居住地点和地区分布、年龄、收入、种族、性别、受教育程度以及购买和使用推销产品与竞争品所表现的态度。企划者对广告对象了解得越多，就越能发挥广告的效果。如果对广告对象认识模糊缺乏分析，那么广告的效果必然受影响。

（三）明确广告目标

目标购买者对广告的反应常常取决于广告的目标，因而广告企划者在确定广告目标时要慎重，要确保广告能够达到目标受众所希望达到的目标。广告目标要用清晰、明确和可衡量的术语来表达。只有具备明确性和可衡量性，才有利于广告企划者对广告效果进行评估。广告目标是在特定时期内对特定目标对象所要完成的特定沟通任务。现代企业的广告目标一般分为三种类型：

1. 说服性广告

在企业产品竞争进入相持阶段时，企业往往通过说服性广告来扩大市场份额。企业实施说服性广告是为了建立某一品牌的选择性需求。如鼓励消费者购买本企业产品，改变消费者对产品属性的认识，说服消费者做出消费决策，确立产品忠诚度等。

2. 统治性广告

统治性广告主要是用在新产品入市阶段，其目的是为了迅速扩大产品的知晓度，引导消费者的消费需求，建立目标受众的最初需求。如说明新产品的新用途，介绍新产品的隆重上市，通知新的价格变化，等等。

3. 提醒性广告

提醒性广告在产品的成熟期十分重要，其目的是为了保持消费者对产品的记忆，让消费者继续使用该产品，增强消费者的产品忠诚度。如提醒消费者在最近的将来需要这个产品，提醒他们可以在何时何地购买这个产品，提醒消费者在消费淡季或随时使用该产品，等等。

（四）广告预算

在确定了广告目标后，企业就要确定广告费用的多少。广告预算是指在一定时期内营销企划者分配用来从事广告活动的所有开支。影响企业广告预算的因素很多。比如说市场的地域范围和市场内购买的分布状况对决策有很大影响，工业产品的广告费用相对其销售额来说较少。确定广告预算的方法主要有：

1. 销售百分比法

销售百分比法是指把公司过去的销售额和预测要达到的销售额平均后，乘以本公司广告费用所占百分比或同行业的广告费用的平均百分比，即可确定广告费用。这种方法的主要不足在于，它是基于销售额扩大广告，而不是广告扩大销售额这样一个不正确的假定条件。使用这种方法，如果遇到销售量下降，那么就要减少广告费用，广告费用的减少又会导致销售量的进一步下降。尽管这种方法有其不足，但由于破坏性较小，有利于稳定同行业中公司产品的市场份额。

2. 对比法

对比法是将公司用于广告费用的绝对额以及占销售额的百分比这两个指标同主要竞争对手进行比较。由于各个公司之间或多或少地存在着差异，采用这种方法存在一定的风险性，因此这种方法比较少用。

3. 目标任务法

目标任务法是首先确定广告目标，然后列举为实现目标而要求完成的任务，任务确定以后，将成本汇总得出总费用。采用这种方法的困难之处在于企划者对实现一定的目标必须付出的努力程度很难估计。比如说，电视生产商要想将某一个品牌的市场占有率从 5% 提高到 8%，他就很难估计需要花费多少广告费才能实现这一目标。

4. 主观判断法

这种方法是公司的管理高层规定某一时期广告费的多少。采用主观判断法常常会出现多花或少花的现象。

（五）确定广告主题

广告的灵魂是广告所蕴含的创意，如果一个广告缺乏创意，无论其投入的费用有多少，它的效果都不会太好。1993 年麦当劳公司在美国电视广告上花费了 3 亿多美元，远远超过其竞争对手金·汉堡公司的广告开支。但许多消费者更喜欢更记得住的却是汉堡王的广告。究其原因，金·汉堡公司的广告有一定的独创性，深深吸引了顾客。因此，在品牌的广告推广中，有时候创造性因素的效果比所花费金钱的数额要更为重要。只有在引起注意后，广告节目才有助于提高品牌的知晓度和销售额。

广告企划者在制定创造性的零售推广策略时必须经过如下几个步骤：

1. 广告主题信息的形成

广告主题信息可以从多方面形成。如从产品本身功能与效用的角度出发，强调产品的使用结果；当然也可以从产品使用过程的角度来设计主题，强调产品使用过程中的特点。对企业来说，广告主题往往要反映出产品所能提供给消费者的效用与价值，因而它也是产品概念的一部分。在广告中应该强调其主要效用与价值。例如，某热水器广告宣传语为：

"只要轻轻一按就出热水，当然轻松。"这强调的是产品的便利性。

2. 广告主题信息的评估与选择

广告企划者必须对各种可能的广告信息进行评估。一个好的广告主题必须能反映出一个核心卖点。企业应该对不同的广告主题创意进行评估与选择，美国市场营销专家陶维特认为，广告信息应该从愿望性、独占性和可信程度三个方面来判断。愿望性是指广告主题必须是消费者所期望的和感兴趣的有关产品信息。独占性是指广告主题信息必须提供产品区别于竞争对手产品的独特之处和差异点。可信程度是指广告的主题信息必须是可信的，或可以证实的。企业可以通过这三个方面对不同的广告主题行进评估。

通常情况下，广告企划者会预先进行试验，以确定哪些诉求具有最佳的行为效果。例如，美国一个苹果生产商试图确定哪一个广告主题对家庭主妇最具有吸引力：一个主题强调吃苹果有利于身体健康，有利于消化；另一个主题强调苹果有多种口味。通过在美国中西部 12 家无人售货企业进行的为期 16 个月的实验表明，吃苹果有利于身体健康的主题明显超过了其他的推广主题。

3. 广告主题信息的表达

广告信息的表达对那些经营产品非常相似的企业，具有决定性的作用。广告效果不仅取决于它说什么，而且取决于它怎样说。企业必须选择不同的形式、语调、文稿和格式来表述广告主题信息，所有这些表述形式必须是一致的，能有助于主题思想的传播和产品形象的确立，同时也应该根据情况，具体突出某些方面。广告信息的表达有一定的策略，常用的策略主要有以下几种：

（1）独特销售的主题策略

任何商品都有很多特性，如果能找出顾客最喜欢的特性，那么商品的效能就能为顾客重视。与其他企业相比，该企业的产品个性越鲜明，其效用就越大，顾客就越喜欢。一般来说，独特销售主题策略的基本构想有：其他企业所不具备的独特个性，有助于销售的良好建议以及适合顾客欲求的销售等。

（2）企业定位策略

在信息泛滥的现代市场，如果企业的广告缺乏准确的定位，就根本无法从众多的信息中脱颖而出。企业定位不仅包括企业印象，而且也包括独特销售主题的内容。也就是说，企业定位是指发现企业在顾客印象中最适当的位置。

（3）共鸣策略

所谓共鸣策略就是利用顾客日常记忆的生活体验，在其记忆的场面重现时提到该企业，促使顾客记住该企业的推广策略。这种策略特别适合一些“老字号”企业进行宣传。

（4）形象策略

对于香烟、啤酒一类的商品，顾客其实很难看出它们之间的差异。对这类产品的宣传，应该着重从企业形象方面入手，使顾客对企业产生好感，从而确立本企业的优势地位。在具体运用这一策略时，要尽量塑造出企业的高大形象和产品的卓越品质。

（六）广告媒体选择

要实现广告效益的最大化，就必须制定有效的媒体计划，就必须对媒体进行选择并对每种媒体使用时间进行合理安排。企业在进行广告媒体的选择时，主要应考虑如下几个因素：

1. 确定广告接触的人数、频率和效果

企业的光顾率一般取决于企业的知晓度。一般来说，企业的光顾率是随着企业的知晓度的增加而以递增速度增长的，如果广告企划者希望达到 T 水平的企业光顾率，则企业知晓度必须达到 A 水平，因为 T = F（A）。广告企划者的下一个任务是求出需要多少广告展露（F），该品牌的知晓度才能达到 A 水平。这里广告展露是指广告触及的总人数，它取决于每则广告平均触及人数、广告频率和广告效果。

（1）广告频率

它是指在一定时间内，某一广告的刊播次数。

（2）广告效果

它是指某一媒体上的广告效果的社会评定参数，其取值范围为 0~1 之间。广告效果在一定时期内是相对稳定的。

（3）每次广告平均触及人数

它是指在某一特定时间内，一个具体媒体计划一次平均能触及的不同人数。

一般来说，广告触及人数、频率和效果越大，企业的知晓度也就相应越大。媒体规划中所要做的抉择如下：在已定的预算下、广告触及次数、频率和效果的最节省组合是什么，广告触及次数对新开业企业取得初步知晓度是最重要的，而频率对创立企业形象则更加重要。

2. 选择主要的媒体类型

每种媒体都有某些优点和局限性，广告企划者除要了解各种主流媒体在广告触及及人数、广告频率和广告效果方面的差异，同时还应该考虑目标顾客的习惯、产品中间商的性质、相关媒体的信息含量以及成本等因素。广告企划者应该对不同的媒体在近期的表现进行评估，以购买到最好的广告媒体。

3. 决定媒体播出计划

媒体播出计划是指广告主题信息所要达到的触及面目标、传递频率目标和怎样达到目标的文字阐述。其中，主题信息的传递与特定的播出时间是比较重要的方面。播出时机一般要考虑两个方面的因素：一方面是总体上的安排，主要考虑销售季节与经营周期的影响。如一个冬季旺销的产品，企业可能有三种选择：一是根据季节变动调整广告强度，二是反季节播出，三是全年均衡播出。另一方面是具体安排，主要是具体播出的时间安排。如新产品进入市场时，可以采取爆发式广告，集中播出，当产品的知晓度到达一定的水平后，再逐渐恢复到正常水平。对于一些日常用品，企业可以采取持续低强度的播出方式。对竞争对手的广告攻势，可以采取有针对性的高强度播出。总之，企业可以根据自身的实际情况灵活选择媒体播出时间。

（七）广告效果评估

对广告效果的评估是广告企划中的一个重要环节。广告效果的评估是必需的，因为这将有助于企业了解广告是否与其目标相吻合，对比选择不同的广告诉求点、不同表述形式等广告方案，评估广告与其他促销手段的协调性，分析不同媒体与播出计划的有效性，调整下一时期的广告工作。通常来说，企业都会从两个方面对广告的效果进行评估。

1. 广告沟通效果的评估

广告沟通效果是指广告在企业知晓度、企业认知和顾客偏好等方面的可能效果。广告沟通效果的评估可以在播出前进行，主要是通过消费者的评估来分析。对广告沟通效果的评估有三种方法：

（1）直接测试

这种方法是把广告方案拿给消费者，让他们就广告的吸引力、可读性、识别性及影响力等方面进行评估打分。直接测试法主要是用来测试广告在吸引顾客的注意力、认知、情绪和行动等方面的强度。

（2）记忆测试

记忆测试是就顾客对某一广告记忆了多少的一种测验，可分为回想法和再确认法。回想法是让一组顾客观看一组广告，对时间不加限制。然后要求调查对象回忆所看到的全部广告以及内容。他们的回忆水平表明广告的突出性及信息被了解与记忆的程度；再确认法是指提示广告实物，问他们是否看到或读到过这一广告，是否有记忆的一种测试方法。

（3）实验室测试

实验室测试就是利用相关仪器来测量顾客对广告的生理反应，如心跳速度、血压的升降、呼吸、出汗等指标。采用这种方法可以测试出广告吸引人的程度。但是，这种方法不能反映消费者的态度、信任等。

2. 广告销售效果的评估

广告销售效果的评估相对来说比较困难，但却是非常重要的一个环节。广告效果的测定是衡量广告推广最终效果的中心环节。广告销售效果评估可以采用一定指标进行定量分析。

（1）销售费用率或单位费用销售率

为测定每百元销售额支出的广告费用，可以采用销售率这一相对指标，表明广告费与企业销售额之间的对比关系。其计算公式为：

销售费用率＝本期广告费用总额／本期广告后的销售收入 ×100%

销售费用率的倒数称为单位费用销售率，它表明每支出 1 元或 100 元广告费所能实现的销售额。

单位费用销售率＝本期广告后销售总额／本期广告费用总额 ×100%

（2）利润费用率和单位费用利润率、单位费用利润增加额

利润费用率＝本期广告费用总额／本期广告后实现的利润总额 ×100%

单位费用利润率＝本期广告后实现的利润总额／本期广告费用总额 ×100%

单位费用利润增加额＝（P2−P1）/C

其中：P2 为本期广告后实现的利润总额；

P1 为本期广告前的平均利润总额；

C 为本期广告费用总额。

（3）单位广告费用销售增加额

为了测定投入广告费用刊播广告以后增加的销售额，可以计算单位广告费销售增加额。

单位广告费销售增加额＝（S2−S1）/C

其中：S2 为本期广告后的销售总额；

S1 为本期广告前的平均销售额；

C 为本期广告费用总额。

（4）市场占有率与市场扩大率

市场占有率是指本企业经营的商品在一定时期的销售量占同类品牌销售总量的比例。

市场占有率=本企业的商品销售额 / 本行业同类商品的销售总额 ×100%

市场扩大率=本广告后的市场占有率 / 本广告前的市场占有率 ×100%

如果市场扩大率大于 1，表示该企业的市场地位上升；市场扩大率小于 1，表示该企业的市场地位下降。

【案例】

××公司公关评估企划

一、背景

××公司是计算机芯片生产厂家，在全球同行业中首屈一指。该公司的业务大多数是围绕微处理器开展的，业绩相当不错，效益很好，公司销售额年增长率大约为 30%。

在该公司将最新一代的微处理器——×× 处理器全面投入生产的时候问题出现了。该公司被告知：×× 芯片在数学运算能力上存在问题，在研究一些复杂的数学问题时，机器出现了除法错误。

二、调查

（一）内部调查

对此问题大家并不陌生，这是由于芯片上的一个微小的设计错误引起的，在 90 亿次除法运算中会出现一次错误。该公司研究后认为该错误产生的时间远远晚于芯片的半导体出现其他问题的时间。

（二）外部调查

外界对 ×× 公司出现的这一错误极为关注：

1. 在国际互联网上人们展开了"××CPU 的故障问题"的讨论。

2.《×× 周报》的头版头条详细而且准确地刊登了因特网上的有关内容。

3. 电视新闻记者来了，制作了一个令人不愉快的电视短片，决定在次日播出。

4. 每一家报纸都在报道这件事，如《×× 芯片出现故障，计算准确性无以保证》《×× 事件——买还是不买》等。

三、待解决的问题

由于芯片问题的出现，用户开始要求更换芯片，而 ×× 大型 IT 公司以 ×× 公司的芯片为主体而生产的 PC 机（个人电脑）也遭到了冷落。

（一）外部待解决的问题

1. 应顾客的要求，对符合退换要求的应立即予以退换，不符合退换要求的予以说明。

2. 与用户共同查看研究分析的结果，并把有关此事的白皮书报告送交他们审阅，尽量使用户放心使用该芯片。

3. 对外界打来电话询问该事件的人予以解释，尽量满足其要求。

（二）内部待解决的问题

公司雇员都是近十年间进入 ×× 公司的，这些年公司业务蒸蒸日上，现在，他们预期的成功成了泡影，雇员心神不宁，甚至感到恐惧。

四、策划与决策

面对如此巨大的内外压力，公司改变了以前的战略思想，经过策划做出了最新决策。

1. 为所有要求更换部件的用户更换了部件，无论他们是用机器做统计分析还是玩电子游戏。

2. 对公司的这一决定进行宣传，使用户通过大众媒体得知这一信息，重新树立公司形象。

3. 提高员工的工作士气。

4. 公司抽调出充足人员坐在接待桌前，接电话、记名字、记地址，为几十万拥有此类芯片的人进行更换工作。

5. 把生产线上的旧材料全部拆卸抛弃，加速新老设备更替进程。

五、公共关系战略与活动计划

（一）内部公共关系

公司有难，雇员有责。为挽救公司的损失，尽快扭转被动的局面，公司采取各种措施提高员工的士气，并在此基础上加深了老板与员工之间的感情。

（二）外部公共关系

由于芯片事件，公司的信誉度受到了极大的破坏，在人们的心中造成极坏的影响。为此，公司采取了一系列措施以重新塑造公司的形象，挽回公司的信誉。

1. 召开新闻发布会。会上就该公司的改革措施做了发布，并告诉社会公众，公司在没有出现芯片问题之前就已重视这一问题，并早已研制出可以克服该缺点的芯片，现在正批量生产以加速更新的进程。

2. 更新标志形象。公司的形象在这一风波后受到影响，为此，对公司对外宣传的口号做了一定的修改，使其更适合 ×× 公司的发展。

3. 向此次芯片风波涉及的社会各界公众道歉，对由使用该芯片造成不良后果的客户表示愿意赔偿其一定的损失。

六、效果与评价

公司的这一策略收到了良好的社会效果，达到了预期的目的。

（一）新闻报道

1. 前不久还在批评 ×× 公司的《×× 市场报》，现在也对 ×× 公司的这一做法表示赞同。

2. 各大新闻报、商业报都对 ×× 公司的这一做法做了全面而细致的报道，并对其做法大为赞扬。

3. 新闻媒体大肆宣传 ×× 公司的做法。

（二）公众反映

×× 公司的这一做法得到了社会公众的一致认同，客户对其做法表示满意。

1. 有的人打电话向其表示祝贺，有的人写来了祝贺信。

2. 公众对 ×× 公司的偏见消失了，由以前对该公司的冷漠变成了争相去购买该公司的产品。

（三）员工反映

雇员的态度变了，由以前的沮丧、恐惧变成了高兴。公司形势的扭转使得雇员又恢复了原来的自信，他们满怀信心地投入到工作中去。

经过数月的奋战，×× 公司耗费巨额资金解决了芯片风波。该巨资主要是更换部件的费用，也包括从生产线上拆卸下来的旧材料的价值，这相当于半年的预算，或 ×× 处理器五年的广告费用。

×× 公司从此走上了全新的企业发展之路。

第5章

小微企业营销创新

一、小微企业市场营销环境分析

（一）市场营销管理基本概念

1. 市场及市场营销的概念

（1）市场

狭义的市场是指企业从事营销活动的场所。现代经济社会中，市场已演化为由货币和价格联系在一起的商品供求关系。在整个市场当中，消费者用自己的货币收入向生产企业购买各种消费品以满足自己的需求，生产企业则向消费者出售他们所需的商品以收回投资，取得利润。

（2）市场营销

市场营销就是在变化的市场环境中，旨在满足消费需求，实现企业目标的商务活动过程。它包括市场调研、选择目标市场、产品开发、产品定价、渠道选择、产品促销、产品储运、产品销售、提供服务等一系列与市场有关的企业经营活动。

2. 市场营销管理

（1）市场营销管理的概念

市场营销管理是为了实现企业目标，创造、建立、保持与目标市场之间的互利交换关系，而对设计方案的分析、计划、执行和控制。

（2）市场营销管理的过程

市场营销管理过程也就是企业为实现经营任务和目标，而发现、分析、选择、利用市场机会的管理过程。具体地说，市场营销管理过程包括：

①发现和评价市场机会。

②细分市场和选择目标市场。

③发展市场营销组合和决定市场营销预算。

④执行和控制市场营销计划。

（3）市场营销管理的任务

任何市场均可能存在不同的需求状况，根据需求水平、时间和性质的不同，可归纳出八种不同的需求状况。在不同的需求状况下，市场营销管理的任务有所不同，要求通过不同的市场营销策略来解决。

①负需求的营销管理任务。

负需求是指市场上众多顾客不喜欢某种产品或服务，即指绝大多数人对某个产品感到厌恶，甚至愿意出钱回避它的一种需求状况。

在这种情况下，市场营销管理的任务是分析人们为什么不喜欢这些产品，并针对目标顾客的需求重新设计产品、定价，做出更积极的促销；或改变顾客对某些产品或服务的信念，把负需求变为正需求，称为改变市场营销。

②无需求的营销管理任务。

无需求是指目标市场顾客对某种产品从来不感兴趣或漠不关心的一种需求状况。

在这种情况下，市场营销管理的任务是刺激市场营销，即通过大力促销及其他市场营销措施，努力将产品所能提供的利益与人的自然需要和兴趣联系起来。

③潜在需求的营销管理任务。

潜在需求指现有的产品或服务不能满足许多消费者的强烈需求，而现有产品或服务又无法使之满足的一种需求状况。

在这种情况下，市场营销管理的任务是开发市场营销，准确地衡量潜在市场需求，开发有效的产品和服务，将潜在需求变为现实需求。

④下降需求的营销管理任务。

下降需求是指目标市场顾客对某些产品和服务的需求出现了下降趋势的一种需求状况。

在这种情况下，市场营销者要了解顾客需求下降的原因，或通过改变产品的特色，采用更有效的沟通方法再刺激需求，即创造性再营销；或通过寻求新的目标市场，以扭转需求下降的格局。

⑤不规则需求的营销管理任务。

不规则需求是指许多企业常面临因不同季、月、周、日、时对产品或服务需求的变化，而造成生产能力和商品的闲置或过度使用。

在这种情况下，市场营销的任务是通过灵活的定价、促销及其他激励因素来改变需求时间模式，使物品或服务的市场供给与需求在时间上协调一致，这称为同步协调营销。

⑥充分需求的营销管理任务。

充分需求是指某种产品或服务目前的需求水平和时间等于期望的需求，这是企业最理想的一种需求状况。但是，在动态市场上，消费者需求会不断变化，竞争日益加剧。

因此，在这种情况下，企业营销的任务是改进产品质量及不断估计消费者的满足程度。通过降低成本来保持合理价格，并激励推销人员和经销商大力推销，千方百计维持目前需求水平，维持现时需求，称为维持市场营销。

⑦过度需求的营销管理任务。

过度需求是指市场上顾客对某些产品的需求超过了企业供应能力，

产品供不应求的一种需求状况。

在这种情况下，企业营销管理的任务是减缓市场营销，可以通过提高价格、减少促销和服务方式暂时或永久地降低市场需求水平，或者设法降低来自盈利较少或服务需求不大的市场的需求水平。

⑧有害需求的营销管理任务。

有害需求是指市场对某些有害物品或服务的需求。

对于有害需求，市场营销管理的任务是反市场营销，即劝说喜欢有害产品或服务的消费者放弃这种爱好和需求，大力宣传有害产品或服务的严重危害性，大幅度提高价格，以及停止生产供应等。

（二）小微企业市场营销环境分析

1. 市场营销环境的含义和特征

（1）市场营销环境的含义

市场营销环境是指影响企业营销活动的所有外部因素，可以分为微观环境和宏观环境两大类。微观环境指与企业紧密相连，直接影响企业营销能力的各种参与者，包括企业本身、市场营销渠道的企业、顾客、竞争者以及社会公众。宏观环境则是指影响营销环境的一系列巨大的社会力量，主要是人口、经济、政治法律、科学技术、社会文化及自然生态等因素。

（2）市场营销环境的特征

①客观性。环境作为营销部门外在的不以营销者意志为转移的因素，对企业营销活动的影响具有强烈性和不可控制的特点。

②差异性。不同的国家或地区之间，宏观环境存在着广泛的差异，不同的企业，微观环境也千差万别。

③多变性。市场营销环境是一个动态系统，构成营销环境的诸多因素受众多因素的影响，每一环境因素都随着社会经济的发展而不断变化。

2. 微观市场营销环境

企业的微观营销环境是指对企业服务其目标市场的营销能力构成直接影响的各种因素的集合。

（1）企业内部环境

企业为开展营销活动，必须设立某种形式的营销部门，而且营销部门不是孤立存在的，它还面对财务、采购、制造、研究与开发等一系列职能部门。市场营销部门与这些部门在最高管理层的领导下，为实现企业目标共同努力着，但也存在争取资源方面的矛盾。营销部门在制订和实施营销目标与计划时，要充分考虑企业内部环境力量，争取高层管理部门和其他职能部门的理解与支持。

（2）顾客

顾客是企业服务的对象，同时也是产品销售的市场和企业利润的来源，理所当然是营销活动极其重要的营销环境。企业要投入很多的精力去研究顾客的真实需求情况，在产品营销的方方面面都要充分考虑他们的要求，并尽可能去满足他们的需求。

（3）供应商

供应商是指向企业及竞争者提供生产经营所需资源的企业或个人。供应商对企业营销活动有重要影响，其所供应的原材料数量和质量将直接影响企业产品的数量和质量，所供应原材料的价格会直接影响产品的成本、利润和价格。特别是在现代化生产方式下，企业的许多成品、半成品都是由许多企业合作生产的。企业与供应商的关系，既是一种合作关系，也是一种竞争关系。

（4）营销中介

营销中介是协助企业促销和分销其产品给最终购买者的个人或组织，包括中间商（批发商、代理商、零售商），物流配送公司（运输、仓储），市场营销服务机构（广告、咨询、调研）以及财务中介机构（银行、信托、保险等）。这些组织都是营销所不可或缺的中间环节，大多数企业的营销活动都需要他们的协助才能顺利进行。

（5）竞争者

一个行业只有一个企业，或者说一个企业完全控制一个行业的情况在现实中很不容易见到，因此与同行的竞争是不可避免的。

（6）社会公众

社会公众是指对企业实现营销目标的能力具有实际或潜在利害关系和影响力的团体或个人。公众对企业的感觉和与企业的关系、对企业的市场营销活动有着很大的影响，所有的企业都必须采取积极措施，保持和主要公众之间的良好关系。

3. 宏观市场营销环境

宏观市场营销环境主要包括人口、经济、自然、科学技术、政治法律及社会文化等一些企业很难控制的大的环境因素。

（1）人口环境

人口是构成宏观市场环境的第一因素，因为人口的多少直接决定市场的潜在容量。人口越多，市场规模就越大。而人口的其他指标如年龄结构、地理分布、婚姻状况、出生率、死亡率、人口密度、人口流动性及其文化教育等都会影响企业的市场营销活动。

（2）经济环境

经济环境指影响企业营销活动的购买力因素，包括消费者的收入、消费支出倾向和消费结构及社会经济发展等内容。

（3）自然环境

自然环境是人类最基本的活动空间和物质来源。可以说，人类发展的历史就是人与自然关系发展的历史，自然环境的变化与人类活动休戚相关。

（4）科学技术环境

科学技术是社会生产力的最新和最活跃的因素。作为营销环境的一部分，科学技术环境不仅直接影响企业内部的生产和经营，还同时与其他环境因素互相依赖、相互作用，特别与经济环境、文化环境的关系更紧密，尤其是新技术革命，既给企业市场营销创造了机会，又带来了威胁。

（5）政治与法律环境

政治与法律是影响企业营销的重要的宏观环境因素，政治因素像一只有形之手，调节着企业营销活动的方向，法律则为企业规定商贸活动的行为准则。政治与法律相互联系，共同对企业的市场营销活动发挥影响和作用。

（6）社会与文化环境

社会与文化因素指在一种社会形态下形成的价值观念、宗教信仰、道德规范以及世代相传的风俗习惯等社会所公认的各种行为规范，具体包括一个国家或地区的价值观念、生活方式、风俗习惯、民族特征、宗教信仰、伦理道德、教育水平、文学艺术等内容的总和。

二、小微企业市场营销战略制定

（一）小微企业目标市场营销战略

小微企业目标市场营销是指中小微企业识别各个不同的购买者群体，选择其中一个或几个作为目标市场，运用适当的市场营销组合，集合力量为目标市场服务，满足目标市场的需要。目标市场营销由市场细分、目标市场选择、市场定位三个步骤组成。

1. 市场细分

（1）市场细分的含义

市场细分就是企业根据市场需要的多样性和购买行为的差异性，把整体市场划分为若干个具有某种相似特征的顾客群（称之为细分市场或子市场），以便选择确定自己的目标市场。经过市场细分的子市场之间消费者具有较为明显的差异性，而在同一子市场之内的消费者则具有相对的类似性。所以，市场细分是一个同中求异、异中求同的过程。

（2）市场细分的作用

①有利于选择目标市场和制定市场营销策略。

市场细分后的子市场比较具体，比较容易了解消费者的需求，企业可以根据自己的经营思想、方针及生产技术和营销力量，确定自己的服务对象，即目标市场。企业针对较小的目标市场，便于制定特殊的营销策略。同时，在细分的市场上，信息容易了解和反馈，一旦消费者的需求发生变化，企业可迅速改变营销策略，制定相应的对策，以适应市场需求的变化，提高企业的应变能力和竞争力。

②有利于发掘市场机会，开拓新市场。

通过市场细分，企业可以对每一个细分市场的购买潜力、满足程度、竞争情况等进行分析对比，探索出有利于本企业的市场机会，使企业及时做出投产、移地销售决策或根据本企业的生产技术条件编制新产品开拓计划，进行必要的产品技术储备，掌握产品更新换代的主动权，开拓新市场，以更好适应市场的需要。

③有利于集中人力、物力投入目标市场。

任何一个企业的资源、人力、物力、资金都是有限的。通过细分市场，选择适合自己的目标市场，企业可以集中人、财、物及资源，去争取局部市场上的优势，然后占领自己的目标市场。

④有利于企业提高经济效益。

企业通过市场细分后，可以面对自己的目标市场，生产出适销对路的产品，既能满足市场需要，又可增加企业的收入。产品适销对路可以加速商品流转，加大生产批量，降低企业的生产销售成本，提高生产工人的劳动熟练程度，提高产品质量，全面提高企业的经济效益。

（3）市场细分的依据。

①消费者市场细分的依据。

一种产品的整体市场之所以可以细分，是由于消费者或用户的需求存在差异性。引起消费者需求差异的变量很多，实际上，企业一般是组合运用有关变量来细分市场，而不是单一采用某一变量。

按地理变量细分市场。按照消费者所处的地理位置、自然环境来细分市场，比如，根据国家、地区、城市规模、气候、人口密度、地形地貌等方面的差异将整体市场分为不同的小市场。因为处在不同的地理环境下的消费者对于同一类产品往往有不同的需求与偏好，他们对企业采取的营销策略与措施会有不同的反应。

按人口变量细分市场。按人口统计变量，如年龄、性别、家庭规模、家庭生命周期、收入、职业、教育程度、宗教、种族、国籍等为基础细分市场。消费者需求、偏好与人口统计变量有着很密切的关系。

按心理变量细分市场。根据购买者所处的社会阶层、生活方式、个性特点等心理因素细分市场就叫心理细分。社会阶层是指在某一社会中具有相对同质性和持久性的群体。处于同一阶层的成员具有类似的价值观、兴趣爱好和行为方式，不同阶层的成员则在上述方面存在较大的差异。生活方式是指一个人怎样生活。人们追求的生活方式各有不同，如有的追求新超时髦，有的追求恬静、简朴；有的追求刺激、冒险，有的追求稳定、安逸。个性是指一个人比较稳定的心理倾向与心理特征，它会使一个人对其所处环境做出相对一致和持续不断的反应。

按行为变量细分市场。根据购买者对产品的了解程度、态度、使用情况及反应等将他们划分成不同的群体，叫行为细分。许多人认为，行为变数能更直接地反映消费者的需求差异，因而成为市场细分的最佳起点。如根据消费者提出需求、购买和使用产品的不同时机、购买的准备阶段，或根据消费者购买某种产品所追求的利益，或根据顾客是否使用和使用程度、使用数量、品牌忠诚度、态度，将他们划分成不同的群体。

②生产者市场细分的依据。

许多用来细分消费者市场的标准，同样可用于细分生产者市场。不过，由于生产者与消费者在购买动机与行为上存在差异，所以，除了运用前述消费者市场细分标准外，还可用一些新的标准来细分生产者市场。

用户规模。在生产者市场中，有的用户购买量很大，有的用户购买量很小。企业应当根据用户规模大小来细分市场，并根据用户或客户的规模不同，企业的营销组合方案也应有所不同。

产品的最终用途。产品的最终用途不同也是生产者市场细分标准之一。工业品用户购买产品，一般都是供再加工之用，对所购产品通常都有特定的要求。企业此时可根据用户要求，将要求大体相同的用户集合成群，并据此设计出不同的营销策略组合。

工业者购买状况。根据工业者购买方式的采购程度、决策过程等的不相同，可将整体市场细分为不同的小市场群。

（4）市场细分的步骤

①选定产品市场范围。公司应明确自己在某行业中的产品市场范围，并以此作为制定市场开拓战略的依据。

②列举潜在顾客的需求。可从地理、人口、心理等方面列出影响产品市场需求和顾客购买行为的各项变数。

③分析潜在顾客的不同需求。公司应对不同的潜在顾客进行抽样调查，并对所列出的需求变数进行评价，了解顾客的共同需求。

④制定相应的营销策略。调查、分析、评估各细分市场，最终确定可进入的细分市场，并制定相应的营销策略。

2. 目标市场选择

在市场细分的基础上，企业根据自身优势，从细分市场中选择一个或若干个子市场作为自己的目标市场，并针对目标市场的特点展开营销活动，以期在满足顾客的同时，获取更大的利润。

（1）目标市场选择标准

①有一定的规模和发展潜力。

企业进入某一市场是期望能够有利可图的，如果市场规模狭小或者趋于萎缩状态，企业进入后难以获得发展，应审慎考虑，不宜轻易进入。当然，企业也不宜以市场吸引力作为唯一标准，特别是应力求避免“多数谬误”，即与竞争企业遵循同一思维逻辑，将规模最大、吸引力最大的市场作为目标市场。

②细分市场结构的吸引力。

细分市场可能具备理想的规模和发展特征，然而从赢利的观点来看，它未必有吸引力。波特认为有五种力量决定整个市场或其中任何一个细分市场的长期的内在吸引力，这五种力量是：同行业竞争者、潜在的新参加的竞争者、替代产品、购买者和供应商，他们具有如下五种威胁性：

细分市场内激烈竞争的威胁。如果某个细分市场已经有了众多的、强大的或者竞争意识强烈的竞争者，那么该细分市场就会失去吸引力。如果该细分市场处于稳定或者衰退阶段，生产能力不断大幅度扩大，固定成本过高，撤出市场的壁垒过高，竞争者投资很大，那么情况就会更糟。这些情况常常会导致价格战、广告争夺战，新产品推出，公司要参与竞争就必须付出高昂的代价。

新竞争者的威胁。如果某个细分市场可能会吸引增加新的生产能力和大量资源并争夺市场份额的新的竞争者，那么该细分市场就会没有吸引力。如果新的竞争者进入这个细分市场时遇到森严的壁垒，并且遭受到细分市场内原来公司的强烈报复，便很难进入。保护细分市场的壁垒越低，原来占领细分市场的公司的报复心理越弱，这个细分市场就越缺乏吸引力。根据行业利润的观点，最有吸引力的细分市场应该是进入的壁垒高、退出的壁垒低。

替代产品的威胁。如果某个细分市场存在着替代产品或者有潜在替代产品，那么该细分市场就会失去吸引力。替代产品会限制细分市场内价格和利润的增长。公司应密切注意替代产品的价格趋向。如果在这些替代产品行业中技术有所发展，或者竞争日趋激烈，这个细分市场的价格和利润就可能会下降。

购买者讨价还价能力加强的威胁。如果某个细分市场中购买者的讨价还价能力很强或正在加强，该细分市场就没有吸引力。购买者会设法压低价格，对产品质量和服务提出更高的要求，并且使竞争者互相斗争，所有这些都会使销售商的利润受到损失。如果购买者比较集中或者有组织，或者该产品在购买者的成本中占较大比重，或者产品无法实行差别化，或者顾客的转换成本较低，或者由于购买者的利益较低而对价格敏感，或者顾客能够向后实行联合，购买者的讨价还价能力就会加强。销售商为了保护自己，可选择议价能力最弱或者转换销售商能力最弱的购买者。较好的防卫方法是提供顾客无法拒绝的优质产品供应市场。

供应商讨价还价能力加强的威胁。如果公司的供应商——原材料和设备供应商、公用事业、银行、公会等，能够提价或者降低产品和服务的质量，或减少供应数量，那么该公司所在的细分市场就会没有吸引力。如果供应商集中或有组织，或者替代产品少，或者供应的产品是重要的投入要素，或转换成本高，或者供应商可以向前实行联合，那么供应商的讨价还价能力就会较强大。因此，与供应商建立良好关系和开拓多种供应渠道才是预防上策。

③符合企业目标和能力。

某些细分市场虽然有较大吸引力，但不能推动企业实现发展目标，甚至分散企业的精力，使之无法完成其主要目标，这样的市场应考虑放弃。另一方面，还应考虑企业的资源条件是否适合在某一细分市场经营。只有选择那些企业有条件进入，能充分发挥其资源优势的市场作为目标市场，企业才会立于不败之地。

（2）目标市场选择战略

①无差异性目标市场策略。

该策略是把整个市场作为一个大目标开展营销，强调消费者的共同需要，忽视其差异性。采用这一策略的企业，一般都是实力强大进行大规模生产，又有广泛而可靠的分销渠道，以及统一的广告宣传方式和内容等。

②差异性目标市场策略。

该策略通常是把整体市场划分为若干细分市场作为其目标市场。针对不同目标市场的特点，分别制订出不同的营销计划，按计划生产目标市场所需要的商品，满足不同消费者的需要。

③集中性目标市场策略。

该策略是选择一个或几个细分化的专门市场作为营销目标，集中企业的优势力量，对某细分市场采取攻势营销战略，以取得市场上的优势地位。一般来说，实力有限的中小微企业多采用集中性市场策略。

3. 市场定位

（1）市场定位的含义

市场定位是指企业在选定的目标市场上，根据自身的优劣势和竞争对手的情况，为本企业产品确定一个位置，树立一个鲜明的形象，在顾客心目中形成一种特殊的偏爱，以实现企业既定的营销目标。

（2）市场定位的目的及作用

市场定位的实质是使本企业与其他企业严格区分开来，使顾客能够明显感觉和认识到这种差别，从而使产品在顾客心目中占有特殊的位置。

市场定位可分为对现有产品的再定位和对潜在产品的预定位。对现有产品的再定位可能会使产品名称、价格和包装发生改变，这些外表变化的目的是为了保证产品在潜在消费者的心目中留下值得购买的形象。对潜在产品的预定位，要求营销者必须从零开始，使产品特色确实符合所选择的目标市场。

（3）市场定位的内容

①产品定位：侧重于产品实体定位，质量、成本、特征、性能、可靠性、用性、款式。

②企业定位：即企业形象塑造，包括品牌、员工能力、知识、可信度等。

③竞争定位：确定企业相对于竞争者的市场位置。

④消费者定位：确定企业的目标顾客群。

（4）市场定位的步骤

市场定位的关键是企业要设法在自己的产品上找出比竞争者更具有竞争优势的特征。企业市场定位的全过程可以通过以下三大步骤来完成：

①分析目标市场的现状，确认潜在的竞争优势。

此步骤的中心任务是要回答三个问题：竞争对手产品定位如何？目标市场上顾客欲望满足程度如何，以及确实还需要什么？针对竞争者的市场定位和潜在顾客的真正需要的利益，要求企业应该及能够做什么？要回答这三个问题，企业市场营销人员必须通过一切调研手段，系统地设计、搜索、分析并报告有关上述问题的资料和研究结果，从中把握和确定自己的潜在竞争优势在哪里。

②准确选择竞争优势，对目标市场初步定位。

竞争优势表明企业能够胜过竞争对手的能力。这种能力既可以是现有的，也可以是潜在的。选择竞争优势实际上就是一个企业与竞争者各方面实力相比较的过程，通常的方法是分析、比较企业与竞争者在经营管理、技术开发、采购、生产、市场营销、财务和产品等七个方面究竟哪些是强项，借此选出最适合本企业的优势项目，以初步确定企业在目标市场上所处的位置。

③显示独特的竞争优势和重新定位。

此步骤的主要任务是企业要通过一系列的宣传促销活动，将其独特的竞争优势准确传播给潜在顾客，并在顾客心目中留下深刻印象。为此，企业首先应使目标顾客了解、知道、熟悉、认同、喜欢和偏爱本企业的市场定位，在顾客心目中建立与该定位相一致的形象。其次，企业通过各种努力强化目标顾客形象，保持对目标顾客的了解，稳定目标顾客的态度和加深目标顾客的感情来巩固与市场一致的形象。最后，企业应该注意目标顾客对其市场定位理解出现的偏差或由于企业市场定位宣传上的失误而造成的目标顾客模糊、混乱和误会，及时纠正与市场定位不一致的形象。

企业的产品在市场上定位即使很恰当，但在下列情况下，还应考虑重新定位：

竞争者推出的新产品定位于本企业产品附近，侵占了本企业产品的部分市场，使本企业产品的市场占有率下降。

消费者的需求或者偏好发生了变化，使本企业产品销售量骤减。

（5）市场定位的策略

①避强定位策略。

避强定位策略是指企业力图避免与实力最强的或较强的其他企业直接发生竞争，应将自己的产品定位于另一市场区域内，使自己的产品在某些特征或属性方面与最强或较强的对手有比较显著的区别。该策略能使企业较快地在市场上站稳脚跟，并能在消费者或用户中树立形象，风险小。但避强往往意味着企业必须放弃某个最佳的市场位置，很可能使企业处于最差位置。

②迎头定位策略。

迎头定位策略是指企业根据自身的实力，为占据最佳的市场位置，不惜与市场上占支配地位的、实力最强或较强的竞争对手发生正面竞争，而使自己的产品进入与对手相同的市场位置。该策略在竞争过程中往往相当惹人注目，甚至能产生所谓的轰动效应，企业及其产品可以较快地为消费者或用户所了解，易于达到树立市场形象的目的，但具有较大的风险性。

③创新定位策略。

创新定位策略旨在寻找新的尚未被占领但有潜在市场需求的位置，填补市场上的空缺，生产市场上没有的、具备某种特色的产品。采用这种定位方式时，公司明确创新新定位所需的产品在技术上、经济上是否可行，有无足够的市场容量，能否为公司带来合理而持续的赢利。

④重新定位策略。

公司在选定了市场定位目标后，如定位不准确或虽然开始定位得当，但市场情况发生变化时，如遇到竞争者定位与本公司接近，侵占了本公司部分市场，或由于某种原因消费者或用户的偏好发生变化，转移到竞争者方面时，就应考虑重新定位。重新定位是以退为进的策略，目的是为了实施更有效的定位。

（6）市场定位的原则

各个企业经营的产品不同，面对的顾客不同，所处的竞争环境不同，因而市场定位所依据的原则也不同。总的来讲，市场定位所依据的原则有以下四点：

①根据具体的产品特点定位。

构成产品内在特色的许多因素都可以作为市场定位所依据的原则。

②根据特定的使用场合及用途定位。

为老产品找到一种新用途，是为该产品创造新的市场定位的好方法。

③根据顾客得到的利益定位。

产品提供顾客的利益是顾客最能切实体验到的，也可以用作定位的依据。

④根据使用者类型定位。

企业常常试图将其产品指向某一类特定的使用者，以便根据这些顾客的看法塑造恰当的形象。

事实上，许多企业进行市场定位，依据的原则往往不止一个，而是多个原则同时使用。因为要体现企业及其产品的形象，市场定位必须是多维度的、多侧面的。

（二）小微企业市场竞争战略

不同的品牌在行业市场上因其所占用的市场份额不同，所面临的挑战和采取的对策也不同。

1. 竞争者分析

（1）新入侵者

新竞争者入侵意味着行业生产能力的增加、市场份额的重新分配以及与现有企业争夺资源。对现有企业来讲，分析新入侵者的威胁，应从研究它进入市场的情况和现有企业对新入侵者的反应着手。

（2）买方的砍价能力

买方的砍价能力主要体现在压低价格、要求更高的产品质量、索取更多的服务内容等。决定买方砍价能力的主要因素有买方集中程度、买方数量、买方转换成本等。

（3）供方的砍价能力

供方主要通过提高产品价格、压低产品质量、减少服务内容、供货不及时等来影响企业。特别是那些提供短缺材料的供应商或是关键产品的供应商，对企业的制约就更大。决定供方砍价能力大小的因素主要有供方的集中程度、批量大小对供方的重要性等。

（4）替代品

替代品往往具有更好的性能或更低的成本，或两者兼而有之。替代品往往伴随着新技术的发展而出现，因而进入市场的速度很快，对企业的威胁很大。替代品价格、转换成本以及客户对替代品的使用倾向是决定替代品威胁大小的主要因素。

（5）产业竞争者

现有市场上竞争者往往在产品使用价值、产品价格、技术含量、服务、广告等方面开展竞争。竞争的剧烈程度取决于竞争者的数量与规模、行业增长速度、固定投资的大小、需求的稳定性、产品差别的大小、行业生产能力的饱和程度、进入或退出壁垒的大小等。

2. 市场领先者战略

领先者是某一品牌产品在某行业市场占有最大份额，并且经常在价格变动、新产品导入、分销的覆盖面及促销的力度上领先于其他企业。同时，领先者又是竞争对手的众矢之的。

（1）维护高质量形象

产品质量指产品满足人们需要的效用程度，即产品功能、耐用性。

质量是赢得消费者的根本，是争取订单的王牌，是企业的生命线。

（2）扩大市场需求总量

当一种产品的市场需求扩大时，收益最大的往往是处于领先地位的企业，所以促进产品需求量不断增长，扩大整个市场容量，是领导企业维持竞争优势的积极措施。

①寻找新用户。每类产品总有其潜在购买者或者根本不知道有这类产品，他们或者因为价格不合理或缺少某些性能而拒绝购买。作为市场领先者应千方百计寻找新用户。

②开辟新用途。不少产品的用途不仅仅是一种，当新的用途被发现而又被顾客认同时，这一市场会因此而扩大。

③增加使用频率。扩大市场需求总量的第三个策略是说服消费者更多地使用该产品。

（3）保护市场份额

市场领先者在扩展市场的同时，还必须不断地保护现有的市场占有率。领先者保护市场占有率一般有两种途径：进攻与防守。市场领先者保护阵地最好的途径是进攻，即不断创新，在新产品的设计、顾客服务、分销效率及降低成本等方面领先同行者，不断增加竞争优势。

（4）扩大市场份额

市场领先者可以通过进一步增加市场份额而提高其利润水平。公司的利润与市场占有率成正比，相对市场占有率高的产业，一般而言有较高的投资回报率。但企业不能指望市场占有率的增加能自动改善企业的获利能力，高市场占有率带来高利润的条件是：单位成本随市场占有率的增加而降低，以及改善产品质量的成本要低于价格的提高所带来的差额利润。

3. 市场挑战者战略

市场挑战者不仅仅攻击市场领先者，也攻击其他竞争者以获取更多的市场占有率或者搞垮小微企业。市场挑战者的策略有：

（1）正面进攻

正面进攻是集中全力向对手的长处发动进攻。这一策略打击的不是竞争者的弱点，而是其最强的地方，胜负则取决于双方的优势大小及耐力。但如果市场挑战者的资源比竞争对手少，正面攻击无疑是自杀的做法。

（2）侧翼进攻

侧翼进攻就是集中优势力量攻击对手的弱点。一般来说，市场领先者往往是最强大的，但最强大的也难免有不安全的地带，因此，他的弱点往往是敌方进攻的首要目标。

（3）围堵进攻

市场挑战者开展全方位、大规模的进攻策略。市场挑战者必须拥有优于竞争对手的资源，能向市场提供比竞争对手更多的质量更优、价格更廉的产品，并确信围堵计划的完成足以能成功时，可采用围堵进攻策略。

（4）迂回进攻

迂回进攻是一种避免直接和竞争者冲突的竞争策略。挑战者尽量避开对手，而瞄准竞争程度较小的市场。迂回进攻有发展多样化的不相关产品、开拓新的地理市场以及开发新技术以取代现代有产品等三种方法。

（5）游击进攻

游击进攻适用于那些规模较小的挑战者，他们发动小型而间歇性的攻击，去骚扰竞争者，并希望建立永久的据点。常见的方法有有选择的减价、密集的促销等。

4. 市场追随者战略

大多数公司喜欢追随而不是向市场领先者挑战，这是因为市场领先者对挑战者的挑战行为往往不会善罢甘休，在领先者的反击下，挑战者可能会损失严重。追随者一般不需要投入大量人、财、物力，不冒很大风险，也可获得一定的利润。追随者有以下三种策略：

（1）紧密追随策略

这种策略是在各个细分市场和市场营销组合方面，尽可能仿效领先者。这种跟随者有时好像是挑战者，但它不从根本上侵犯到领先者的地位，不会发生直接冲突，有时甚至被看成寄生者。

（2）距离追随策略

这种追随者是在主要方面，如目标市场、产品创新、价格水平和分销渠道等方面追随领先者，但仍然与领先者保持若干差异。

（3）选择追随策略

这种追随策略在某些方面紧跟领先者，而在另一方面又各行其是。也就是说，它不是盲目追随，而是择优追随，在追随的同时还要发挥自己的独创性，但不直接竞争。在这些追随中，有些可能成为挑战者。

5. 市场补缺者战略

市场补缺者是精心服务于市场某些细节小部分，而不与主要的企业竞争，只是通过专业化经营，来占据有利的市场位置的企业。这些企业往往是行业中的小微企业，他们不是追求整个市场，或较大的细节市场，而是以细分市场里的空缺位置为目标。

一个理想的市场空缺位置具有下列特征：有足够的市场潜量，利润有增长的潜力，对主要竞争者不具有吸引力，能有效地服务于市场，企业既有的信誉足以对抗竞争者等。

市场补缺者有以下几种方案可供选择：

①最终用户专业化。专业致力于为某类最终用户服务，因为此类用户往往被大企业忽略。

②垂直层面专业化。专门致力于分销渠道中的某些层面。

③地理区域专业化。专为某特定区域的顾客服务。

④产品或产品线专业化。只生产一大类产品或一条产品线。

⑤质量价格专业化。专门提供某种质量和价格的产品。

三、小微企业市场营销策略创新

（一）产品策略

1. 产品整体的概念

产品整体的概念是指人们通过购买而获得的，能满足某种需求和欲望的物品的总称，它既包括具有物质形态的产品实体，又包括非物质形态的利益。

产品整体概念的内容主要有四层含义，分别是核心产品、有形产品、附加产品、心理产品。对四层含义的理解和特征的介绍见表 5-1 所示。

表 5-1　产品整体的含义

内容名称	内容解释	产品特征
核心产品	也称实质产品，指产品能够提供给购买者的基本效用或益处，是购买者所追求的中心内容。	产品给客户带来的利益。
有形产品	是产品在市场上出现时的具体物质外形，它是产品的形体、外壳，核心产品只有通过有形产品才能体现出来。	质量、款式、特色、包装。
附加产品	是指顾客购买产品所得到的各种附加利益的总和。	安装、使用指导、质量保证、维修等售后服务。
心理产品	是指产品的品牌和形象提供给顾客心理上的满足。	产品的品牌和形象。

2. 产品组合策略

（1）产品组合的含义

产品组合是指一个企业在一定时期内生产经营的各种不同产品的全部产品、产品项目的组合。

（2）产品组合的要素

①宽度。指企业的产品线总数。产品线也称产品大类、产品系列，是指一组密切相关的产品项目。增加产品组合的宽度，可以充分发挥企业的特长，使企业的资源得到充分利用，提高经营效益。此外，多角化经营还可以降低风险。

②长度。指一个企业的产品项目总数。产品项目指列入企业产品线中具有不同规格、型号、式样或价格的最基本产品单位。通常每一产品中包括多个产品项目，企业各产品线的产品项目总数就是企业组合长度。

③深度。产品组合的深度是指产品线中每一产品有多少品种。增加产品项目，增加产品的规格、型号、式样、花色，可以迎合不同细节市场消费者的不同需要和爱好，招徕、吸引更多顾客。

④关联性。指一个企业的各产品线在最终用途、生产条件、分销渠道等方面的相关联程度。较高的产品关联性能带来企业的规模效益和企业的范围效益，提高企业在某一地区、行业的声誉。

（3）产品组合策略

产品组合策略是指企业根据自己的营销目标，对产品组合的广度、深度和密度进行的最优组合决策。常用的产品组合的策略有五种：

①全线全面型。是指向市场提供所需要的各种产品，即其广度和深度都大，密度可大可小的组合。

②市场专业型。是指向某个专业市场提供所需要的各种产品，也就是其广度和深度都较大，但密度较小的产品组合。

③几条产品线专业型。是指向某个专业市场提供所需要的几种产品，这几种产品的广度和深度都较大，但密度较小的产品组合。

④一条产品线专业型。是指企业根据自己的专长，集中经营单一的产品线，即广度最小，深度一般的产品组合。

⑤特殊产品专业型。是指企业根据自己的专长，生产某些特殊的产品项目，设计制造能够满足消费者特殊需要的产品。

3. 产品生命周期及各阶段营销策略

（1）产品生命周期的含义

一种产品进入市场后，它的销售量和利润都会随时间推移而改变，呈现一个由少到多、由多到少的过程，就如同人的生命一样，由诞生、成长到成熟，最终走向衰亡，这就是产品的生命周期现象。所谓产品生命周期，是指产品从进入市场开始，直到最终退出市场为止所经历的市场生命循环过程。

（2）产品生命周期的各阶段

典型的产品生命周期一般可分为四个阶段：

①介绍（投入）期。新产品投入市场，便进入介绍期。此时，顾客对产品还不了解，只有少数追求新奇的顾客可能购买，销售量很低。为了扩展销路，需要大量的促销费用，对产品进行宣传。在这一阶段，由于技术方面的原因，产品不能大批量生产，因而成本高，销售额增长缓慢，企业不但得不到利润，反而可能亏损，产品也有待进一步完善。

②成长期。这时顾客对产品已经熟悉，大量的新顾客开始购买，市场逐步扩大。产品大批量生产，生产成本相对降低，企业的销售额迅速上升，利润也迅速增长。竞争者看到有利可图，将纷纷进入市场参与竞争，使同类产品供给量增加，价格随之下降，企业利润增长速度逐步减慢，最后达到生命周期利润的最高点。

③成熟期。市场需求趋向饱和，潜在的顾客已经很少，销售额增长缓慢直至转而下降，标志着产品进入了成熟期。在这一阶段，竞争逐步加剧，产品售价降低，促销费用增加，企业利润下降。

④衰退期。随着科学技术的发展，新产品或新的代用品出现，顾客的消费习惯发生改变，转向其他产品，从而使原来产品的销售额和利润迅速下降。于是，产品进入了衰退期。

（3）产品生命周期各阶段的营销策略

①介绍期的营销策略。

介绍期的特征是产品销量少，促销费用高，制造成本高，销售利润很低甚至为负值。这个时期，企业应努力做到，投入市场的产品要有针对性；进入市场的时机要合适；设法把销售力量直接投向最有可能的购买者，使市场尽快接受该产品，以缩短介绍期，更快地进入成长期。在产品的介绍期，一般可以由产品、分销、价格、促销四个基本要素组合成各种不同的市场营销策略。仅将价格高低与促销费用高低结合起来考虑，就有下面四种策略：

快速撇脂策略。即以高价格、高促销费用推出新产品。实行高价策略可在每单位促销额中获取最大利润，尽快收回投资；高促销费用能够快速建立知名度，占领市场。实施这一策略须具备以下条件：产品有较大的需求潜力；目标顾客求新心理强，急于购买新产品；企业面临潜在竞争者的威胁，需要及早树立品牌形象。

缓慢撇脂策略。以高价格、低促销费用推出新产品，目的是以尽可能低的费用开支求得更多的利润。实施这一策略的条件是：市场规模较小，产品已有一定的知名度，目标顾客愿意支付高价，潜在竞争的威胁不大。

快速渗透策略。以低价格、高促销费用推出新产品。目的在于先发制人，以最快的速度打入市场，取得尽可能大的市场占有率。然后随着销量和产量的扩大，使单位成本降低，取得规模效益。实施这一策略的条件是：该产品市场容量相当大；潜在消费者对产品不了解，且对价格十分敏感；潜在竞争者较为激烈；产品的单位制造成本可随生产规模和销售量的扩大迅速降低。

缓慢渗透策略。以低价格、低促销费用推出新产品。低价可扩大销售，低促销费用可降低营销成本，增加利润。这种策略的适用条件是：市场容量很大；市场上该产品的知名度较高；市场对价格十分敏感；存在某些潜在的竞争者，但威胁不大。

②成长期市场营销策略。

新产品经过市场介绍期以后，消费者对该产品已经熟悉，消费习惯业已形成，销售量迅速增长，这种新产品就进入成长期。进入成长期以后，老顾客重复购买，并且带来了新的顾客，销售量激增，企业利润迅速增长，在这一阶段利润达到高峰。随着销售量的增大，企业生产规模也逐步扩大，产品成本逐步降低，新的竞争者会投入竞争。随着竞争的加剧，新的产品特征开始出现，产品市场开始细分，分销渠道增加。企业为维护市场的继续成长，需要保持或稍微增加促销费用，但由于销量增加，平均促销费用有所下降。针对成长期的特点，可以采取下面几种策略：

改善产品品质。如增加新的功能，改变产品款式，发展新的型号，开发新的用途等。对产品进行改进，可以提高产品的竞争能力，满足顾客更广泛的需求，吸引更多的顾客。

寻找新的细分市场。通过市场细分，找到新的尚未满足的细分市场，根据其需要组织生产，迅速进入新的市场。

改变广告宣传的重点。把广告宣传的重心从介绍产品转到建立产品形象上来，树立产品名牌，维系老顾客，吸引新顾客。

适时降价。在适当的时机，可以采取降价策略，以激发那些对价格比较敏感的消费者产生购买动机和采取购买行动。

③成熟期市场营销策略。

进入成熟期以后，产品的销售量增长缓慢，逐步达到最高峰，然后缓慢下降；产品的销售利润也从成长期的最高点开始下降；市场竞争非常激烈，各种品牌、各种款式的同类产品不断出现。对成熟期的产品，宜采取主动出击的策略，使成熟期延长，或使产品生命周期出现再循环。为此，可以采取以下三种策略：

市场调整。这种策略不是要调整产品本身，而是发现产品的新用途、寻求新的用户或改变推销方式等，以使产品销售量得以扩大。

产品调整。这种策略通过产品自身的调整来满足顾客的不同需求，吸引有不同需求的顾客。

市场营销组合调整。即通过对产品、定价、渠道、促销四个市场营销组合因素加以综合调整，刺激销售量的回升。常用的方法包括降价、提高促销水平、扩展分销渠道和提高服务质量等。

④衰退期市场营销策略。

衰退期的主要特点是：产品销售量急剧下降，企业从这种产品中获得的利润很低甚至为零，大量的竞争者退出市场，消费者的消费习惯已发生改变等。面对处于衰退期的产品，企业需要进行认真的研究分析，决定采取什么策略，在什么时间退出市场。通常有以下几种策略可供选择：

继续策略。继续沿用过去的策略，仍按照原来的细节市场，使用相同的分销渠道、定价及促销方式，直到这种产品完全退出市场为止。

集中策略。把企业能力和资源集中在最有利的细节市场和分销渠道上，从中获取利润。这样有利于缩短产品退出市场的时间，同时又能为企业创造更多的利润。

收缩策略。抛弃无希望的顾客群体，大幅度降低促销水平，尽量减少促销费用，以增加目前的利润。这样可能导致产品在市场上的衰退加速，但也能从忠实于这种产品的顾客中得到利润。

放弃策略。对于衰退比较迅速的产品，应该当机立断，放弃经营。可以采取完全放弃的形式，如把产品完全转移出去或立即停止生产；也可采取逐步放弃的方式，使其所占用的资源逐步转向其他的产品。

4. 新产品开发策略

从营销角度看，新产品是指在某个目标市场上首次出现的或者是企业首次向市场提供、能满足某种消费需求的产品。只要产品整体概念中任何一部分发生创新、变革和改变，就算新产品。产品开发策略就是开发新的产品来维持和提高企业的市场占有率。

（1）进攻式开发策略

进攻式开发策略又称为抢占市场策略或先发制人策略。企业抢先开发新产品，投放市场，使企业的某种产品在激烈的市场竞争中处于领先地位。

（2）防御式开发策略

防御式开发策略又称为模仿式开发策略，是当市场出现成功的新产品后，立即进行仿制并适当改进，消除上市产品的最初缺陷而后来居上的策略。

（3）系列化开发策略

系列化开发策略又称为系列延伸策略。企业围绕产品上下左右前后进行全方位的延伸，开发出一系列类似的但又各不相同的产品，形成不同类型、不同规格、不同档次的产品系列。

（4）差异化开发策略

差异化开发策略又称为产品创新策略。市场竞争使市场上产品同质化现象非常严重，企业要想使产品在市场上受到消费者的青睐，就必须创新出与众不同的、有自己特色的产品，满足不同消费者的个性需求。这就要求企业必须进行市场调查，分析市场，追踪市场变化情况，调查市场上需要哪些产品，哪些产品企业使用现有的技术能够生产，哪些产品使用现有的技术不能生产。

（5）超前式开发策略

超前式开发策略又称为潮流式开发策略。企业根据消费者受流行心理的影响，模仿电影、戏剧、体育、文艺等明星的流行生活特征，开发新产品。

（6）滞后式开发策略

滞后式开发策略也称为补缺式开发策略。消费需求具有不同的层次，一些大企业往往放弃盈利少、相对落后的产品，必然形成一定的市场空当。具有补缺市场需求能力，而技术、资金实力相对较弱的小微企业可采用这种开发策略。

5. 小微企业产品营销策略

（1）把握顾客需要

从某种意义上说，创造顾客就是创造差异，这就要把科学缜密的市场调查、市场细分和市场定位作为基础。当仔细分析了市场的现有组合后就会发现，市场需求的差异性使得小微企业可以根据市场群体需求的不同而将市场细分，从而找出自己的突破点，有针对性地满足不同的市场群体的要求。这样可以避免与市场上现有品牌在某个领域上的碰撞，体现出自己的特色，在成熟市场中打开自己的一片天。

（2）集中力量做好一个产品

作为资金有限的小微企业，在产品选择方面不要四处出击，不要把有限的资源分散到多个战场。只有当在某个产品领域进入前三名，在行业内地位比较稳固，而行业的增长潜力也不大时，才可以根据自身多余的资源情况做有限的多元化尝试。

（3）重视创新

差异化策略是一个动态的过程，任何差异都不是一成不变的。随着社会经济和科学技术的发展，顾客的需要也会随之发生变化，昨天的差异化会变成今天的一般化。面对顾客需求的变化，小微企业不能以不变应万变。任何差异都不会永久保持，要想使本企业的差异化战略成为长效药，出路只有不断创新，用创新去适应顾客需要的变化，用创新去战胜对手的跟进。

（二）品牌与包装策略

1. 品牌策略

品牌是产品管理中的重要方面。品牌既提供了顾客识别产品的手段与方法，也是企业赢得竞争的重要营销工具。

（1）品牌概念

品牌是一种名称、术语、标记、符号或设计，或是它们的组合运用，其目的是借以辨认某个或某群销售者的产品或服务，并使之同竞争对手的产品或服务区别开来。在品牌的概念中，包括两个基本义项：

①品牌由各种可作为标识物的东西组成，如名称、符号、图案等。

②品牌的主要意义或基本作用是标记在产品上用于辨别营销者是谁。

品牌就是产品标识物的一个总称，用来使顾客能够辨识产品的生产和经销者是谁。品牌的拥有者（所有人）通常称为品牌主。

①品牌名称。指品牌中能够被发音，能够语言读出来的部分。

②品牌标记。指品牌中能够辨别，但不能发音或由语言明确读出的部分。

③商标。商标是个法律术语，凡是取得了商标身份的那部分品牌都具有专用权。

品牌和商标不是一个相同的概念，它们是有严格区别的。

①在品牌中，凡不属于商标的部分，是没有专用权的。

②商标可以为企业独占而不使用；而品牌一定是使用的，不管它是否为使用者所独占。

③凡是以某种图案形式登记注册的商标，其图案都比品牌上所采用的图案要简洁明了得多。

（2）品牌的作用

品牌的基本作用是提供产品的营销者身份辨识。但是，在营销活动中，品牌并非辨识符号的简单组合，而是一个复杂的识别系统。

①品牌对于企业的作用。

存储功能。品牌可以帮助企业存储商誉、形象。品牌就是一个创造、存储、再创造、再存储的经营过程。

维权功能。通过注册专利和商标，品牌可以受到法律的保护，防止他人损害品牌的声誉或非法盗用品牌。

增值功能。品牌是企业的一种无形资产，它所包含的价值、个性、品质等特征都能给产品带来重要的价值。

形象塑造功能。品牌是企业塑造形象、知名度和美誉度的基石，在产品同质化的今天，为企业和产品赋予个性、文化等许多特殊的意义。

降低成本功能。平均而言，赢得一个新客户所花的成本是保持一个既有客户成本的六倍，而品牌则可以通过与顾客建立品牌偏好，有效降低宣传和新产品开发的成本。

②品牌对于消费者的作用。

识别功能。品牌可以帮助消费者辨认出品牌的制造商、产地等基本要素，从而区别于同类产品。

导购功能。品牌可以帮助消费者迅速找到所需要的产品，从而减少消费者在搜寻过程中花费的时间和精力。

降低购买风险功能。消费者都希望买到自己称心如意的产品，同时还希望能得到周围人的认同。选择信誉好的品牌则可以帮助降低精神风险和金钱风险。

契约功能。品牌是为消费者提供稳定优质产品和服务的保障，消费者则用长期忠诚的购买回报制造商，双方最终通过品牌形成一种相互信任的契约关系。

个性展现功能。品牌经过多年的发展，能积累独特的个性和丰富的内涵，而消费者可以通过购买与自己个性气质相吻合的品牌来展现自我。

（3）品牌策略的种类

品牌策略是企业营销管理的重要方面。品牌策略一般有以下五种：

①品牌化策略。是指企业的营销部门给其销售的产品确定相应的品牌。

②品牌所有权策略。生产企业如果决定给一个产品加上品牌，通常会面临三种品牌所有权选择：生产商自己的品牌，销售商的品牌，租用第三者的品牌。

③家族品牌策略。决定使用自己品牌的企业，还面临进一步的品牌策略选择，分别为统一品牌策略、个别品牌策略、品牌延伸策略和多品牌策略。

④品牌更新策略。企业对其品牌进行修改，品牌更新有全部更新和部分更新两种。

⑤名牌策略。著名品牌通常称为名牌，是指那些具有很高的知名度、良好的质量和服务、深受广大消费者喜爱、能给企业带来巨大经济利益

的品牌。

2. 小微企业品牌策略

（1）品牌资产培育

要从企业战略的高度，制定契合小微企业发展的品牌策略。小微企业应集中有限的企业资源，把握品牌管理实质，抓住“功能性利益是小微企业品牌主要消费驱动力”的主线，重点培养品牌的深度，不要大而全地造就所谓的大品牌概念。

（2）品牌规划

①采用逆向的品牌策略。小微企业应集中资源打造自己的产品品牌，实行营销顺序为：产品品牌——企业品牌——新产品品牌，即最初的营销资源应集中打造产品品牌，迅速切入市场，提升知名度；其次，逆向依靠产品品牌的知名度提升企业品牌资产；再次，利用企业品牌资产带动新产品品牌营销，这种逆向、环环相扣的品牌策略能最大限度地整合营销链资源，这将迅速地完成品牌资产的提升及品牌架构。

②管理与分工是品牌策划需遵循的原则。

产品品牌硬是产品功能、特性、诉求点等产品层面认识的集中载体。

企业品牌应重点体现出企业实力、品牌厚度、品牌文化与情感表达，并吸收整合产品品牌营销惯性，培养和彰显企业的品牌丰满度。

企业品牌不能有过多的产品功能记忆，应集中体现品牌的核心价值。

应同时设立产品与企业两种品牌名。如果产品品牌与企业品牌共用，在品牌知名度达到一定阶段，其过重的功能载体特性将限制其品牌资产上升，更不利于产品品牌新架构的诞生。

小微企业品牌营销的顺序应是先产品后企业再产品，后期动作中企业品牌更多的是起担保、反哺作用，使产品品牌深入人心，使企业品牌产品形成累计作用。

3. 包装策略

随着商品经济的迅速发展以及人们消费习惯的不断变化，要求产品包装除了图案设计美观新颖、装潢艺术精致高雅之外，还要选择适当的包装使用策略，适应消费者多种多样的购买要求。常用的包装使用策略有五种，如表 5-2 所示。

表 5-2　五种包装使用策略的对比

策略名称	策略涵义	优缺点
类似包装策略	是指企业所生产的各种产品在包装物外形上采用相同的形状、近似的色彩和相同的特征	优点：容易提高企业信誉，节约包装设计费用。缺点：一损俱损
登记包装策略	将产品分为若干等级，使产品的价值与包装相称	优点：表里一致，方便消费者选购
配套包装策略	也称为组合包装策略、多种包装策略。它是指将数种有关联的产品放在同一容器内进行包装	优点：方便消费者购买、携带和使用
双重用途包装策略	也称为再使用包装策略。它是指将原包装的产品使用完以后，包装物可移作其他用途	优点：有利于诱发消费者的购买动机，空包装物还能起到广告宣传的作用
附赠品包装策略	指在产品包装物内，附赠小物品	目的是吸引顾客购买和重复购买，以扩大销售，尤其是在儿童用品市场上最具有吸引力

（三）渠道策略

1. 分销渠道

（1）分销渠道的概念

分销渠道也称销售渠道或配销渠道，指产品从生产者向消费者的转移过程中经过的通道，这些渠道由一系列的市场分销机构或个人组成。分销渠道的起点是生产者，终点是消费者，中间环节为各类中间商，包括经销商、代理商和经纪商。

（2）分销渠道的作用

由于生产者和消费者之间在数量、品种、地点、所有权等方面存在供求矛盾，为了解决这些矛盾并节约社会劳动，大多数产品不是生产者直接提供给消费者，而是要经过一层或多层的中间环节，才能到达消费者手中。在这一过程中，分销渠道是企业实现产品销售的重要因素，也是企业了解和掌握市场需求的重要信息来源。

具体地说，由中间商介入而建立起来的产品分销渠道在市场营销中所起的重要作用，表现为以下几个方面。

①实现产品从生产者到消费者的转移。产品分销渠道的起点同生产相接，终点同消费相接，产品通过这条渠道源源不断地从生产者流向消费者。对产品生产者来说，产品价值得到了实现，再生产得以继续进行；对消费者来说，获得了消费品，需求得到了满足。

②调剂余缺，平衡供需。首先，中间商在实现产品从生产者向消费者转移的过程中，通过产品由零集整和散整为零，即使小批量的产品汇集成大批量，再将大批量的产品分割成许多小批量提供给消费者，从而解决了供需双方在产品数量上的矛盾。其次，生产者在花色品种、供货的时间和地点上都存在差异，因此中间商会根据不同地区市场的不同需要，把产品分成不同的等级，按产品的不同花色、品种进行分类，有针对性地满足消费者的需要。另外，对于季节性产品，中间商可以通过汇集、储存、加工以及集散等手段，按季节供应给消费者，达到购销两旺。

③简化交易，提高效益。在现实中，由于中间机构自身特有的功能，它能够保证产品流通的顺利实现，缩短产品的销售时间，简化交易联系，减少交易次数，提高了产品销售的效率和效益。

④分销渠道是重要的信息来源。中间商一方面能及时为生产者提供有关市场的信息资料；另一方面，能给消费者以消费指导，向消费者传

递产品的信息。通过这种信息沟通和反馈，生产者能及时改进自己的产品和营销组合方案，提高自身的竞争能力。

⑤有利于企业开拓市场，扩大销售规模。现代产品社会，生产规模日益集中，这决定了企业市场的辐射面在扩大，即潜在顾客将分布在更广阔的区域内。这样广阔范围内的营销活动，生产企业是很难顾及的。产品交换所体现的“天然属性”，使得专门通过媒介进行交换的商业分销渠道具有市场扩散的作用。

（3）中间商的概念与类型

中间商是指在生产者与消费者之间参与产品交易业务，促使买卖行为发生和实现，具有法人资格的经济组织和个人。

根据中间商在产品流通过程中的基本职能的差异性，可将中间商划分成以下类型：

①经销商。经销商是指在从事产品交易的业务活动中拥有产品所有权的一种中间商。经销商一旦购进产品，就得到了产品的所有权。他们独立经营，自负盈亏，自然就承担着能否售出产品的风险。零售商和批发商都属于经销商。

②代理商。代理商是指受委托人委托，替委托人采购或销售产品，收取佣金的一种中间商。代理商与生产企业之间的关系，不是买卖关系，而是委托人与被委托人的关系，代理商不拥有产品所有权。其主要类型有如下几种：

厂家代理商，又称制造商的代理商。他们按照生产厂家规定的售价、销售地点等销售条件推销产品及安排货物的储运，并向生产厂家提供市场信息、提出产品设计样式及定价的方法等。销售后，他们获取一定的佣金。

销售代理商。它是一种独立的中间商，受托负责代销生产企业的全部产品，不受地区限制，并拥有一定的售价决定权。一个生产企业在同一时期只能委托一家销售代理商，且本身不能进行直接销售活动，因此销售代理商实际上是生产企业的全权独家代理商。

采购代理商。采购代理商一般与顾客有长期联系，能利用其消息灵通、及时把握市场信息的特点，代客户采购价廉质高的货物，并且负责为客户收货、验货、储运，最后将货物运交客户。

寄售代理商，又称佣金商或佣金行。他们受生产者的委托进行现货的代销。

③经纪商。他们既无产品所有权也无现货，只为买卖双方提供价格、产品及一般市场信息，为买卖双方的洽谈业务牵线搭桥，促成交易后，收取一定的佣金。

2. 分销渠道的设计与管理

（1）影响分销渠道设计的因素

①市场因素。市场范围宽广，适用长、宽渠道；反之，适用短、窄渠道。顾客集中，适用短、窄渠道；顾客分散，适用长、宽渠道。顾客购买量小，购买频率高，适用长、宽渠道；相反，购买量大，购买频率低，适用短、窄渠道。没有季节性的产品一般都均衡生产，多采用长渠道；反之，多采用短渠道。通常，同类产品应与竞争者采取相同或相似的销售渠道。

②产品因素。体积大、较重、易腐烂、易损耗的产品适用短渠道或采用直接渠道、专用渠道；反之，适用长、宽渠道。一般地，价格高的工业品、耐用消费品适用短、窄渠道；价格低的日用消费品适用长、宽渠道。时尚性程度高的产品适宜短渠道；款式不易变化的产品，适宜长渠道。标准化程度高、通用性强的产品适宜长、宽渠道，非标准化产品适宜短、窄渠道。产品技术越复杂，需要的售后服务要求越高，适宜直接渠道或短渠道。

③企业自身因素。财力雄厚的企业有能力选择短渠道，财力薄弱的企业只能依赖中间商。渠道管理能力和经验丰富，适宜短渠道；管理能力较低的企业适宜长渠道。控制渠道的愿望强烈，往往选择短而窄的渠道；愿望不强烈，则选择长而宽的渠道。

④中间商因素。如果中间商不愿意合作，只能选择短、窄的渠道。如果中间商分销的费用很高，只能采用短、窄的渠道。中间商提供的服务优质，企业采用长、宽渠道；反之，只有选择短、窄渠道。

⑤环境因素。经济萧条、衰退时，企业往往采用短渠道；经济形势好，可以考虑长渠道。

（2）分销渠道的设计

①确定渠道模式。企业分销渠道设计首先是要决定采取什么类型的分销渠道，是派推销人员上门推销还是以其他方式自销，还是通过中间商分销。

②确定中间商的数目，即决定渠道的宽度。这主要取决于产品本身的特点，市场容量的大小和需求面的宽窄。通常有四种可供选择的形式：

密集型分销。运用尽可能多的中间商分销，使渠道尽可能加宽。消费品中的便利品和工业品中的标准件、通用小工具等，适于采取这种分销形式，以提供购买上的最大便利。

独家分销。在一定地区内只选定一家中间商经销或代理，实行独家经营。独家分销是最极端的形式，是最窄的分销渠道，通常只对某些技术性强的耐用消费品或名牌货适用。

选择性分销。这是介于上述两种形式之间的分销形式，即有条件地精选几家中间商进行经营。这种形式对所有各类产品都适用，它比独家分销面宽，有利于扩大销路，开拓市场，展开竞争；比密集性分销又节省费用，易于控制，不必分散太多的精力。

复合式分销。生产者通过多条渠道将相同的产品销售给不同的市场和相同的市场。这种分销渠道有利于调动各方面的积极性。

③规定渠道成员彼此的权利和责任。在确定了渠道的长度和宽度之后，企业还要规定出与中间商彼此之间的权利和责任，还要规定交货和结算条件，以及规定彼此为对方提供哪些服务。

3. 渠道冲突及其管理

（1）渠道冲突利弊

制造商与制造商、制造商与中间商、中间商与中间商之间甚至制造商与其直销办事处的冲突是不可避免的。但凡事都有利有弊：

①有可能一种新的渠道运作模式将取代旧有渠道模式，从长远看这种创新对消费者是有利的。

②完全没有渠道冲突和客户碰撞的制造商，其渠道的覆盖率与市场开拓肯定存在瑕疵。

③渠道冲突的激烈程度还可以成为判断冲突双方实力及商品热销与否的“检验表”。

（2）渠道冲突的基本类型

①不同品牌的同一渠道之争。该渠道对持有不同品牌的厂家来说都很重要，都势在必得，目的是尽快进入市场。厂家为争夺同一渠道，都会许诺比对方更为优惠的条件来吸引中间商，上游供应商之间的冲突为中间商获得最大利益提供了空间，使中间商处于更为有利的谈判地位。中间商可能同时代理多家品牌，往往很难使所有品牌厂家都满意，不同中间商对一家二级经销商或代理商的争夺也可能造成批次之间的冲突。

②同一品牌的渠道内部冲突。厂家开拓了一定的目标市场之后，中间商将在目标市场上大兴“圈地运动”。争夺更多的市场份额，争取厂家更多的青睐。冲突的原因大多是厂家没有对目标市场的中间商数量做

合理规划，使固定区域内“刺猬”增多，产生倾轧；也可能是厂家对现有的中间商的销售能力不满意，实施开放政策，有意放水，以增加渠道活力。窜货与低价出货是冲突最常见的方式。

③渠道上下游冲突。许多分销商从自身利益出发，采取直销与分销相结合的方式，这不可避免地要从下游经销商处争夺客户，挫伤下游渠道的积极性。下游经销商实力增强以后，不甘心目前的等级体系，厂家出于产品推广的需要，可能越过一级经销商直接向二级经销商供货，使上下游渠道产生芥蒂。在诸多渠道冲突中，最常见的冲突发生在厂家与商家、商家与商家之间。

（3）窜货的问题

①窜货的分类。

从性质上可分为：

恶性窜货：即经销商为牟取非正常利润，蓄意向非辖区倾销货物。

自然性窜货：一般指向辖区临界区倾销货物。

良性窜货：所选择的经销商流通性很强，货物经常流向非目标市场。

②窜货的表现。

中间商之间窜货；经销商与办事处直销工程客户之间窜货；更为恶劣的窜货现象是经销商将假冒伪劣产品与正品混同销售，掠夺合法产品的市场份额；或者直接以低于市场价的价格进行倾销，获取非正常的利润，打击其他经销商对品牌的信心。

③窜货的危害分析。

窜货会影响渠道控制力和企业形象，影响销售业绩，损害品牌形象，使先期投入无法得到合理回报，影响决策分析。

（4）建立有效的渠道冲突解决机制

对于企业而言，可以通过“预报警系统”制度，渠道一体化、扁平化，约束合同化，包装差别化，价格体系化等方法有效解决渠道冲突问题。

4. 小微企业渠道策略

（1）抓住行业领导者渠道的弱点，建立自己独特的渠道

案例“把打火机放到钟表店里销售”说明的就是这样一个道理，要善于反其道而行之。丸万公司把打火机摆到钟表店里去卖，树立了“高档打火机”形象，从而取得成功。

（2）制定适宜的渠道政策

①考虑经销商的中短期利益。这既能满足经销商求利心切的心理需求，又能增强其信心。

②考虑对经销商的成长过程与合作成果做必要的奖励。这不仅是从物质上进行奖励，还要从精神上予以激励，如给予荣誉称号等。

③制订完善的教育培训计划。未来的企业都会是学习型企业，也要给经销商提供一个提高的机会，让经销商在不断学习的过程中接受企业文化的熏陶，为发展长期战略伙伴关系打下基础。

④健全支援计划。企业不但在广告、公关、促销等市场推广层面上要有全盘计划，还要在人力资源、市场督导等方面予以更多支持，以巩固良好的关系。

⑤从战略伙伴关系的高度考虑，企业与经销商双方在共同发展的过程中不断磨合、融洽，从中寻找可建立长期关系的经销商。

（3）增强渠道动力

通常情况下，大型厂商依靠品牌和销量优势，给予经销商的激励非常少。小微企业应该利用这一点，给予经销商更多的激励，使经销商更卖力地去推广自己的产品，而不是单纯推广大品牌的产品。

（4）采取有效措施防止窜货

为防止窜货引发的恶性价格竞争，小微企业可采取以下措施：

①每年与经销商签订合同之前，可采用先签订《防倾销市场保护协议》的办法，并将每批货扣出一定比例作为市场保护基金，预先防止窜货；②在产品的包装上贴上“发往某地”的标签；③对产品采用代码制，为每件产品编上不同的编码。

（四）价格策略

1. 价格策略的含义

价格策略是指企业通过对顾客需求的估量和成本分析，选择一种能吸引顾客、实现市场营销组合的策略。

企业的定价目标是以满足市场需要和实现盈利为基础的，它是实现企业经营总目标的手段，同时，又是企业定价策略和定价方法的依据。

2. 影响产品定价的因素

影响产品定价的因素很多，有企业内部因素，也有企业外部因素；有主观因素，也有客观因素。概括起来，大体上可以有以下四个方面：

（1）产品成本

对企业的定价来说，成本是一个关键因素。企业产品定价以成本为最低界限，产品价格只有高于成本，企业才能补偿生产上的耗费，从而获得一定盈利。但这并不排斥在一定时期内在个别产品上，价格低于成本。

在实际工作上，产品的价格是按成本、利润和税金三部分来制定的。成本又可分解为固定成本和变动成本。产品的价格有时是由总成本决定的，有时又仅由变动成本决定。

企业定价需求时，不应将成本孤立地对待，而应同产量、销量、资金周转等因素综合起来考虑。成本因素还要与影响价格的其他因素结合起来考虑。

（2）市场需求

产品价格除受成本影响外，还受市场需求的影响，即受商品供给与需求的相互关系的影响。当商品的市场需求大于供给时，价格应高一些；当商品的市场需求小于供给时，价格应低一些。反过来，价格变动影响市场需求总量，从而影响销售量，进而影响企业目标的现实。因此，企业制定价格就必须了解价格变动对市场需求的影响程度。

（3）竞争因素

市场竞争也是影响价格制定的重要因素。根据竞争的程度不同，企业定价策略会有所不同。按照市场竞争程度，可以分为完全竞争、不完全竞争与完全垄断三种情况。

①完全竞争。所谓完全竞争也称自由竞争，它是一种理想化了的极端情况。在完全竞争条件下，买者和卖者都大量存在，产品都是同质的，不存在质量与功能上的差异，企业自由地选择产品生产，买卖双方能充分地获得市场情报。在这种情况下，无论是买方还是卖方都不能对产品价格进行影响，只能在市场既定价格下从事生产和交易。

②不完全竞争。它介于完全竞争与完全垄断之间，是现实中存在的典型的市场竞争状况。不完全竞争条件下，最少有两个以上买者或卖者，少数买者或卖者对价格和交易数量起着较大的影响作用，买卖各方获得的市场信息是不充分的，它们的活动受到一定的限制，而且它们提供的同类商品有差异，因此，它们之间存在着一定程度的竞争。在不完全竞争情况下，企业的定价策略有比较大的回旋余地，它既要考虑竞争对象的价格策略，也要考虑本企业定价策略对竞争态势的影响。

③完全垄断。它是完全竞争的反面，是指一种商品的供应完全由独家控制，形成独占市场。在完全垄断竞争情况下，交易的数量与价格由垄断者单方面决定。

（4）其他因素

企业的定价策略除受成本、需求以及竞争状况的影响外，还受到其他多种因素的影响。这些因素包括政府或行业组织的干预、消费者习惯和心理、企业或产品的形象等。

①政府或行业组织干预。政府为了维护经济秩序，或为了其他目的，可能通过立法或其他途径对企业的价格策略进行干预。

②消费者心理和习惯。价格的制定和变动在消费者心理上的反映也是价格策略必须考虑的因素。在现实生活中，很多消费者存在“一分钱一分货”的观念。面对不太熟悉的商品，消费者常常从价格上判断商品的好坏，从经验上把价格同商品的使用价值挂钩。

③企业或产品的形象因素。有时企业根据企业理念和企业形象设计的要求，需要对产品价格做出限制。

3. 定价方法

定价方法是企业在特定的定价目标指导下，依据对成本、需求及竞争等状况的研究，运用价格决策理论，对产品价格进行计算的具体方法。

（1）成本导向定价法

以产品单位成本为基本依据，再加上预期利润来确定价格的成本导向定价法，是中外企业最常用的、最基本的定价方法。成本导向定价法又衍生出了总成本加成定价法、目标收益定价法、边际成本定价法、盈亏平衡定价法等几种具体的定价方法。

（2）竞争导向定价法

在竞争十分激烈的市场上，企业通过研究竞争对手的生产条件、服务状况、价格水平等因素，依据自身的竞争实力，参考成本和供给状况来确定商品价格。这种定价方法就是通常所说的竞争导向定价法。竞争导向定价主要包括：

①随行就市定价法。在垄断竞争和完全竞争的市场结构条件下，任何一家企业都无法凭借自己的实力而在市场上取得绝对的优势，为了避免竞争特别是价格竞争带来的损失，大多数企业都采用随行就市定价法，即将本企业某产品价格保持在市场平均价格水平上，利用这样的价格来获得平均报酬。

②产品差别定价法。产品差别定价法是指企业通过不同的营销努力，使同种同质的产品在消费者心目中树立起不同的产品形象，进而根据自身特点，选取低于或高于竞争者的价格作为本企业产品价格。因此，产品差别定价法是一种进攻性的定价方法。

③密封投标定价法。在国内外，许多大宗商品、原材料、成套设备或建筑工程项目的买卖和承包以及出售小型企业等，往往采用发包人招标、承包人投标的方式来选择承包者，确定最终承包价格。这样一种竞争性的定价方法就称密封投标定价法。

（3）顾客导向定价法

根据市场需求状况和消费者对产品的感觉差异来确定价格的方法叫作顾客导向定价法，又称“市场导向定价法”“需求导向定价法”。主要包括：

①理解价值定价法。所谓“理解价值”，是指消费者对某种商品价值的主观评断。理解价值定价法是指企业以消费者对商品价值的理解度为定价依据，运用各种营销策略和手段，影响消费者对商品价值的认知，形成对企业有利的价值观念，再根据商品在消费者心目中的价值来制定价格。

②需求差异定价法。需求差异定价法是指产品价格的确定以需求为依据，首先强调适应消费者需求的不同特征，而将成本补偿放在次要的地位。

③逆向定价法。这种定价方法主要不考虑产品成本，而重点考虑需

求状况。依据消费者能够接受的最终销售价格，逆向推算出中间商的批发价格和生产企业的出厂价格。

4. 几种特殊的定价策略

（1）新产品定价

有专利保护的新产品的定价可采用撇脂定价法和渗透定价法。

①撇脂定价法。新产品上市之初，将价格定得较高，在短期内获得厚利，尽快收回投资。就像从牛奶中撇取所含的奶油一样，取其精华，称之为“撇脂定价”法。

②渗透定价法。在新产品投放市场时，价格定得尽可能低一些，其目的是获得最高销售量和最大市场占有率。

对于企业来说，采取撇脂定价法还是渗透定价，需要综合考虑市场需求、竞争、供给、市场潜力、价格弹性、产品特征、企业发展战略等因素。

（2）仿制品的定价

仿制品是企业模仿国内外市场上的畅销货而生产出的新产品。仿制品有九种可供选择的战略：优质优价，优质中价，优质低价，中质高价，中质中价，中质低价，低质高价，低质中价，低质低价。

（3）心理定价

心理定价是根据消费者的消费心理定价。有以下几种：

①尾数定价或整数定价。许多商品的价格，宁可定为 0.98 元或 0.99 元，而不定为 1 元，是适应消费者购买者购买心理的一种取舍，尾数定价会使消费者产生一种“廉价”的错觉，比定位 1 元反应更积极，更有利于促进销售。想反，有的商品不定价为 9.8 元，而定为 10 元，同样使消费者产生一种错觉，迎合消费者“便宜无好货，好货不便宜”的心理。

②身望性定价。此种定价法有两个目的：一是提高产品的形象，以

价格说明其名贵名优；二是满足购买者的地位欲望，适应购买者的消费心理。

③习惯性定价。某种商品，由于同类产品多，在市场上形成了一种习惯价格，个别生产者难以改变。降价易引起消费者对品质的怀疑，涨价则可能受到消费者的抵制。

（4）折扣定价

大多数企业通常都酌情调整其基本价格，以鼓励顾客及早付清货款、大量购买或增加淡季购买，这种价格调整叫作价格折扣和折让。

①现金折扣。是对及时付清账款的购买者的一种价格折扣。例如"2/10、0/30"，表示付款期是 30 天，如果在成交后 10 天内付款，给予 2% 的现金折扣。

②数量折扣。是企业给那些大量购买某种产品的顾客的一种折扣，以鼓励顾客购买更多的货物。大量购买能够使企业降低生产、销售等环节的成本费用。

③职能折扣，也叫贸易折扣。是制造商给予中间商的一种额外折扣，使中间商可以获得低于目录价格的价格。

④季节折扣。是企业鼓励顾客淡季购买的一种减让折扣，使企业的生产和销售一年四季能保持相对稳定。

⑤推广津贴。为扩大产品销路，生产企业向中间商提供促销津贴。

（5）歧视定价（差别）

企业往往根据不同顾客、不同时间和场所来调整产品价格，实行差别定价，即对同一产品或劳务定出两种或多种价格，但这种差别不反映成本的变化。主要有以下几种形式：

①对不同顾客群定不同的价格。

②不同花色品种、式样定不同的价格。

③不同的部位定不同的价格。

④不同时间定不同的价格。

5. 价格调整策略

企业在产品价格确定后，由于客观环境和市场情况的变化，往往会对价格进行修改和调整。

（1）降价

企业在以下情况须考虑降价：

①企业生产能力过剩、产量过多，库存积压严重，市场供过于求，企业以降价来刺激市场需求。

②面对竞争者的“削价战”，企业不降价将会失去顾客或减少市场份额。

③生产成本下降，科技进步，劳动生产率不断提高，生产成本逐步下降，其市场价格也应下降。

（2）提价

提价一般会遭到消费者和经销商反对，但在许多情况下不得不提高价格：

①通货膨胀。物价普遍上涨，企业生产成本必然增加，为保证利润，不得不提价。

②产品供不应求。一方面买方之间展开激烈竞争，争夺货源，为企业创造有利条件；另一方面也可以抑制需求过快增长，保持供求平衡。

（3）购买者对调价的反应

顾客对降价可能有以下看法：

①产品样式老了，将被新产品代替。

②产品有缺陷，销售不畅。

③企业财务困难，难以继续经营。

④价格还要进一步下跌。

⑤产品质量下降了。

顾客对提价的可能反应：

①产品很畅销，不赶快买就买不到了。

②产品很有价值。

③卖主想赚取更多利润。

（4）竞争者对调价的反应

竞争者对调价的反应有以下几种类型：

①相向式反应。你提价，他涨价；你降价，他也降价。这样一致的行为，对企业影响不太大，不会导致严重后果。企业坚持合理营销策略，不会失掉市场或减少市场份额。

②逆向式反应。你提价，他降价或维持原价不变；你降价，他提价或维持原价不变。这种相互冲突的行为，影响很严重，竞争者的目的也十分清楚，就是乘机争夺市场。对此，企业要进行调查分析，首先摸清竞争者的具体目的，其次要估计竞争者的实力，再次要了解市场的竞争格局。

③交叉式反应。众多竞争者对企业调价反应不一，有相向的，有逆向的，有不变的，情况错综复杂。企业在不得不进行价格调整时应注意提高产品质量，加强广告宣传，保持分销渠道畅通等。

（5）企业对竞争者调价反应

在同质产品市场，如果竞争者降价，企业必随之降价，否则企业会失去顾客。某一企业提价，其他企业随之提价（如果提价对整个行业有利），但如有一个企业不提价，最先提价的企业和其他企业将不得不取消提价。

在异质产品市场，购买者不仅考虑产品价格高低，而且考虑质量、服务、可靠性等因素，因此购买者对较小价格差额无反应或不敏感，则企业对竞争者价格调整的反应有较多自由。

6. 小微企业价格策略

（1）采取临时性特价

小微企业无法与大企业进行价格竞争，这可能是在零售企业流传最多的谬论之一。小微企业在整体价格上无法与大企业竞争，这是属实的。但是如果他们采取一些临时性的特价，或有选择地对商品进行打折，是完全可以与大企业竞争的。

（2）组成采购团体

大企业由于采购能力强，经常能够从供应商那里得到一些优惠条件；小微企业则可以组成采购团体，提高议价能力。在欧美地区的一些国家，组成家具、家居、电器、食品杂货类商品的采购联盟很普遍，近几年在中国也出现了食品、家电、药品等方面的采购联盟组织。

（3）采取低价格战术

在价格方面，小微企业依靠低成本优势采取低价格战术；如果没有低成本优势，则一般以低于行业平均利润的价格销售。无论是在行业上的快速成长期、成熟期还是衰退期，小微企业发动价格战一般都不会成为输家，因为大企业“以大博小”，很难在价格上跟进。

（五）促销策略

1. 促销与促销组合

（1）促销的含义

促销就是营销者向消费者传递有关本企业及产品的各种信息，说服或吸引消费者购买其产品，以达到扩大销售量的目的。

（2）促销组合的含义

所谓促销组合，是一种组织促销活动的策略思路，主张企业运用广告、人员推销、公关宣传、营业推广四种基本促销方式组合成一个策略系统，使企业的全部促销活动互相配合、协调一致，最大限度地发挥整体效果，从而顺利实现企业目标。

2. 影响促销组合决策的因素

（1）促销目标

促销目标是影响促销组合决策的首要因素。每种促销工具都有各自独有的特征和成本。营销人员必须根据具体的促销目标选择合适的促销工具组合。

（2）市场特点

市场特点也是影响促销组合决策的重要因素。市场特点受每一地区的文化、风俗习惯、经济政治环境等的影响，促销工具在不同类型的市场上所起的作用是不同的，所以应该综合考虑市场和促销工具的特点，选择合适的促销工具，使它们相匹配，以达到最佳促销效果。

（3）产品性质

由于产品性质的不同，消费者及用户具有不同的购买行为和购买习惯，因而企业所采取的促销组合也会有所差异。

（4）产品生命周期

在产品生命周期的不同阶段，促销工作具有不同效益。在导入期，投入较大的资金用于广告和公共宣传，能产生较高的知名度，促销活动也是有效的。在成长期，广告和公共宣传可以继续加强，促销活动可以减少，因为这时所需的刺激较少。在成熟期，相对于广告而言，销售促进又逐渐起着重要作用。购买者已知道这一品牌，仅需要起提醒作用的广告。在衰退期，广告仍保持在提醒作用的水平，宣传效果已经消退，销售人员对这一产品仅给予最低限度的关注，然而销售促进要继续加强。

（5）“推动”策略和“拉引”策略

促销组合较大程度上受公司选择“推动”或“拉引”策略的影响。推动策略要求使用销售队伍和贸易促销，通过销售渠道推出产品。而拉引策略则要求在广告和消费者促销方面投入较多，以建立消费者的需求欲望。

（6）其他营销因素

影响促销组合的因素是复杂的，除上述五种因素外，公司的营销风格、销售人员素质、整体发展战略、社会和竞争环境等不同程度地影响着促销组合的决策。营销人员应审时度势，全面考虑，才能制定出有效的促销组合决策。

3. 小微企业促销方式

小微企业资金实力不足，更应该在宣传、如何进行市场沟通方面多下功夫。它们无法像大企业那样，以“一掷千金”的方式在大众媒体上大做广告，通常都会采用人员推销、营业推广和公关关系等方式进行促销。

（1）人员推销

指企业派出推销人员或委托推销人员，直接与消费者接触，向目标顾客进行产品介绍、推广，促进销售的沟通活动。

（2）营业推广

指企业为刺激消费者购买，由一系列具有短期诱导性的营业方法组成的沟通活动。

（3）公关促销

指企业通过开展公共关系或通过第三方在各种传播媒体上宣传企业形象，促进与内部员工、外部公众良好关系的沟通活动。另外，小微企业还可以利用事件营销，通过社会公关来提升企业和品牌形象。

（4）广告促销

指企业按照一定的预算方式，支付一定数额的费用，通过不同的媒体对产品进行广泛宣传，促进产品销售的传播活动。

四、小微企业现代营销模式创新

（一）网络营销

1. 网络营销的含义

网络营销是企业整体营销战略的一个组成部分，是为实现企业总体经营目标所进行的，以互联网为基本手段营造网上经营环境的各种活动。网络营销以互联网为载体，以符合网络传播的方式、方法和理念实施营销活动，来实现组织目标或社会价值。

网络营销概念的同义词包括：网上营销、互联网营销、在线营销、网络营销、口碑营销、视频营销、网络事件营销、社会化媒体营销、微博营销、博客营销、微信营销等。

2. 网络营销优劣势

（1）网络营销的优势

①网络媒介具有传播范围广、速度快、无时间地域限制、无时间版面约束、内容详尽、多媒体传送、形象生动、双向交流、反馈迅速等特点，有利于提高企业营销信息传播的效率，增强企业营销信息传播的效果，降低企业营销信息传播的成本。

②网络营销无店面租金成本。具有实现产品直销功能，能帮助企业

减轻库存压力，降低经营成本。

③国际互联网覆盖全球市场，通过它，企业可方便快捷地进入任何一国市场。

④服务个性化。

⑤容易实现5C策略（5C即：客户Customer、成本Cost、沟通Communication、便捷Convenience、信用Credit）。

⑥方便地获取商机和决策信息。

⑦多媒体展示。

⑧丰富的促销手段。

⑨具有扩展性。

⑩信息透明化。

⑪长尾效应显著。

（2）网络营销的弊端

缺乏信任感，缺乏生趣，技术与安全性问题，价格问题，广告效果不佳，被动性。

（二）整合营销

1. 整合营销的含义

整合营销是一种将各种营销工具和手段进行系统化结合，根据环境进行即时性的动态修正，以使交换双方在交互中实现价值增值的营销理念与方法。整合营销就是为了建立、维护和传播品牌，以及加强客户关系，而对品牌进行计划、实施和监督的一系列营销工作。

2. 整合营销的特征

①在整合营销传播中，消费者处于核心地位。

②对消费者深刻全面的了解，是以建立资料库为基础的。

③整合营销传播的核心工作是培养真正的“消费者价值”观，与那些最有价值的消费者保持长期的紧密联系。

④以本质上一致的信息为支撑点进行传播。企业不管利用什么媒体，其产品或服务的信息一定得清楚一致。

⑤以各种传播媒介的整合运用作手段进行传播。凡是能够将品牌、产品类别和任何与市场相关的信息传递给消费者或潜在消费者的过程与经验，均被视为可以利用的传播媒介。

⑥紧跟移动互联网发展的趋势，尤其是互联网向移动互联网延伸、手机终端智能化以后，新技术对原有个人计算机互联网带来了前所未有的颠覆和冲击。在这个过程中，应当紧盯市场需求，整合现有的资源，包括横向和纵向的资源。

3. 整合营销的操作思路

（1）以整合为中心

着重以消费者为中心并把企业所有资源综合利用，实现企业的高度一体化营销。整合既包括企业营销过程、营销方式以及营销管理等方面的整合，也包括对企业内外的商流、物流及信息流的整合。

（2）讲求系统化管理

整体配置企业所有资源，企业中各层次、各部门和各岗位，以及总公司、子公司，产品供应商，与经销商及相关合作伙伴协调行动，形成竞争优势。

（3）强调协调与统一

企业营销活动的协调性，不仅仅是企业内部各环节、各部门的协调一致，而且也强调企业与外部环境协调一致，共同努力以实现整合营销。

（4）注重规模化与现代化

整合营销十分注重企业的规模化与现代化经营。规模化能使企业获得规模经济效益，为企业有效地实施整合营销提供客观基础。整合营销同样也有依赖于现代科学技术、现代化的管理手段，现代化可为企业实施整合营销提供效益保障。

（三）关系营销

1. 关系营销的含义

所谓关系营销，是把营销活动看成一个企业与消费者、供应商、分销商、竞争者、政府机构及其他公众发生互动作用的过程，其核心是建立和发展与这些公众的良好关系。

2. 关系营销的本质特质

（1）双向沟通

在关系营销中，沟通应该是双向而非单向的。只有广泛的信息交流和信息共享，才可能使企业赢得各个利益相关者的支持与合作。

（2）合作

一般而言，关系有两种基本状态，即对立和合作。只有通过合作才能实现协同，因此合作是“双赢”的基础。

（3）双赢

即关系营销旨在通过合作增加关系各方的利益，而不是通过损害其中一方或多方的利益来增加其他各方的利益。

（4）亲密

关系能否得到稳定和发展，情感因素也起着重要作用。因此，关系营销不只是要实现物质利益的互惠，还必须让参与各方能从关系中获得情感的需求满足。

（5）控制

关系营销要求建立专门的部门，用以跟踪顾客、分销商、供应商及营销系统中其他参与者的态度，由此了解关系的动态变化，及时采取措施消除关系中的不稳定因素和不利于关系各方利益共同增长的因素。

3. 关系营销的具体措施

（1）关系营销的组织设计

为了对内协调部门之间、员工之间的关系，对外向公众发布消息、处理意见等，通过有效的关系营销活动，使得企业目标能顺利实现，企业必须根据正规性原则、适应性原则、针对性原则、整体性原则、协调性原则和效益型原则建立企业关系管理机构。该机构除协调内外部关系外，还将担负着搜集信息资料、参与企业的决策预谋的任务。

（2）关系营销的资源配置

面对当代的顾客、变革和外部竞争，企业的全体人员必须通过有效的资源配置和利用，同心协力地实现企业的经营目标。企业资源配置主要包括人力资源和信息资源。人力资源配置主要是通过部门间的人员转化、内部提升和跨业务单元的论坛和会议等进行。信息资源共享方式主要是利用电脑网络制定政策或提供帮助，削减信息超载、建立“知识库”或“回复网络”以及组建“虚拟小组”。

（3）关系营销的效率提升

关系营销是在传统营销的基础上，融合多个社会科学的思想而发展起来的，吸收了系统论、协同学、传播学思想。关系营销学认为，对于一个现代企业来说，除了要处理好企业内部关系，还要有可能与其他企业结成联盟。企业营销过程的核心是建立并发展与消费者、供应商、分销商、竞争者、政府机构及其他公众的良好关系。无论在哪一个市场上，关系营销都具有很重要的作用，甚至成为企业市场营销活动成败的关键。所以，关系营销日益受到企业的关注和重视。

【案例】

谁说实体店没落?

人们的生活节奏正变得越来越快，逛超市都逐渐成为一种奢侈，更多的人习惯去便利店买东西，然后迅速走人。在意大利却有这样的一家食品超市，偏偏逆向而行，不仅主打“慢食生活+健康”的生活理念，更通过“超市+餐厅”的模式深入人心，2014年在全球只有28家店的情况下，年收入2.2亿欧元（约15亿人民币）。在纽约的一家分店，一天的客流便可达到12800人，这家超市就叫：Eataly。

品牌起源

Eataly的名字来源于英文吃（Eat）和意大利（Italy）的组合，是全世界规模最大、品种最全的意大利食品超市。Eataly的创始人奥斯卡·法利内于2007年在意大利都灵开办了第一家Eataly，马上引起了超乎想象的轰动效应。

现在，你几乎在意大利的每个重要城市都找得到Eataly的店铺，而且它还扩展到了美国、英国、日本、阿联酋等其他一些国家的重要城市中。Eataly在纽约曼哈顿的分店总投资2000万美金，于2011年8月开张，在开业不久后马上就创造了单日12800名到访者的纪录。

是什么让Eataly如此受人欢迎?

法则一：极致的体验深入人心

1. 人性化的设计

很多时候，我们到超市要买一件东西，必须逛完整个超市才能找到收银台，而Eataly和传统超市不同，顾客一进门就可以看到收银台，如果顾客着急，可以直接买完东西结账走人，而不用逛完整个超市。

2. 颠覆传统超市的定义

Eataly不仅仅是一个食品购物超市，更多的还提供一种生活方式。Eataly将自己定位为“慢食超市餐厅”，所以走进去时，更像是进入一个食品市场。这里不仅陈列着琳琅满目的食材，旁边还有厨师、餐桌和服务生。每个陈列区旁都设有用餐处，顾客既可以选好食材回家烹饪，也可以直接让厨师为你烹饪好，直接在此享用。

以纽约的门店为例，顾客可以坐在超市里边吃烤肉边看电视，逛累了可以在咖啡柜台坐下喝杯咖啡休息片刻，还可以去小图书馆里翻翻食谱。多样化的购物餐饮场景给顾客带来了极致的体验。

3. 不一样的营销理念

Eataly并没有像其他超市一样，花费大量的广告费用，Eataly的营销核心是饮食教育。Eataly的公关认同“透过教育才能创造新的顾客”。比如：

Eataly收集了大量美食书刊，并且设置了一个小图书馆，顾客可以在这里看美食书刊，确定好要买的东西，可以在旁边的电脑打印出清单，再去购买。

在入口处或餐桌上画上当季蔬果，让顾客认识当季食品，因为当季食物最便宜好吃，客人也可以购买食物生产季节的海报回家参考。

Eataly每个营业区经常针对不同年龄层，开办各类烹饪课、品尝课。这些课程的价格从30欧元到120欧元不等。比如意大利的传统烹饪课程，葡萄酒的品鉴及存放课程，小学生的食材的历史、特性、烹饪方法课程等等。Eataly精心挑选的厨师会耐心地传授烹饪方法，然后让学员们一起动手，并在最后分享自己的成果。

法则二：看得见的健康产品理念

在Eataly，到处可以看到一个大标语——吃是一种农业行为（eating

is an agricultural act）。这展示了独树一格的经营理念。品牌诞生初期，Eataly就集合起一群以传统方式种植、生产食材和饮品的小农场和小作坊，Eataly宁可舍弃市面上常见的品牌，也要选择当季、本地以及个性化的商品。这里约一半食材产于本区，45%来自意大利其他地方，进口只占5%。商品是直接向约900位生产者采购的，不额外收取上架费，这也减少了生产方和零售商之间中间环节的成本。

为了推销这些小型生产者的产品，Eataly不仅制作海报、小告示，举办试吃、品酒、烹饪课，还安排顾客参观食品产地，以轻松友善的方式，拉近消费者和生产者的距离。从一开始，Eataly就通过建立自己与农业生产者之间的直接关系，用合理的价格提供给人们最天然最健康的农产品。这个经营模式也启发了Eataly对于持续、责任、分享的价值核心的理解。

法则三：独树一帜的社交媒体推广

为了让品牌文化更加深入人心，Eataly在社交媒体上花了不少工夫，通过自己创造的各种活动和节日，让习惯了快节奏生活的顾客学会慢下来，享受"慢食"的魅力。除了两大主流社交媒体平台"脸书"（Facebook）和"推特"（Twitter）以外，Eataly的官方网站也是这些活动推广的重要媒介。比如：

无肉星期一：在这一天，倡导大家吃素食，同时宣传Eataly精致的素食菜单。

全国啤酒日：号召美酒爱好者齐聚Eataly的酒类专区，品尝美酒和小食。

反情人节：这是Eataly想出来的奇怪节日之一。如果你2月14号没有地方浪漫，那就可以来Eataly的屋顶餐厅加入组织的活动，从中午到午夜，Eatly提供了50多种啤酒佳酿以及美食，有些酒甚至具有巧克力口感。所以说，情人节那天没有被丘比特之箭射中也没关系，错过这些美酒美食才是真的遗憾！

总而言之，Eataly 在全球范围内都颇受欢迎有两个重要原因：一是超市的设计和餐厅的食物的确令人惊喜，二是 Eataly 倡导的慢生活、慢食物的生活方式深受大城市居民的喜爱。在大家习惯于忙忙碌碌的今天，你可以慢悠悠地逛超市，选择自己中意的食材和菜谱。如果有幸遇到个好天气，到 Eataly 屋顶餐厅选择一个小圆桌，对着暖阳和高楼，俯瞰整个城市，简直让每一个对生活品质有追求的食客心醉神怡。

第6章

小微企业投资创新

一、小微企业投资创新概述

（一）小微企业投资概念及其分类

小微企业投资，是小微企业将自己拥有的货币资金转化为资本的行为过程，是当期投入一定数额的资金而期望在未来获得回报，所得回报应该能补偿投资资金被占用的时间、预期的通货膨胀率及未来收益的不确定性。

从投资的资产形态上分析，投资可分为实物投资、资本投资和证券投资。实物投资是以货币投入企业，通过生产经营活动取得一定利润。资本投资和证券投资是指以货币方式购买企业发行的股票和公司债券，间接参与企业的利润分配。

从投资方向和范围上划分，小微企业的投资有对内投资和对外投资之分。对内投资是指把资金投放在企业内部，为扩大再生产购置各种生产经营用资产，即购建固定资产、无形资产和其他长期资产。对外投资是指企业以现金、实物、无形资产等方式或者以购买股票、债券等有价证券方式向其他单位的投资，是对外扩张行为。

从生产经营关系方面考察，小微企业投资可分为直接投资和间接投资。直接投资是指把资金投放于生产经营环节中，以期获取利益的投资。间接投资又称证券投资，是指把资金投放于证券等金融性资产，以期获得股利或利息收入的投资。直接投资在非金融性企业中所占比重较大，而随着中国证券市场的完善和多渠道筹资的形成，间接投资也越来越广泛。

（二）小微企业投资的特点

1. 产业发展程度一般较低

产业低度化，是指企业和劳动力被配置在劳动生产率相对较初级的产业。小微企业投资的第二产业项目，大多生产效率低下、加工程度粗浅、产品附加值低；从小微企业投资的第三产业项目看，中国小微企业较多集中于传统的服务性行业，如批发零售业、修理业等初级化的服务行业，而一些新兴的服务业如金融保险业、咨询业等，则发展非常缓慢。

2. 投资分布比较分散，产业集群较少

从区域角度考察，小微企业进入的领域主要是产业政策允许的行业和产业，但地域分布比较分散，难以进入激烈竞争的大市场，形成的小微企业产业集群也较少。

3. 投资专业化分工水平较低

中国企业产业分工不明确，无论是大企业还是小微企业，都是“大而全”“小而全”，专业化分工水平较低，从而分散企业有限的资源。

4. 投资风险大

小微企业的经营环境具有不确定性，其生产经营有很大风险，因而投资决策风险性极大。同时，小微企业受资金量的限制，又不可能将资金分散投资在多个项目上，往往专注于某一项投资，不能有效地分散投资风险，加剧了投资的风险。

（三）小微企业的投资创新方式

1. 直接投资

直接投资也叫生产性投资，是指企业把资金直接投放于生产经营性资产，以便获取利润的投资，如购置设备、兴建厂房、开办商店等。直接投资的目的除了获利之外，还有扩大生产规模、增加市场占有率等方面。

（1）直接投资的特点

①对企业的长远发展具有影响。企业进行直接投资的目的除了获利之外，还为了增加企业的产量和销售量，从而扩大市场份额，提高自己的竞争力。因此，企业的直接投资和企业的长远发展战略是联系在一起的。企业为了提高产品的质量，就会采用更先进的生产工艺和生产设备。企业要通过规模化来降低企业产品的生产成本，就会对生产效率更高的设备进行投资。因此，企业的直接投资决策，关系到企业的长远发展，甚至影响到企业的命运。

②投资大，周期长。企业的直接投资金额一般都较大，其考虑的是长期的利益。另外，企业购买的固定资产要在很长时间内才能收回投资，因此直接投资的周期也较长。

③投资风险大。企业直接投资面临着很多不确定的因素，如需要增加多少流动资金、能够生产多少产品、产品的销售价格是多少等因素都是未知的。因此，直接投资能否取得理想的效果主要取决于企业对未来各方面预测的准确程度，而预测是无法做到百分之百准确的。所有这些不确定的因素使得企业的直接投资面临很大的风险。

④投资的流动性差。企业的直接投资主要是对厂房、机器、设备等进行投资。这些资产单位价值较大，且难以应用于其他场合，一旦购入就很难出售，即便能够出售，其价格也往往会大打折扣。

（2）小微企业直接投资的原则

①要明确自己的优势和劣势。企业的直接投资是一项周期长、风险较大的投资。因为企业的直接投资是通过生产新的产品，或者扩大原有

产品的产量而获利，所以企业的直接投资往往是和企业的市场竞争联系在一起的，而市场竞争反过来又对企业的投资能否成功具有重要影响。因此，小微企业在进行直接投资时，必须了解自己的优势和劣势。

②要和企业自身的能力相适应。企业在进行直接投资决策时应该对影响其成功的各种因素进行深入分析，尤其应关注以下几个方面：

第一，企业主营业务发展水平。企业主营业务的发展水平主要决定企业的投资方向和投资规模，即决定企业是否应该扩大原有的生产规模，扩大后的规模应该多大；是否采取多元化扩张战略，对其他市场领域进行投资，以获得新的利润增长点。企业主营业务的发展水平对于企业的市场竞争力具有决定性的作用，也是企业能否发展壮大的关键所在。因此，小微企业在进行投资决策时应该明确企业主营业务发展水平处于一个什么样的竞争位置。

第二，资本实力。企业直接投资的特点之一就是投资量大，因此企业考虑资本实力时不仅要考虑初期的投入，而且还要考虑正常运转中需追加的周转资本。企业所需资本可通过内部积累与外部融资取得。内部积累不仅包括企业的现有资产，还包括未来的盈利状况。企业自有资金不足时需借款，这时需要考虑企业的融资能力、资本结构、能否顺利筹措所需资金、风险是否可以承受等因素。

第三，人力资源水平。企业的直接投资，无论是扩大原有市场领域，还是通过投资进入新的生产领域，都意味着企业规模的扩张。企业的人才结构应该随着企业规模的扩张进行调整，根据企业的需要配合相应的生产管理人才、市场销售人才、科研开发人才及熟练技术人才等。企业的人力资源水平是企业在投资决策时必须考虑的因素之一。

第四，管理控制能力。企业的直接投资，意味着企业生产规模的扩大，企业人员的增加，还意味着企业组织结构的复杂化，这就给企业的管理控制能力提出了更高的要求。因此，企业在进行投资之前应该从其组织能力、决策能力、信息反应能力、资源配置能力、成本控制能力、管理人员的层次结构等方面对企业的管理控制能力进行评价。评价的结果可以作为内涵发展的基础，也可以作为判定能否从容应对新经营领域中将出现的问题并取得良好的经营成果的依据，以及决定是否进行外延发展的重要依据。

2. 间接投资

间接投资又称证券投资，是指把资金投放于金融性资产，以便获得股利或者利息收入的投资，如购买政府公债、购买企业债券和企业股票等。间接投资的主要目的是获取利润。小微企业采用的间接投资方式主要有如下几种：

①投资于金融企业，开办或参股银行、保险公司。民生银行、华夏银行等股份制银行、城市合作银行、地方发展银行中相当一批战略投资者来自小微企业，这类投资是真正的产业投资。

②投资于股票、债券（包括国债）等金融资产。我国每年的股票债券投资规模以千亿计，来自小微企业的比重较高。这类投资具有“中间投资”的色彩，对于出资人来说，投资行为已经完成，实现了货币到资本的转化，但从融资主体来看，真正的投资可能尚未开始。

③投资于产权市场，通过产权交易和企业并购，获得产业能力。一大批小微企业通过参与国有企业重组并购，在不进行项目建设的情况下实现了资本扩张和产业能力扩张。

这三种投资方式的共同点在于，它们都不直接进行固定资产投资，从宏观经济的角度分析，它们介于投资行为和储蓄行为之间，具有某种“中间性”，且有的方式更接近于储蓄行为。

二、小微企业投资项目创新

（一）小微企业的投资项目

小微企业因原有资产规模有限，需认真分析各类投资的特点及对企业发展的影响，选择符合自身特点的投资项目，以推动企业更好地成长。

1. 技术投资

技术投资是一项适应社会主义市场经济发展需要的重要方式，随着我国加入世贸组织，我国经济与世界经济联系愈加紧密，技术投资对于增强小微企业的国际竞争力具有重要的现实意义。技术投资，特别是研究与开发投资的能力差别已成为小微企业与大企业进行差异化竞争、有效地巩固市场的重要手段。技术投资指企业用于研究与开发、引进技术等方面的投资。研究与开发投资，是企业运用基础研究、应用研究的成果，为开发新产品、新材料、新设备、新工艺或是完善老产品、老设备、老工艺而进行的投资。通过研究与开发投资，新技术得以通过试生产进入批量生产，投资性质也由技术投资转变为固定资产投资。引进技术投资是指企业购买、消化现成的技术成果，如特许权、专利、专有技术等知识产权所进行的投资。相比研究与开发投资，该投资成本较低、风险较小，但在选择销售市场和销售时机等方面则可能会受到转让方一定的制约。

一般而言，小微企业自身所具有的研究与开发力量较弱，引进技术对于企业在较短时间内、以较低的风险和成本缩短与先进企业的差距有积极作用，但小微企业要进一步发展，仅仅将引进技术作为唯一的投资手段是不够的，必须加强研究与开发投资，实施适度超前发展战略，才能在市场竞争中真正取得主动权。

根据技术创新的程度的差别，小微企业技术投资的方向可以分为技术引进、技术模仿、技术改良和技术创新。其中，国外技术引进称为技术引进，国内技术引进称为技术转让。上述四种投资方式均可由企业单独或联合实施。

企业进行技术投资，应从技术的适用性、独创性和经济性等多方面加以评价，以确定投资方向。就小微企业而言，应注意以下几点：

①具有一定的独创性，能较好地受到专利法或其他知识产权法的保护，不易为大企业及其他小微企业模仿或采用。

②能适应特殊的专业生产需要或市场规模不大、不宜进行大规模生产，不适宜大企业的采用。

③能较好地适合多品种、小批量生产产品（这正是一般小微企业应具备的能力）的需要，对生产的规模经济性要求不高。

④对于需投入较多研究开发费用、周期较长的技术，宜采取技术引进或联合进行研究开发的方式，小型技术、专用技术和适用技术应作为投资重点，以形成自身的技术特色。

⑤小微企业技术投资的目的一般是为本企业产品更新换代服务，因而需要加强与技术改造投资的衔接，但同时也不排除企业把技术投资的成果作为知识产品直接对外转让，特别是那些需求量较大、产品销售具有较强的区域性、容易被仿冒的技术，可以在本企业已有一定市场份额的前提下直接向外转让。把技术作为产品销售或向外投资，这是小微企业技术投资的新领域。

2. 产权投资

产权投资是投资者为取得企业产权而进行的投资活动。作为投资对象的产权，既可以是企业的所有产权，也可以是其部分产权，其内容包括所有权、使用权等。产权投资实质上是对资产存量进行重新调整和配置的活动。我国企业巨额资产存量中，有相当高的比例属于闲置资产或低效资产，加上可用资金短缺，进行建设投资周期较长，这使产权投资具有较大的潜力。产权投资可以根据投资者与被投资者各自的需求，确定相适应的投资方式。一般常见的有企业兼并、企业合并、企业承包或租赁、企业联合等。

3. 股票投资

股票是股份公司（企业）为筹集资金而发给其股东，证明其所入股份的一种所有权凭证。投资者可以取得股息和红利，或通过转让所持股票获取差价收入。

小微企业可通过两种方式进行股票投资，一是直接购入某一类或若干类股票，这需要对绩优股、成长股等不同表现的股票做一适当组合，在分散投资风险的前提下取得较好的收益；另一种方式则是通过认购投资基金进行投资。投资基金又称证券投资信托，一般由专门机构管理，由个人投资者和一部分机构投资者认购，基金投向债券、股票和其他方面，根据投资收益确定分红方案，能较好地分散风险。

4. 债券投资

债券是政府或企业为筹借资金而向投资者提供的一种债权凭证，经借款人发行、投资者认购并持有，一般事先规定偿还期限，计息、付息办法，到期归还本金，债券票面利率则预先规定投资者在持有债券期间可以获得的利息收益。

小微企业在选择债券作为投资对象时，应遵循兼顾安全性、流动性和收益性的原则。一般可选择国库券、金融债券和信用状况良好的企业债券、融资券作为投资对象。国库券、金融债券因发行主体信誉高、发行量大，且易于变现，可作为投资的首选目标。此外，在购买债券时，应注意分析利率走势，如果预计近期利率将上升，则可购买浮动利率债券。

三、项目投资的选择与决策

发展是企业生存的依托，而投资则是企业实现发展的重要前提。这里讲的投资需要从广义上来理解，既有企业在新领域的开拓和发展，也有企业在原有的经营领域实现的创新。企业要想跨入一个从未接触过的新领域，就需要借助于某个新项目，投入大量有价值的资产。然而即便是企业在原本自己经营的业务范围内进行创新，无论是对现有产品线进行拓展延伸还是产品的改良，都有可能面临技术和市场等方面的挑战，因此就需要耗费大量资源，这就是项目投资的最基本特征。所以，是否选择项目投资，对企业扩大再生产和开辟新领域有着重要的战略意义。

（一）制定投资战略

企业在制定投资战略时要将企业的整体发展战略考虑在内，避免投资战略与企业整体发展战略脱节。投资战略分两种——创新型投资战略和稳定型投资战略，这与企业的创新发展和稳定发展两种基本战略是相互对应的。企业对创新发展和稳定发展的战略选择，关键在于企业自身的需要和对市场发展前景与态势的掌控。企业要想选择正确的投资战略，就必须掌握企业发展战略的核心——企业对投资战略方向的选择和对投资战略态势的把握。企业的投资战略是建立在发展战略之上的，要制定合理的投资战略就必须把握好三个方面：一是了解投资战略的类型；二是选择合适的投资时机；三是对投资项目进行优化组合。

（二）选择投资项目

在制定了合理的投资战略之后就是选择合理的投资项目了。在选择投资项目时，应该以企业的投资战略为前提，以自身的投资实力和企业的核心竞争力为基础。若在选择投资项目时脱离了正确的方向，不但会消耗大量的人力、物力和财力，还有可能因此错失最佳的投资时机。

1. 以企业投资战略为前提进行投资项目的选择

企业制定投资战略的目的就是为选择投资项目指明方向。稳定型投资战略就是要求企业在进行项目投资时以现有业务范围为基础，对现有的市场进行多元化投资，又可将这种投资分为核心多元化投资和相关多元化投资。因此，企业在选择投资项目时，首先要对企业的产品进行全面的信息搜寻。信息搜寻的方式有横向和纵向之分。所谓的横向是指丰富产品类型扩大市场搜寻的范围，而纵向是指向产品的上下游延伸拓展。当然这种横向和纵向的项目信息搜寻是建立在企业熟悉的业务范围之内的。

与之相对应，创新型投资战略要求企业摒弃原有的业务框架，全力开发新产品或开辟新市场，抑或是投资完全陌生的领域。但这种投资并不是毫无目的的投资，也不会经常发生大家所预想的那种“无心插柳柳成荫”的结果，因此企业在进行投资项目选择时必须以企业的投资实力和企业核心竞争力为基础，选择正确的投资项目。

2. 以企业的核心竞争力为基础进行投资项目的选择

企业的核心竞争力是企业生存和发展的基础，同时也界定了一个企业开拓发展的能力边界。因此企业首先应该清楚自身的核心竞争力所在，是品牌影响力、管理能力、人力资源还是技术水平。当然不管是稳定型投资战略下的纵向、横向扩张，还是创新性投资战略下的多元化投资，都应该以企业的核心竞争力为基础。

如果企业的核心竞争力在于品牌影响力，那么企业的投资项目就不应该脱离原有的行业范围，否则会阻碍品牌影响力的延伸；如果企业的核心竞争力在于人力资源，企业则需要明确规划人才结构，拥有充足技术人才的企业更适合在新产品的研发方面进行投资，而拥有充足销售人才的企业则适合投资开辟新市场。总之，企业的投资战略为企业投资项目的选择提供了基本的方向，而企业的核心竞争力确立了信息搜寻的范围。

3. 以企业的投资实力为基础进行投资项目的选择

一家企业的资金实力、现金流状况和筹集资金的能力共同决定了企业的投资实力。企业的投资规模取决于一家企业的投资实力，投资规模包括单个投资项目的规模和企业整体的投资规模。

一家企业的投资项目规模取决于以下两个方面。

（1）企业的投资实力决定了投资规模的可能性

从企业整体的投资规模来看，企业投资实力界定了投资规模的范围，如果投资规模超越企业自身的投资实力，则容易使企业偏离发展的正轨。单个项目的投资规模必须在企业整体投资规模内。另外从投资风险的角度来看，“不要把鸡蛋都放在同一个篮子里”，因此企业不能将所有的资产都用于一个项目，否则带给企业的将会是致命性的危险，一旦项目失败，企业就可能面临生存危机。因此，企业在确定单个项目投资规模时，必须在自身投资实力的基础上进行分散性的风险投资。

（2）企业所具备的先天条件决定了投资规模的可行性

企业的先天条件包括物质技术条件、市场规模、管理水平以及经济效益等。企业的物质技术条件决定了投资项目的性质，资本密集型、技术密集型和管理密集型企业所要求的投资规模有相当大的差异；企业的市场规模影响着投资项目发展的空间，决定着投资规模的大小；投资项目的发展程度取决于企业的管理水平，管理水平越高的企业，项目的开展越顺利。进行投资项目所获得的经济效益，界定了投资项目的规模，缩小了进行项目选择的范围，不仅能让企业迅速选择合理的投资项目，还能够节省企业的资源，为企业的项目投资积蓄资源。

（三）对投资项目的可行性进行深入研究

对投资项目进行可行性研究是项目决策的主要依据，因此，企业投资项目的成败取决于可行性研究的科学性和准确性。一份科学的可行性研究分析报告应该包括对投资项目的发展前景和运行趋势进行科学的计算和准确的估计，这样才能提高投资项目的成功率。

对投资项目的可行性研究包括机会研究、初步可行性研究和技术科技可行性研究。进行机会研究的主要目的是为投资项目指明正确的方向，即在进行充分的市场调查的前提下，在某一个确定的地区和领域内选择投资项目，寻找最佳投资时机；初步可行性研究是机会研究的延伸，是对可行的项目进行更深一层次的研究和论证，以此作为是否进行项目投资和技术经济可行性研究的前提。

投资项目的机会研究和初步可行性研究的主要任务是对项目的风险、技术方案、经济效益等做初步评估。由于受到数据选择的局限性，评估比较粗略，也带有一定的模式化，对于项目的发展前景无法准确定位，因此，对投资项目进行的技术经济可行性研究就显得尤为重要了，被视为可行性研究的核心。它是在分析了大量数据的基础上对项目的各项要素进行的定量分析。这样进行的项目评价不仅使项目决策更加科学，也提高了项目选择的正确性。

技术经济可行性研究就是对项目的发展前景、技术方案、财务、社会和环境等内容进行预测和评价，每一种内容都有一种与之相对应的评价方法和评价工具，企业一般都能准确应用这些评价方法和工具，但如果在具体操作中忽略了某一环节也会导致投资项目的失败。

1. 项目风险的评价

进行项目风险的评价就是对政策、技术、市场、财务和管理等方面可能存在的风险进行评价。通常情况下，企业在对项目风险进行评价时，通常会采用单因素和多因素相结合的分析方法。这种分析方法是通过对各种风险进行全面评价，然后确定各类风险对投资项目所产生的影响，但有时候会因为忽略了几方面的因素而影响了评价的准确性和科学性。

首先，我们在利用单因素和多因素的分析方法进行风险评价时，忽视了各风险因素之间的关系，导致在对整体风险进行评价时，失去了准确性。

其次，企业在进行风险评价时往往局限于对项目本身的风险评价，忽视了各项目之间和项目与企业所从事的领域之间的关系，从而影响了企业整体运行的稳定性和风险分散的有效性。

因此，企业在进行投资项目的风险评价时，必须对各项目风险之间和各项目之间的关联性进行有效的评估，以便准确分析项目风险对投资项目的影响程度，为规避风险提供依据。与此同时，企业还要弄清楚各项目与企业所经营的范围之间的关系，这样有助于提高企业在整体上抵御风险的能力。

2. 对项目能力的分析

企业在对项目风险进行分析的同时，同样不要忘了对项目能力进行分析。项目能力分析是一项具有系统性和全面性的工作，要考虑技术、管理和资金等各个方面。由于技术和资金所反映的结果往往最直观，因此企业在进行可行性分析时大多专注于对技术和资金方面的分析，而会忽视对其他因素的分析。

管理能力是企业在进行项目可行性分析时最容易被忽视的一个方面，原因在于管理能力不能用准确的数据来衡量，就算可以，表现的结果也不够直观和准确。另外，管理能力本身就是一个模糊的概念，而且投资项目对管理能力的要求也没有明确的界定。这样就使得企业对管理能力的评价更加困难，企业不容易发现在项目管理上出现的问题。因此，企业要认识到对管理能力评价的重要性。要知道，管理也是企业的一种生产力，技术成果能否成功转化为商品，关键取决于企业管理水平的高低。

企业在对资金能力进行分析时，通常情况下关注的是企业的资金实力和筹集资金的能力，因为这些都决定着企业对项目投入资金的能力。当然，在考虑企业所能提供的资金量的同时，还要考虑到分散风险的一面，而且企业自身的经营状况也会影响到使用资金的能力。如果企业本身正在经营的业务所使用的现金流动不够充分，再增加新的投资项目会进一步使资金周转情况恶化。因此如果企业负债率较高的话，尽量不要投资一些建设期长、资金回笼慢的项目。

3. 对经济效益的评价

对投资项目进行经济分析在可行性研究中占据着重要的地位。一般采用的是以动态分析为主、静态与动态相结合的分析方法，同时引入经济效益的内部收益率、净现值等指标，不仅能够反映整个项目的经济效益，而且可以作为进行项目取舍的依据。

净现值法是对投资方案进行评价的一种方法，其特点是重点关注投资运转期间货币的时间价值和现金流量风险。净现值通用是利用现金流和资金成本率来进行计算。然而在实际操作中，一个投资项目除了能够带来现金流之外，还会给企业带来其他无形资产，因此实物期权法作为对传统方法的补充和纠正，被广泛地应用于项目的可行性研究中。这种方法是企业将项目分为一步步的投资，然后将每一步投资都看作一个期权。投资项目除了能给企业带来经济效益之外，还可以成为进一步投资的基础。比如，企业在进行一项新技术投资时，短期来看效益并不高，但是如果企业因此就放弃投资，那企业就失去了在技术方向发展的机会。因此企业在技术方面的投资就意味着为自己买了一个未来投资发展的机会。

（四）决策投资项目

企业对投资项目进行决策不仅包括企业对单个投资项目的取舍，还有对投资项目的额度进行确定和各项目间轻重缓急次序的排列。

在决策单个项目的时候，企业需要考虑项目的内部收益率能否达到预先设定的目标，与筹资成本相比，企业能否实现盈利，投资项目能否为企业带来期权价值。当然，在考虑获益的同时，企业还应该预想到项目投资所带来的风险。

在进行多个投资项目的决策时，企业会根据投资项目的各项经济评价指标和各项目间轻重缓急的关系，确定投资顺序。这种决策方法虽然表面上看起来比较有条理性，而且能够充分利用企业的资源，但从哲学上来看，联系具有普遍性。

因此，各项目之间有着各种各样的联系，在决策时如果不将这些联系考虑在内，企业就不可能实现收益与风险的平衡。因此企业在对多个投资项目进行决策时，不仅要考虑该项目能够给企业带来怎样的经济效益，还要考虑该项目具有怎样的潜在风险。只有这样，才能实现风险控制的最小化和投资收益的最大化。

项目投资对于一家企业的生存和发展有着不可低估的重要作用。因此，企业在选择投资项目、做出投资决策时，一定要具备科学的投资眼光和策略，对投资项目开展深入调查，并且要将项目纳入企业整体中进行综合权衡，避免投资决策流于形式化和随意化。这样才能确保企业在投资过程中获得更高的成功率，实现企业的可持续竞争优势。

四、小微企业如何进行投资管理

造成国内民营企业兴衰的原因多种多样，不能对投资项目进行有效的管理是其中一个重要的方面。投资要想成功必须同时具备天时、地利、人和的条件，然而企业在这些方面却受到很多局限：一是信息方面的局限性，信息渠道的不畅通使得企业不能及时了解最前沿的商业信息，成为企业想要走在市场前沿的绊脚石；二是资金方面的局限性，企业在资金方面的匮乏降低了企业抵御风险的能力，使企业在进行投资时畏首畏尾；三是人才方面的局限性，企业在人才结构方面的缺陷阻碍了投资项目在运作方面的发展；四是技术方面的局限性，企业在技术上的局限阻碍了企业创新能力的提高。

（一）项目众多，如何选择

1. 找个能看懂的项目

“隔行如隔山”这句话相信每个人都深有体会，在选择投资项目时，找个自己能看懂并且比较清楚的项目，也是进行投资选择的一种方法。因此，企业在选择投资项目时往往会倾向于技术水平比较低的项目。但凡事都有利弊，低技术项目虽然入手比较快，风险比较低，前期的成本投入也相对比较低，但是这种低技术的项目注定要在低水平上运作和经营，经营利润也不会有太大的起伏。因此当遇到一个能看得懂的项目的时候，不要轻易就投资，要三思而后行：

①这个项目可以让你获得多少利润？我曾经做过一项调查，对于低技术的产品，毛利率平均在 10% 以下，而且利润大多源于企业的规模效应。因此，企业在投资前首先应该了解自己的投资能力有多大，有了投资能力才能扩大生产规模，但生产规模大不代表市场规模就大，因此还要知道企业进行市场推广的能力有多大。

②这个项目可以有几分创新？如果在进行低技术产品的项目投资时，采用跟风随大溜的运营模式，那一定不能期望项目会带来多大的回报。就像走在街上的行人一样，如果他们都穿着一样的衣服，你肯定不会特别注意到某个人，但如果有一个人的穿着打扮跟其他人不同，你肯定首先会注意到他。因此，就算和别人一样做低技术的产品，企业也一定要想办法让自己的产品看起来有特别的地方，比方换个包装或者在营销时搞个新花样。所以在投资一个项目时，企业首先应该想好：策划准备好了吗？产品有创新点吗？如果做好了，那就果断去投资吧！

③这个项目的寿命有多长？要知道一个低技术的项目可能伴随着高能耗、高污染的产生。所以说在进行一个项目投资时，企业应该了解国家对这个项目的政策取向，以防投了钱却没回报。

2. 找个能成功的

找个榜样跟着一起做，一家企业的成功能带动一大批类似企业的成功，通常情况下，产业基地和商业基地就是在这样的模式下产生的。一个项目的成功预示着这个项目已经成熟或即将成熟。如果选择成熟期的产品作为投资项目，就代表着企业之间存在着激烈的竞争，成熟期过后就会出现产品的衰退期。此时，企业就要考虑是否已经准备好应对即将到来的行业竞争了。如果企业选择即将成熟的产品作为投资项目，就要懂得抓住机遇，但在实际的操作中，许多人因为分辨不清到底哪一种产品是处于成长期的产品而错失投资良机，往往在竞争时代来临的时候才发现原来这个产品是有巨大的投资潜力的。

因此，企业如果要投资一个这样的项目，首先应该做好考察工作。比如，企业要投资一项生产设备之类的项目，如果在考察的过程中发现设备厂商的工作非常火爆，那么企业在投资时就应该谨慎了。相反，如果能够生产此类设备的工厂比较少，或者设备生产的生意尚在起步阶段，那么就需要了解一下该设备在市场上是否有发展前景，然后再决定是否投资。

3. 找个投资少的项目

投资一个规模不大的项目，风险就小，而且入门比较简单，获利比较快。但企业也要清楚，投资比较小的项目，别的企业模仿起来也相对容易些，企业之间的竞争就会越来越激烈。对于投资小的项目，见效虽快，但利润相对比较低，而且要事必躬亲，企业再发展和创新的能力会相对降低。

4. 找个没有的

这里的“没有”是相对而言的，也就是指企业在原有产品上进行的技术革新和创新，形成自己的产品特色。小微企业要想投资绝对没有的项目会异常艰难。投资技术含量相对高的项目，如果企业的技术不够成熟就容易导致项目失败，即便企业在技术上占有优势，也不代表该项目就能获得成功。企业还要对产品做好市场开辟和推广工作，无论哪个环节出现偏差都有可能使项目夭折。因此，在进行产品创新的时候，企业要明白自身的创新能力有多大，创新“新”在哪儿，市场对企业的创新能认可多少，该创新点可以为企业的产品保驾护航多久。

（二）时代变换，风险如何

21 世纪是一个信息瞬息万变的时代，许多新生事物在变化中产生并在变化中走向成熟。以国内制造业为例来讲，目前国内的制造业已经发展成为一个相对成熟的产业，产业的利润往往来自产品的数量。一般情况下，产业的利润率平均在 10% 以下，有些产业在某一时期可能会产生相对较高的利润率，但是随着产业发展越来越成熟，产业的利润率也会很快下降。

国内制造业的一个显著特征就是缺乏有效的行业规划，行业内竞相模仿复制，在投资时喜欢跟风随大溜。当市场上是供过于求的状况时，企业之间就会通过价格战进行相互竞争，有的企业在价格战中败下阵来，即便勉强生存下来的企业，获得的利润也寥寥无几。出现这种竞争状况，一是因为产业已经成熟，难以有更大的发展空间；二是商会和行业协会对企业的保护力度比较小。

为了解决低利润率行业的生存和发展问题，许多企业实现了规模化经营和产业的分工发展。以国内江浙一带的民营企业为例，各种产业基地的产品利润率非常低，但是投资商在投资前就已经做好了低价位经营的战略准备，他们都有一个共同且明确的目标，就是在产业基地中实现规模化经营。为此，他们会在价格战打响之前，抢先一步占据价格市场，这样就会在价格竞争中有更大的发展空间。

（三）知己知彼，熟知行业

1. 进行充分的市场调研

一种产品从生产出来直到到达消费者手中，这一过程经历了许多环节，投资者只有充分了解销售流程的各个环节，才能随时掌握投资动向，而不能只关注消费者花了多少钱来购买这个产品，因为这中间有各个环节的利润和风险的分配。通常情况下，中间利润率非常高，即使售价再高，利润也不是企业的。因此，为了提高利润率，应该尽量减少经营过程的中间环节，合理控制中间环节的利润率。

2. 了解市场前景

随着产品发展越来越成熟，同质化和替代化产品开始成为市场的主流，产品的价格也以每个月 5%~10% 的比率逐渐下降，线性的计算方式不再适用于做市场和效益的不确定性分析，原本企业的市场优势不能成为企业的竞争能力，产品的价格定位不再是产品成本定位的标准。

（四）资金投放，合理掌握

目前国内很多企业在投资项目时，没有对项目的投资规模进行合理估计，往往重视在固定资产投入方面的评估而忽略了对流动资金以及后期市场开发资金方面的估算，导致项目进展后期资金不足，面临进退维谷的尴尬境地。

企业没有考虑到固定资产投资中存在的不确定性因素，比如设备是否先进？项目策划是否合理？是否全面考虑了各方面的投资环节？如果有一个环节出现失误，就有可能导致整个项目瘫痪。

有些企业常常用评估一般产品的心态去估算流动资金，但实际上当运用品牌运作的方法进行市场投入时，由于投入的资金不足而会使品牌运作效应差，导致项目半途而废。

在投资中重视有形资产的投入，忽略对无形资产的投入。国内的中小型企业在对项目进行投资管理时，表面上都重视企业品牌和形象，而在实际运作中却对无形资产的投入比较少，最终导致产品销售不畅。

（五）投资项目的管理

许多投资项目失败的原因在于投资者没有选择正确合理的管理模式，目前大多数企业的管理模式主要有以下特征。

1. 管理模式的不确定性

这一特征主要表现在企业没有对产品市场进行充分调查，不了解行业的发展前景。因此，许多企业在经营管理过程中走了弯路，错失投资良机，造成资金的浪费。

2. 管理模式的多变性

企业没有自己独有的管理模式，只是模仿复制其他成功企业的管理模式，最后反而成了邯郸学步，失去了企业的本真。

3. 管理模式过于简单

许多企业在进行投资管理时，喜欢运用以包代管的方式。但是实际的经营管理是一个为客户提供多方位服务的过程，而以包代管这种简单的经营模式并不能实现目标，经营过程一时的兴盛、一时的失意会造成各种各样的问题。

4. 管理模式过于复杂

如果投资管理过于复杂，不仅不能使客户清楚地了解投资项目和经营过程，还会大大提高投资成本，使投资项目举步维艰。

无论之前的投资环节做得有多完善，如果不能对投资项目进行有效管理，就有可能导致整个项目前功尽弃。因此，企业在对投资项目进行经营管理时，应该制定合理的管理模式，坚定管理策略，一鼓作气，争取获得成功。

五、项目投资创新的关键标准

有报道称，Google天使投资人的收益是投资资金的上万倍。许多投资者和投资爱好者在听到这一消息时都相当兴奋，跃跃欲试，想要在这一领域分一杯羹。虽然天使投资表面看是最挣钱的生意，但是要知道，天上不会掉馅饼，高回报的同时就会伴随着高风险。如何掌控投资风险、提高成功率，成为各个投资家最为关心的一个问题。

（一）明确投资是投人还是投项目

每个风险投资家都会告诉你，在进行投资时，项目和人都不可或缺。

投资家们在进行投资时，通常会遇到两种情况：一是项目不错，人也非常好，但项目还不够好，到底投不投？二是项目好，人也不错，但还不够强，到底投还是不投？最终要在项目与人之间做出一个选择。然而大多数风险投资家都将项目作为最终考虑的关键因素。而实际上呢，人是内因，是决定项目成功的决定性因素。为什么大多数投资机构在投资时不是选择投资人呢？这与我国的商业模式有着很大的关系。因为投资机构的资金是来自投资人的钱，有明确的推出期，如果项目不好，可能需要几年时间才能真正获利，但是投资机构等不起；相反，天使投资者投的是自己的钱，不会受外界的影响，而且他们大多数是高素质和有着丰富的投资经验的人，并有充足的时间等待，也有准确的眼光来投资。

（二）做好评估工作

评估一个人是世界上最复杂的一件事，每个人都不会生来就有识人的本领，都是在平时的工作和生活中逐渐积累起来的。

对人在投资中的评估来讲，首先应该具备诚信的品质，这是进行其他评估的基础。

由于天使投资人投入的资金比较少，也不会雇佣专业机构对人进行详细的调查，很容易出现上当受骗的情况，因此，天使投资对被投资者的诚信要求非常高。目前中国市场经济尚处在初级发展阶段，还没有形成真正的诚信商业氛围。要在这种商业背景下评估人，首先关注的就是他的价值观、商业道德底线和商业信誉等方面，只有清楚了解他的这些方面才能真正了解他是否是一个诚信之人。

天使投资人和创业者建立深度的互信机制，是项目成功的前提。要评估一个创业团队可以遵循六大标准。

1. 能够及时洞察客户需求，并且对市场传达的信息非常敏锐

不知道大家有没有听过一个去非洲卖鞋的故事。有两个业务员到非洲去卖鞋，发现非洲人都光着脚不穿鞋。一个业务员说，非洲人不穿鞋子，鞋子是卖不出去的，而另外一个业务员认为，非洲人都没鞋子穿，鞋子在这里肯定能大卖。这就是一个洞察市场需求的典型例子。能够看到鞋子在非洲市场很广阔的人透过事物表象看到了本质。史玉柱能够将脑白金这类保健品定位为送礼的必备品，就是来自他与老年人交流后出现的灵感，即掌握了大众的需求。

1996 年金山软件公司由于受到微软和盗版的冲击濒临破产，创始人求伯君一直在反思为什么自己的产品会卖不出去，问题出在了哪里。于是他在店面里待了 90 天，与客户进行面对面的沟通，终于找到了一些

灵感。1997年金山重新创业，并成功开发了词霸、毒霸、网游等项目。金山的东山再起，很大一部分原因要归结于金山了解了客户的真正需求，把握了市场的动向。

2. 团队要脚踏实地，志存高远

人生没有捷径，只有坚持成功的信念，脚踏实地地走好每一步，成功才会离你越来越近。

TCL集团董事长兼CEO（首席执行官）李东生曾说过，中国的崛起需要“工匠精神”。“工匠精神”表现在工作中就是对工作的精益求精。追求“工匠精神”，就是要以精进之心对待工作中的小事，倾注你的心力和智慧，这样才能发现工作中还有可以完善和创新的地方，并尽最大努力完成工作。

有一个关于三个石匠的故事。三个石匠正在做工，有人问他们在做什么，第一个石匠说：“我在挣钱养家。”第二个石匠边敲边回答：“我在做石匠活。”第三个石匠仰望天空，充满憧憬地说：“我正在建造一座城堡。”团队只有志存高远，才能成就伟业，才能在平凡的工作中发现意义和创造价值。

3. 一起进行创业的人最好能优势互补

创业团队的成员之间只有优势互补才能充分发挥其整体潜能。

在一个创业团队中，必须充分重视成员的知识结构，要在技术、管理、市场、销售等方面设有专门的管理人才，充分发挥个人的专业优势。

一个完整并且能够高速运作的创业团队必须包括技术类人才、市场类人才和管理类人才等。通常情况下创业团队在形成之初，并不是各方面的人才都能具备的，有时候一个或多个成员要去学习团队所缺乏的某种技能，从而在团队中发挥补充作用。

4. 技术带头人的专业技术一定要硬

带领团队进行创业的带头人，自身应该具备良好的素质和较高的专业技能，不仅可以降低企业创业的成本，还可以给予成员技术上的指导，帮助他们提高专业素养，提升团队的整体专业技能，最终获得团队的成功。

5. 低成本下能够实现快速扩张

曾经有一个创业团队没有外来投资，他们打算自已凑点钱，这样就足够一年的花销了。别人问他们能够凑多少钱，他们说，20 万元就够了。听到这个答案人们非常吃惊：20 万不仅置办电脑、办公室、服务器等设备，还包括进行市场推广的成本，怎么可能实现？但是他们说："我们不拿工资，在比较偏远的地方租套 200 平方米的房子，每个月只要一两千，再花两三千请个阿姨买菜做饭，这样办公和吃住问题就全都解决了，服务器和带宽就借朋友的，然后剩下的钱再买电脑。我们通过一年的时间将产品做到极致，然后靠用户的口碑扩大企业的规模……"不管现在怎样，只要有这样的决心他们一定能够获得成功。

6. 团队的带头人最好有创业成功的经验

许多创业团队在很短的时间内就消亡了，很大一部分原因在于创业团队的带头人不合格。带头人能够起到"决定一切"的作用。许多年轻人在创业之初雄心勃勃，敢于做第一个吃"螃蟹"的人，但是他们不一定能胜任创业团队带头人的职务，有的人最多只起到了一种模范带头作用。如果团队的带头人曾经有过创业成功的经验，那么就会为整个团队的成功奠定良好的基础。

（三）怎样对项目进行评估

投资者只有选择合适的项目，才会得到相应的回报。那么应该怎样判断这个项目是否值得投资呢？投资者一般要遵循以下四条标准。

1. 尽自己的能力选择最大的市场

在进行投资时，首先要估算好市场前景，做到三思而后行。如果金山在 1996 年选择的突破口是毒霸，或许金山会更成功，因为毒霸的市场规模要远远大于词霸。金山在 2000 年年底杀入毒霸市场时，已经相对有些晚了，而且成本也相对较高。

2. 选择最佳投资时机

要在对的时间做对的事，这是一个非常关键的战略问题。做对的事情非常容易，难就难在如何把握正确的时间点。联众在 1998 年创业时做的棋牌游戏获得了成功，假如那个时候他们做网游，估计失败的可能性比较大，因为做网游的时机还不够成熟。盛大在 2001 年 9 月代理了《传奇》，那个时候网吧已经兴起，而且宽带也开始在各地普及，网游刚好赶上了市场的需求。

3. 专注、专注再专注

专注是一个团队最重要的武器，当团队成员都能专注在一个问题上时，就能非常迅速地解决这个问题。由于在商业环境中会遇到各种各样的问题，创业团队很容易在几个战场之间来回战斗，最终导致每一场仗都打不赢。因此，投资者在选择时，应该选择团队能够专注做的项目。

4. 如果能在小规模下被验证，将来就有可能在市场上做大

在选择投资项目时首先应该看这个项目将来能否做到数一数二的位置。通常情况下，第二名的价值只有第一名的一半，第三名的价值就更低了。因此要看这个项目在小规模下的效应会怎么样，如果反响不错，就慢慢将它做大，从而获得更大的收益。

【案例】

徐小平 VS 聚美优品：4 年 800 倍的投资回报

2014 年 5 月 16 日晚 9：30，美国纽交所敲响了开市的钟声，国内领先的化妆品 B2C（商对客）电商平台聚美优品在纽交所挂牌上市，其创始人陈欧成为登陆纽交所的最年轻的中国企业 CEO。陈欧的个人财富达到了 15 亿美元，梦想的实现仅用了 4 年时间。

聚美优品此次上市的承销商为高盛、派杰、摩根大通、华兴资本、瑞信证券和奥本海默。聚美优品此前公布的价格区间是 19.5~21.5 美元，16 日晚确定的发行价是 22 美元，最高融资 4.3 亿美元；上市开盘价是 27.25 美元，较发行价上涨了 23.86%，最终报收于 24.18 美元，较发行价上涨 9.91%。按照收盘价计算，聚美优品的市值达到了 34.33 亿美元。

在本次 IPO（首次公开募股）中，不只陈欧获得了巨额的个人财富，投资人也赚得盆满钵满。这家争议不断的公司上市之后将如何发展，已成为资本市场关注的焦点。

投资人 4 年获利 800 倍

值得注意的是，在当前资本市场不景气的形势下，聚美优品仍在 IPO 前夕增加了发行股本，扩大了融资额度，最终在此次 IPO 中共发行了 1114 万股美国存托凭证（每股相当于 1 股 A 类普通股），融资 2.451 亿美元，加上超额配售选择权，IPO 承销商可以继续认购 167.1 万股存托凭证。

另外，按照新加坡 General Atlantic（大西洋大众公司）基金管理公司与聚美优品此前签署的股份认购协议，最高可以认购价值 1.5 亿美元的聚美股份。以发行价格 22 美金计算，最终融资额为 4.3 亿美金，而此前拟定的最高融资仅为3.8亿美元。

与众多电商企业相比，聚美优品前期的融资额度相对较小，因而其创始团队持有公司较高的股份，能够充分保持对公司的控制权。

陈欧和戴雨森于2010年3月创立了聚美优品，创办初期，获得了徐小平18万美元的天使投资。2011年，聚美优品又吸引了险峰华兴、红杉资本等几家风投机构合计1200万美元的投资。在此轮融资中，徐小平追投了20万美元。

据此前聚美优品提交的招股书披露，在公司股权结构中，陈欧持股40.7%，其联合创始人戴雨森持股6.3%，投资人险峰华兴陈科屹持有10.3%的股份，聚美优品的董事会和整个高管团队持股比例为57.5%。此外，红杉中国、险峰华兴、徐小平分别持有聚美优品18.7%、10.3%和8.8%的股权。

按照聚美优品开盘价27.25美元，市值38.7亿美元推算，红杉中国、险峰华兴、徐小平分别收获了高达7.24亿美元、3.98亿美元、3.4亿美元的账面财富。天使投资人徐小平则在4年时间内，用38万美元获得了800多倍的高额回报。

对聚美优品的投资成为徐小平最得意的一个投资项目，毕竟在如此短暂的时间内获得如此高回报的案例还是十分鲜见的。2013年在美国上市的中概股公司中，表现较好的58同城和去哪儿网，从公司创立到上市也都经历了8年时间，而聚美优品只用了它们一半的时间。

近乎奇迹的回报率，让徐小平成为人们关注的焦点。徐小平不仅是新东方早期的“三驾马车”之一，也是中国资本市场上最为活跃的天使投资人，投资的项目超过100个。其中，外贸B2C兰亭集势、婚恋网站世纪佳缘、化妆品电商聚美优品已经成功上市，徐小平已部分退出。其中，徐小平对兰亭集势的投资获得了253倍账面回报。徐小平投资的创业项目还有社交游戏疯狂猜图、订餐网站美餐网、远程视频监控平台神州鹰、女性健康手机应用大姨吗、法律在线服务电子商务平台绿狗SIRI等。

中国的美丽故事打动资本市场

当时在资本市场暗淡的形势下，聚美优品是凭借什么优势赢得资本方的青睐的呢？在接受媒体采访时陈欧表示："我们给国外的投资人讲述聚美优品是一个中国的美丽事业，已经连续8个季度实现盈利，凭借数据、团队、执行运营效率等多方面的优势赢得资本方的认可。"目前，聚美优品已经占据了中国美妆电商领域22%的市场份额，用户黏性强、重复购买率高、利润率高是其实现高业绩增长的主要原因。

一位电商人士表示，聚美优品之所以能够获得高重复购买率和用户高忠诚度的优势，是因为前瞻性地选择了特卖商业模式，采用新的团购模式切入市场，还引入经验丰富的亚马逊高管来解决仓储、技术等基础难题，而且聚美优品比较善于进行低成本的社会化营销，通过粉丝效应提高品牌知名度。

第7章 小微企业技术创新

一、小微企业技术创新概述

（一）小微企业技术创新背景

随着科技的不断发展，经济逐步一体化、市场的全球化已成为世界经济发展的潮流。通过不断的技术创新所带来的核心专长，将是企业在未来激烈的市场竞争中得以生存与发展的主要支撑。企业技术创新在企业未来的发展中将扮演越来越重要的角色。小微企业面对内部和外部环境，怎样选择适合自身发展的技术创新战略，并使之有效实施，已成为十分重要的问题。

（二）什么是小微企业技术创新

小微企业技术创新战略则是指企业根据市场发展方向、顾客需求及自身资源与创新能力，结合小微企业总体战略，以创造新的长期竞争优势而围绕产品的产量、品种、质量、服务等对技术创新的方向、模式所做的谋划。企业技术创新战略将涉及企业技术创新的目的、程度、时间、重点、方向等一系列基本问题。

（三）技术创新的目的

迈克·波特认为无论什么类型的竞争战略，其成功从根本上说取决于企业自身的定位，即在多大的市场范围内建立并发挥核心专长的竞争优势，占据最有利的竞争位置。他指出，在充分竞争的市场条件下，低成本和高差异战略是最基本的战略。同时指出，在动态竞争中先动是获取竞争优势的重要来源，先动可以打破和改变原有的竞争格局，同时获得低成本、高差异及范围经济的优势。企业技术创新战略的目的围绕并服务于企业战略，同时技术创新也是实现企业战略的主要手段。

（四）企业技术创新对中国小微企业的意义

技术创新是一个经济学的概念，在管理学领域也存在着广泛的应用。技术创新是促进我国小微企业发展的一种有效方式，产生了极大的经济效应和管理效应。技术创新模型的设计可以为我国小微企业技术创新效率的增强提供有效的理论平台。

（五）技术创新战略的特点

战略是指重大的带有全局性的或决定性的谋划。企业技术创新战略则是指企业在技术创新领域内重大的带有全局性或决定性的谋划，是企业经营战略的有机组成部分。企业的技术创新战略越来越成为企业整体战略当中必不可少的部分，技术创新战略在整个体系中有着举足轻重的地位，它是企业技术进步的体制保障，就像人体的骨髓一样，为整个机体的运作提供必要的血液供给。

企业的技术创新战略有着其鲜明的特点：

1. 全局性

企业技术创新战略是企业技术发展全局性的安排。企业在发展战略中选择和实施主导型技术，不仅直接影响技术、生产等部门，而且对其他部门及企业整体规划和发展都会产生重要影响，对企业竞争力、发展前途都会起决定性的作用。

2. 协调性

企业技术创新战略配合企业整体的发展战略，同时各部门应当根据企业的技术创新战略制定自己的规划，例如包括生产部门的生产资料、技术、设备等的更新，技术研发部门的有效激励，营销部门的通力合作。

3. 可持续性

企业技术创新战略，会在很长的时期内对企业的技术创新起到推进的作用，影响着企业未来的发展方向和竞争力以及由此带来的经济效益。

二、小微企业技术创新现状

从总体上来看，我国企业技术创新水平不高，无论从创新意识、创新能力还是从创新投入、创新成果及创新效益来看，尤其是欠发达地区都还处于较低的水平，其研究开发投入、科技人员比例等指标都远低于发达国家水平。

目前我国企业自主技术创新能力进一步发展的障碍，主要体现在以下几个方面：

（一）高新技术人才短缺

高新技术人才是企业形成核心技术竞争力的关键，在技术创新飞速发展的今天，高新技术人才及其企业经营管理人才的作用尤为重要。我国企业的科技人员和管理人员不仅数量不足，技术水平和管理水平也相对较弱。重要的是企业中仍有大量的高新技术和管理人才流向待遇相对较好的外资企业、合资企业，国内企业在人才竞争上仍处于劣势，不容易吸引到关键人才的加入，以至于各级各类高新技术人才短缺。

（二）融通资金短缺

企业技术创新存在资金短缺问题，从融资环境看主要原因有：资金获取来源过于单一，融资渠道较少；银行认为对企业创新融资服务成本高且收益少，风险较大，加上信用和担保机制和体系在许多地方不健全，因此，银行信贷政策并未向企业倾向。

（三）信息资源短缺

企业外部的有效信息是企业认识技术发展和市场机会的基础，由于资金不足、人才不足，整理、筛选外部信息的广泛性、准确性和及时性较差，导致企业在技术创新中的信息来源主要依靠企业内部，不能有效地抓住市场机会。

三、小微企业技术创新战略分类

没有创新的力量，人类的生活将是一潭死水。不同的企业所主导的“技术”是不同的，其分类也会不同。英国学者弗里曼将创新战略按创新时机和创新程度分为进攻型战略、防御型战略、模仿型战略、传统型战略和投机型战略。而尼德尔则根据经营战略将创新战略分为市场领先战略、追随领先者战略、应用工程战略和模仿战略。其实在分析一个企业时，很难说出这个企业采取的是个别哪一种或者几种技术创新战略。因为在市场竞争过程中，往往今天企业还在用这样的战略而时势的一个变化就必须立刻改变自己的技术创新战略。就像当国家提出要发展新能源之时，若还是在研发煤等传统动力上的创新的话，也许在短期内在个别的地区还有适当的生存空间，但是不会有在相当长的一段时间内的发展。

以下是对上述的几种类型的技术创新战略的分类：

（一）依赖型技术创新战略

依赖型技术创新战略是我们通常所说的卫星企业，他们主要为大企业提供零配件生产，并与之形成比较稳定的合作关系（甚至是隶属于某一企业），除非客户要求提供新的产品技术规范或提出技术建议，依赖型企业不会对其产品进行技术改造或模仿其他产品。在全球化的大背景下，这样的卫星企业，或者说代工厂成为发展中国家非常常见的一种企业形态，技术的更新很少，也有部分企业不甘做卫星，在有一定的资金实力之后便改进机械设备和技术，培养自己的研发团队，做自主品牌。

虽然，许多这样的卫星企业在交易中处于较明显的劣势地位，但大部分仍然想保持这样的合作。因为这样能在长期过程中给自己带来许多利润，同时他们的公司可以接受其他客户的订单，他们拥有一定的自主权，所以大部分企业愿意保持这样的现状。其实在这样的合作过程中，由于像卫星企业的运营成本控制得比较好，而且一般这样的企业都在发展中国家，尤其是劳动密集型产业的话，运营成本会更低，利润会更多。因为他们在生产工艺及经营技巧方面的优势，卫星企业乐于发挥自己的优势达到共赢的局面。

例如耐克在东南亚的许多代工厂，包括中国内地，整个东南亚有十几家的卫星企业。而在中国大陆的许多代工厂有很好的设备和资金实力，但是许多的工厂还是很愿意和耐克等企业合作。因为对于这些卫星企业来说，开拓市场远没有加工生产来得容易。当然，这并不意味着他们没有技术创新，只是许多情况下他们的创新是借助于上游企业对其帮助完成的。

（二）模仿型技术创新战略

模仿型技术创新战略是指企业不以研发新技术、新产品为技术战略中心，而是通过逆向工程或反求工程等手段，制造领先者成功的产品，依靠其低成本优势抢占市场。模仿型企业的创新能力相对要弱些，因为其创造产品的途径还是在用领先者的一套技术，只不过其获得技术的途径在法律健全的国家是不允许的。而且一旦追究法律责任，其付出的代价也是非常惨痛的。

模仿型战略某种程度上是一种剽窃性质的战略。在许多的发展中国家的企业中较多，因为其技术实力与领先型企业和跟随型企业还是有相当大的差距的，所以在市场竞争过程中，没有研发团队的模仿型企业通过反向工程的手段获得信息及技术。在领先型企业的一线市场中，模仿型企业很难与其直接竞争，所以模仿型企业往往通过购买领先型企业的技术，或者技术的有偿使用来获得技术，通过自己的成本优势，重新占领市场。

模仿型企业具有以下特质：

①具有非常敏锐的技术信息的嗅觉。通过对市场当中产品的了解，及时掌握技术更新的程度，进而及时调整步伐，引入先进的技术，弥补技术上的劣势。

②有足够的其他优势。例如成本优势，模仿型企业可能是原材料的掌握者，拥有相对便宜的成本。又例如政策优势，好比蒙牛，通过提出的建造“奶都”的想法，获得了政府的支持，将其推上了与伊利同等的

地位。还比如当产品的技术已经很成熟的时候，模仿者可以通过对自己生产工艺的改进和创新打造出自己的优势，从而超越前者在该产品上建造的技术优势。

模仿型企业具有以下缺点：

①显而易见的是其技术创新的后续能力不足，当技术领先型企业有了技术上的突破时，就会在瞬间拉开与模仿者之间的差距，模仿者要经过相当长的一段时间的摸索才能弥补。而这样的一个时间差可能市场就会被领先型企业扎下稳健的根基。

②在对技术的更新中常常会很被动，因为要出钱买技术使用权，虽然没有直接买专利付出的代价大，但是还是会提高成本，不利于之后的成本优势的显现。而从长期来看，如果不发展自己的技术力量就会始终受制于人。

（三）领先型技术创新战略

顾名思义，领先型的战略必定是以生产技术为中心的战略，以强大的技术实力为基础，并保持后续的研发能力，使企业始终处于行业技术的领先地位。例如以 Intel（英特尔公司）、高通等为典型例子，他们所在的行业技术革新速度非常快，一项技术在今天领先，或许明天就不再是了。所以他们都有一个非常相似的共同点，在基础科研方面都下了血本，并在业绩取得辉煌的时候也时刻保持清醒，持续地投入科研资金。IBM 和贝尔实验室每年需要几十亿美元的科研经费，他们通过提供技术获得所需的科研经费，从而一直保持这样的优势。

作为国内领先型技术创新战略的典型，汉王科技公司在国内手写输入领域是当之无愧的王者。最初成立时注册资金 30 万元，五年之后年收入过亿。他们创造了多个在输入法领域的第一：最早推出联机手写汉字识别系统，推出具有手写汉字识别功能的产品，第一个在手写汉字识别研究中去除对书写笔顺的限制，等等。汉王科技通过持续创新创造产品优势，通过产品优势持续供给研发，形成了产品市场化与研发的良性循环。这样的良性循环在一定程度上会催生垄断，技术型的垄断在美国的高科技公司中并不少见。

一般来说，在追求领先战略的企业中往往会有以下共同点：

（1）研发的独立性

这些企业往往有自己比较成熟的研发团队，有自己的实验室，并拥有大量该领域基础科研的专利，对于后续的研发不需要依赖于外部的技术和科研力量。它能自己独立自主地实施从技术向产品转化的一个完整的过程。

（2）不可预见性

科研在风光的外衣之下是一副沉重担子。这些企业在投入科研的时候都是没有百分百的可预见性的，科研在某种程度上有点像赌博，高风险、高回报，投入的资金往往占到企业营收的相当一部分。而科研是一个和时间赛跑的过程，而企业最等不起的就是时间，一些企业往往等不到研发出新产品就已经被市场淘汰。可见科研的风险是非常高的。但是一旦能在一个恰当的时间持续推出科研成果，就能垄断这个领域的市场，从而拥有更多的资金扩大优势。

当然，要制定这样的战略，必定需要制定战略的基础：首先，企业必须具备良好的管理体制和人员配备。这是一家企业具有发展潜力的基础，公司内部能否团结合作，对外能否处理突发事件，等等；其次，应当具有较强的科研和开发的能力，换言之，具有成熟的研发团队和较好的人才储备以及适应时代的人才引进、培养和选拔机制；再者，企业是否具有强大的资金实力，科研是烧钱的事，没了资金的配备，就像机关枪没了子弹，士兵们如何能攻克高地？最后一点，对专利的保护和分享，一个好的企业能将专利的应用与研发人员的积极性联系起来，同时保护好专利也是公司保证科研成果的必要途径。

做一些假设，假如将科研过程中的风险降低，那么科研就可以看作一个将资金转化为技术的机器，但是这台机器能不能运转正常要靠科技人员。所以从这样一个例子我们可以总结以下领先型技术创新战略的一些缺陷：

①它需要大量的高科技人才，自己培养需要很长一段时间，而如果直接从其他企业或科研机构引入则需要很大的代价，这就牵扯出了下一个问题——资金。

②巨大的资金需求。领先型的企业往往需要做到某方面技术的垄断，这就势必需要巨额的资金输入来打造这样的优势，包括专业研发人员、精密的仪器设备等。

③投入与回报不一定成正比。投入在某个项目上的资金有时候会因为项目的临时取消彻底付诸东流，而且研发的过程很长，不利于企业快速地满足市场。

（四）跟随型战略

跟随型战略由是尼德尔提出。跟随型战略指企业以降低风险为基础来提高科研实力和产品的创新性。换句话说，就是在领先型企业首先发布产品之后，跟随型企业通过自己的研发团队对其产品和技术进行开发和升级，这样的一种方式大大降低了跟随型企业研发的风险，同时能紧跟技术发展的步伐，具备相当的市场竞争力。而这样的竞争力有时候比领先型企业更有优势更具生命力。比如说一提及商用计算机，首先想到的肯定是 IBM（国际商业机器公司），而 Sperry Rand（斯佩里兰德）公司则是基本没有听说过，但商用计算机真正的首推者则是 SR 公司。就像例子中的情况，跟随者并不是没有科研力量，而是他们想通过已经被市场认可的产品来降低他们的研发风险。

在这个过程中，跟随型企业更像是技术改进型的策略。在跟随型企业面前，专利权是一个很头疼的问题，而问题就是，在市场上的产品虽然降低了研发的风险，但是显然也占据了一种技术，所以跟随型企业必须充分研究领先型企业的产品优缺点，得以对其进行改进，获得自己的专利，并制造出更为市场接受的产品，从而快速抢占市场，淘汰对手的产品。

而这其中比较典型的一个企业就是方太厨具，这也是非常有意思的一个企业。方太有个口号叫："不争第一，永当老二。"这初一听会感觉没志气，但这是方太老总深刻而独到的见解，充满了智慧。首先这样的一种策略让方太厨具自 1996 年以来从全国吸油烟机 200 多家生产厂家的最后一名跃至第二。同时连续四年保持市场增长率第一、经济增长率第一的骄人成绩。由此可见，跟随型技术创新战略是一门实用哲学，它不需要光鲜的"第一"，它只需要市场的占有率令人称羡。

通常，跟随型企业需具备以下几方面的条件：

①具有市场信息的反馈能力。市场当中有产品畅销时，能通过搜集整理将这些信息反馈给研发部门。能够非常紧密地盯住市场的动向和消费者的需求以及其他有竞争关系的企业的研发及产品情况。

②企业应有对产品根据消费者的需求进行改造的能力。强大的研发团队是必不可少的，在这方面的分析比较能力非常重要，找到对手产品的弱点就意味着研发团队能更好地改进产品。

③企业要有快速对应的实力。要有素质优良的营销团队、扎实的生产团队和成熟的销售渠道，能在产品研发完成后的最短时间内将产品呈

现在消费者的眼前。

跟随型技术创新战略的优势有这么两点：

①成本优势。在选择跟随型策略之后，企业在研发产品的时候就会少走很多的冤枉路，这样就为企业节省下了许多研究费用，既然已经有成功的例子了，跟随型企业只要对产品进行改进，贴上自己的标签，就可以节省下生产、销售等方面的费用。

②消费者优势。跟随型企业可以通过比较市面上的产品，因为更了解消费者的需求，对于产品的更新方向和速度会加快许多。比领先型企业更能把住消费者的脉搏。

同时也存在着两点缺点：

①跟随型企业晚于领先型企业进入市场，在第一印象上已经处于劣势，由于消费者有购买更熟悉品牌的倾向，势必会对后来者产生一定的排斥。所以跟随型企业只有在找到合适的市场切入点时才可以进攻，否则可能会带来反效果。

②领先型企业已经占据了技术的高地，所以跟随型企业必须“跨过高地，另觅高山”。快速进行技术方案的改进并拥有自己的注册专利是产品占有市场的重要前提。

四、小微企业技术创新战略

（一）合作创新

小微企业可以在平等互利的基础上，结成较为紧密的团体实行联合创新，互相取长补短，共同开发市场，这样可以更有效地利用有限的资金和技术力量，“弱弱”联合，优势互补，克服单个企业无法克服的困难和危机，取得规模经济效益，从而有利于自己的生存和发展。与大企业合作是另外一种形式的创新战略。与大企业合作，一方面可以发挥自身创新机制灵活、市场反应快的优势，另一方面可利用大企业的科技、设备、资金等优势，快速开发新产品、新技术，接受一个或几个大企业的长期固定的订货。同时还可以充分利用高校先进的科技成果，将产学研相结合，弥补高校和企业的不足，为开展科技创新、提高科技成果的转化率起推波助澜的作用。这种结合不仅提高了科研院所的科技成果转化率同时也使企业的竞争实力大大增强。

（二）模仿创新

模仿创新是指企业以率先创新者的创新思路和创新行为为榜样，并以其创新产品为示范，跟随率先者的足迹，充分吸取率先者成功的经验和失败的教训，通过引进购买或反求破译等手段吸收和掌握率先创新的核心技术和技术秘密，并在此基础上对率先创新进行改进和完善，进一步开发和生产富有竞争力的产品，参与竞争的一种渐进性创新活动。这种模式不仅投入较少、风险小，而且由于晚进入市场，特别是可以观望市场的发展和演变，选择适当的时间进入，因而可有效回避市场沉默所导致的损失和市场开发初期需求和市场行为不确定性的风险，成功率高。

（三）率先创新

率先创新，即指依靠自身的努力和探索，产生核心技术或核心概念的突破，并在此基础上依靠企业自身的能力完成创新的后续环节，率先实现技术的商品化和市场开拓，向市场推出全新的产品或率先使用全新工艺的一类创新行为。它是根本性的创新。但由于我国小微企业研究开发人才匮乏，发展更高层次的开发工作所需的技术基础不够厚实，以及取得资金不易。所以风险大，有实力的高科技型小微企业可采用。

技术创新战略是企业总体战略的重要决定因素。技术创新能力是企业的独特能力，是企业核心能力构建的关键。技术创新战略的目的在于动态技术能力的发展。企业通过实施技术创新战略，保持技术能力的动态发展和领先地位，才能获得可持续竞争优势。

对于中国目前的制造业来说，许多小微企业面临着技术创新战略的问题，许多根本没有这样的战略，而就现在来说，中国政府积极鼓励企业的转型，对于以前一直处于为跨国企业代工的卫星企业来说是一次非常好的机遇。而对其他一些企业，需要做的更多的是在适当的时机选择适当战略，融合不同战略的长处，通过战略的选择，推动企业往技术和市场紧密结合的可持续的互补的机制迈进。

【案例】

蒙牛特仑苏的成功创新

当我们翻开蒙牛自从上市以来的财务报表时，也许会感觉到这家企业的利润还不错。但对蒙牛而言，产品毛利率一直是个“心病”。几年前，除了纯牛奶以外，无论其冰激凌、奶粉，还是酸奶，都不怎么赚钱，公司利润更多要靠国家减免政策来维持。对一个私营企业来说，低毛利率是埋在脚下的“地雷”，一不小心，就会“爆炸”，后果不堪设想。尤其对几十亿规模的大型企业而言更是如此。更糟糕的是，2003 年至 2004 年的价格战，让他们的纯牛奶也跌到了盈利的低谷，集团上下都为利润而发愁。所以，当时在中国乳业，没有一家企业比蒙牛更加渴望突破，也没有一家企业比蒙牛更加渴望新的利润增长点。这便是他们走“创新”

之路的最大动机。

在食品消费市场上，牛奶始终被看作一种大众消费品，是被认定为“不可能做出花样来”的商品。然而蒙牛推出的特仑苏牛奶，打破了这种保守的思维定式，剑指高端定位，在众人的质疑声中获得了市场的认可。2005年底推出的蒙牛差异化品牌特仑苏牛奶，经历短短的1年时间，其在上海一个市场的销售量就达到日均1万箱，而在其市场运作强势的北方地区，这个数额更高。2006年3月底，特仑苏OMP(造骨牛奶蛋白)奶高调上市，以增加品种的方式进一步巩固和细分市场。进入2007年，国内各大乳品品牌纷纷推出高端液态奶产品，而特仑苏依然保持强劲的增长势头，并以开拓者的身份引领着高端液态奶市场。据北京物美超市市场部经理左英杰介绍，特仑苏在高端牛奶中是销售最好的，其余各品牌的高端产品占据着相对低一些的市场份额，总体市场处于向上发展的势头。

特仑苏有哪些创新的地方呢？除了典雅、高贵的包装外观、整箱不拆零的终端销售方式，其奶蛋白含量超过3.3%，超出国家标准，在营养成分上优于普通产品。蒙牛在特仑苏纯牛奶包装盒上将“3.3”做了放大处理，此举对普通纯牛奶产生了极大的杀伤力，吸引了大批关注营养和健康的消费者。随后蒙牛又推出OMP“造骨蛋白”概念，以高科技突出品牌的技术优势，从而烘托出品牌价值。产地优势，位于乳都核心区和林格尔。北纬40°左右优质奶源带、1100米海拔、年日照近3000小时、昼夜温差大等层层地域优势，滋养12国精挑牧草，如此优越的地理位置和环境，加上蒙牛作为乳业领头羊的优势加工技术，使得特仑苏产品天生就含有丰富的天然优质乳蛋白，其整体营养含量更是高于普通牛奶，而且口味更香、更浓、更滑。在寻求新的品牌驱动上，蒙牛突破了以往以企业整体品牌驱动子品牌、建立子品牌关联知名度的打法，另辟蹊径，让特仑苏独立成为蒙牛的品牌系列，在弱化蒙牛鲜明的企业品牌的同时，强化子品牌。这就凸显了它的不同气质。

特仑苏的价格比较贵，有多少人会去买呢？一项对爱喝牛奶的理由调查中发现，消费者喝牛奶不只是为了追求健康，在经常喝牛奶的消费者中，15.79% 的人有将其作为一种“好滋味的饮料”来细品的。而进一步的问卷指出，如果有各方面表现都出众的“特优质”液态奶新品，在价格为普通奶 2~3 倍的范围内都是可接受的。

2006 年 10 月 22 日，国际乳品联合会（IDF）主席在第 27 届世界乳业大会上宣布，蒙牛“特仑苏”获得 IDF 全球乳业“新产品开发”奖。这个奖项的获得展示了一个年轻的乳品企业战胜百年巨头的传奇，这也是中国企业代表首次登上全球乳业领奖台。IDF 大奖是全球乳业的最高荣誉。蒙牛“特仑苏”的获奖，对于中国乳业具有非常重大的意义，提升了中国在全球乳业中的地位。在特仑苏取得成功的基础上，蒙牛乳业携手国家公众营养与发展中心、北京大学医学院共同研发了全球领先的 OMP 技术，于今年推出全球第一款“补钙又留钙”的特仑苏 OMP 牛奶，这一尖端技术为特仑苏摘取 IDF“新产品研发”大奖投下了最为厚重的一颗砝码。

蒙牛运用产品创新策略推出特仑苏非常成功。随着市场经济的发展和科学技术的进步，企业产品生命周期越来越短，加快产品创新、缩短产品开发时间已成为企业获得和保持竞争优势的关键。然而，由于产品创新管理过程具有高度的不可预见性和风险性，即便世界一流企业也很难避免产品创新的失败。

据美国管理学家梅尔克劳福特统计，第二次世界大战以来美国和欧洲企业产品创新的失败率工业品平均是 25%，消费品平均是 35%。要使产品创新马到成功，需要按照科学的方法谨慎操作。

要找准产品创新的切入点，一般说来，新产品根据创新程度不同可分为：

①连续性革新产品。

②间断性革新产品。

③跳跃性革新产品。

特仑苏的推出是以跳跃性变革新产品为切入点的。跳跃性革新产品是指在功能相近的同类产品中产生了实质性变化的新产品。这类新产品的产生，一般都以某行业技术或若干行业综合技术的进步为先导。技术发展过程中存在重大突破，并把这些技术进步的成果应用在产品实体开发中才能产生出跳跃性革新产品。

最后要选择产品创新策略，蒙牛推出特仑苏选择的是组合型产品创新策略。产品创新的重点是通过对现有技术的组合形成创新产品。组合技术创新的产品，可以以现有的市场为目标来满足现有的需要，也可以以新市场作为目标市场来创造新需求。

第8章

小微企业形象创新

一、企业形象与 CI（企业形象识别）

企业形象是指社会公众及企业成员对企业经营理念、方针策略、市场行为等所做出的总体评价和客观印象。它是企业在人们心目中的印象，是一个企业整体实力和综合素质的反映。

CI，是英文 Corporate（法人）和 Identity（个性）的缩写，中文一般译为企业形象识别。从理论上讲是运用整体传递系统，将企业经营理念、行为规程和模式及时、有序地传递给社会公众，并被公众认知、认同和内化的一种统一设计，是塑造企业形象的一种方式。或者说，CI 是一种树立企业形象，给企业注入新鲜感，使企业更能引起外界注意，从而获得更高效益的一种经营战略。

那么，CI 的具体含义是什么呢？让我们先看几个实例：在美国有一个年仅 5 岁的小男孩在翻看五颜六色的画报时，突然兴奋地指着一个金黄色拱门状的 M 字母大声叫喊："麦当劳！麦当劳！"众所周知，麦当劳是闻名世界的最大快餐连锁店，在全球有一万多家分店。麦当劳的每一家连锁店，从门面到店堂，从餐桌餐具到包装纸，都有相同的标识、色彩和造型。无论你走到哪个国家、哪个地区的麦当劳，你都会置身于麦当劳整洁、清新、愉快的进餐环境中，都会看到身穿相同制服的营业员，都会享受到麦当劳小姐的优质服务，都会品尝到麦当劳同样质量、同样标准的汉堡系列食品，都会对"麦当劳叔叔"这个象征麦当劳餐厅的人物偶像留下强烈的印象。总之，顾客走入任何一家麦当劳快餐店，就走进了麦当劳企业识别系统的光环。难怪就连一个 5 岁的儿童也能如此准确地识别出麦当劳的标志。据美国的一项调查：在 4~9 岁儿童心目中，“麦当劳叔叔”是仅次于圣诞老人的第二个最熟知的人物。可以说，全世界的孩子们都认识他。这就是令人惊叹的企业形象设计的效应。另一个典型的例子也是令人交口称赞的世界第二大快餐连锁店——肯德基炸鸡店。肯德基醒目的企业标识更是让人一看到“山德士上校”的头像，便想起了美味的家乡炸鸡。麦当劳、肯德基早已走进了中国的快餐业行列。

我国四川天歌集团股份有限公司董事长兼总裁邹昌浩先生曾提出以“形象立业”的战略口号。他们曾赞助中国科学考察队征服南极、北极、珠穆朗玛峰和塔克拉玛干大沙漠，向灾区捐款捐物约 500 万元。高科技农业成为天歌集团的支柱产业和利润增长点，根据实际，他们提出了“盈利靠农业，品牌靠服装，发展靠重组”的经营方针，而这都有赖于良好的企业形象。该集团在企业内部还进行组织创新和制度创新，以期形成良好的企业文化和管理氛围，从而提高天歌同人的责任感和进取精神。邹昌浩先生说得好：“员工的素质和精神风貌是最直接最生动的企业形象。”天歌集团的成功，在很大程度上得益于企业形象的建立。只要把企业形象树立起来，就是一笔价值无法估量的无形资产，就扬起了产品畅销的风帆。

现实生活中，人们的需求指向总是同名优产品、名优企业紧密地联系在一起的。这是因为这些企业的形象（包括产品形象）已经深深地扎根于人们的心中，人们的需求欲、享用欲在产生的同时，立即就会指向这些企业和它们的产品。

CI 识别系统包括理念识别、行为识别和视觉识别三大方面，三者相互依赖、相互作用、缺一不可。理念识别是企业在发展中所确立的具有独特个性的经营理念和价值体系，是企业文化中关于企业经营哲学、企业精神的高度概括，主要包括经营宗旨和经营风格等内容。它又可以划分为两方面：一方面是内向价值取向，如日本的松下幸之助所倡导的“和亲一致”就是发扬一种和谐友爱的精神；另一方面是外向价值取向，如美国 IBM 公司的“IBM 意味着服务”，日本的卡西欧公司的“创造与奉献”。理念识别是 CI 的基本精神之所在，也是 CI 运作的原动力和实施基础。行为识别是动态的识别形式，它以经营理念作为动力，系统规划出企业内部的组织、管理、教育、培训等，可以说，行为识别几乎涵盖了整个企业的经营管理活动。视觉识别是 CI 的静态识别符号，是视觉化、具体化的传达形式，它最具有传播力和感染力。总之，上述三个大方面，理念识别是企业的灵魂，反映企业的主体形象；行为识别是企业灵魂在企业躯体上的具体表现，是动态形象；视觉识别是企业的衣冠，反映企业的外表，是静态形象。

二、企业形象的特征

（一）企业形象的形成和确立要以企业的行为规范为基础

这就是说，企业的形象好不好，不是主要靠宣传，而是看企业的行为规范本身是否赢得了人们的认同和称赞。大量的实践证明，良好的企业形象需要企业自身的努力来塑造，需要扎实的工作做基础，需要优良的行为来保证。

（二）企业形象是企业内在各种要素的综合反映

日本新闻界每年对1000家企业的形象进行评定时，其标准多达16项，包括产品质量、服务质量、技术开发能力、财务管理、员工积极性的发挥、对社会的贡献能力、广告活动、文化活动、组织能力、商品开发能力、海外活动、企业家素质、发展潜力、综合经营能力、企业精神、信息化程度等。由此可见，企业形象是企业内部各种要素的综合反映。任何一个要素的质量不佳，都会使企业的整体形象受到损害，进而影响社会公众对企业的评价。

（三）企业形象是社会公众和本企业员工认同的结果

就是说，只有得到社会认同的形象才是真正完整的形象。企业在树立自身良好形象的时候，必须使自身的行为规范符合社会公众和内部员工的要求，以获得他们的赞同和共识，赢得良好的评价。

另外，企业形象不是长时期固定不变的，企业需要逐步调整自己的具体形象，使之不断提升，日臻完美。

三、实施CI战略的意义

当前，国际经济一体化趋势加强，我国企业面临与国际经济趋同的新形势。实施CI战略不仅符合企业自身的利益，而且对进一步扩大对外开放，加速发展经济都具有现实意义。

1. 实施CI战略是企业彻底向市场经济转变的必然要求

现在，我国市场经济条件日趋成熟，企业的经营力量除了商品力、销售力之外，还应提高形象力。企业应主动在消费者心目中建立良好的形象和信誉。企业实施 CI 战略，能适应企业多角化经营的大趋势，能在市场上统一品牌形象，提高品牌的推广效果，以避免形象移位、自相冲突的局面。

2. 实施 CI 战略是我国企业国际化经营的有力武器

随着进一步对外开放，国外资本和产品大量涌入我国，摆在我国企业面前的是更强有力竞争的挑战。这必然要求我们的企业不仅在产品质量、生产技术上加速改进，还应塑造鲜明的企业形象，提高企业的国际知名度。几乎所有的国际厂商都将其国际化形象视为一笔巨额的无形资产而不遗余力地加以保护培植。一些国家的国家形象常常同国际知名大企业的形象紧紧联系在一起。而在我国众多企业中能在国际上知名度较高者却寥若晨星，其原因不仅仅是产品质量，更主要的是没有树起自己的企业形象。

3. 实施 CI 战略是创造名牌产品、名优企业，维护产品信誉的最佳途径

我国企业长期以来存在着重生产、轻营销，重质量、轻宣传，重产量、轻包装，重广告、轻形象的诸多不合理现象。追根求源是由于不懂 CI 战略，导致目前很有实力的企业有“实”无“名”，其经济效益与自身经济实力不符。

4. 实施 CI 战略是提高企业自身素质，适应市场营销环境变化，增强企业竞争力的需要

CI 战略的主体是企业的全体员工。应当让企业的每一位员工积极地参与，人人贡献自己的一分力量。在 CI 战略的运行过程中，员工对企业的感情、信任和奉献精神会随之增长。企业凝聚力增强了，企业的整体素质才会大大提高，才能将鲜明的企业形象呈现在公众面前，才能在竞争中占据一定的优势。

当然，在我国企业中实施 CI 战略的时间较短，各企业的情况千差万别，这就需要各企业在实践中紧密结合本企业实际，一切从实际出发，讲究求真务实，注重实际效果。不能把 CI 搞成花拳绣腿，中看不中使；不能只重形式，不重实质。同时，在实施 CI 战略中，要防止忽视企业内外部情况调查，忽视企业广大员工的积极参与，否则也难以获得应有的效果。

四、实施 CI 战略的原则

实施 CI 战略应遵循以下基本原则：

1. 远见性原则

CI 是全方位推出企业形象，一些重要的设计不仅要求付诸实施，还不能朝令夕改，要有远见性和持续性，要对未来若干年的企业经营产生指导作用。

2. 民族性原则

CI 发源于美国，后风行于日本、韩国，但各国在推广 CI 战略时都各有特色，这种特色主要就是民族性特色。从日本、韩国实施 CI 的实践可以看出，CI 战略的民族性原则是 CI 顺利发挥作用的基本保证。每个国家都有自己特色的政治、经济、文化环境，有自己特殊的情况，一成不变地照抄照搬必定是失败之举。例如，有一家在中国大陆经营眼科手术的美国独资企业领导人在实施 CI 战略时，美方人员一再强调要在企业理念中贯彻一个思想：服从，即不要问为什么，一切都必须服从。可中国工作人员的特点是喜欢思考，对于不明白的事，不会主动积极去干，他们不仅要知其然，还要知其所以然。因此，美国人的这种管理方法在中国就行不通。如果在 CI 理念及行为规程设计时，完全照搬美国的民族习惯，就会出乱子。

3. 个性化原则

CI 是讲究个性的。不论风格、管理制度、经营策略，还是企业名称、品牌、标识、广告、招牌、口号等，都应有自己企业的特色，体现出自己鲜明的个性。只有个性化，才有区分度；只有区分度，才易于社会公众把它从庞杂的背景信息中识别出来，形成牢固的记忆。麦当劳以其金黄色拱形门、太阳神以其托起一轮红日、可口可乐以其红色波浪，都形成了自己的独具个性的商标，把自己与其他企业鲜明地区别开来，给广大的社会公众以深刻的刺激而让人过目不忘。而现在的一些企业，当别人靠自己的独特风格树立起良好社会形象，并产生了较好的经济效益时，便纷纷“借光”，打“擦边球”，搞出一些与之近似的商标、品牌或企业名称，这种做法只会使自己失去个性，最多只能捡些残渣剩汁，而最终成不了大气候。

4. 系统性原则

CI 是一个系统工程，要实施 CI 就必须从企业的经营哲学、经营宗旨、经营信息、行为规则以及形象的设计、传递等方面进行全方位的系统规划，并做到统一协调。疏忽哪一方面或轻视哪一方面，都将会损害 CI 的整体效果。有些企业表现为只对 CI 的形象传递感兴趣，而对企业内部操作规程和理念的设计与实施却很少下功夫，这就不符合 CI 的系统性原则。我们不妨将这种重形象传递而忽略内部功底的 CI 称之为“泡沫 CI”。就像杯中的啤酒上面有一层泡沫，看似“繁荣”，实为假象，泡沫消失，“繁荣”的假象就必然原形毕露。

5. 同一性原则

这里讲的“同一性”是指企业向外界所传达的任何信息都必须突出

同一形象。这种同一性首先是企业名称、商标名称、品牌名称的同一性，其次是企业理念、企业内部行为规程与形象传递的同一性。只有同一性才更能突出企业的个性，才能强化社会公众的印象，才能形成企业的知名度和美誉度。

6. 规范性原则

这里讲的“规范”是指 CI 战略从理念设计、行为设计到形象设计等，都必须规范化，不规范就不称其为 CI。CI 的实施更应讲究规范，如果经常为了某种方便而对规范的东西任意改变，结果会严重影响 CI 的传递效果。麦当劳公司总裁戴雷·克雷克曾说：“只要标准统一，而且持之以恒，坚持标准就能保证成功。”

7. 操作性原则

CI 战略不是一种思想方法，更不像花瓶那样只是在点缀粉饰企业。CI 是一种实在战略战术，它必须可操作。推行 CI，绝不是搞一大本 CI 手册，来一点优美的描述，或者是写一篇篇漂亮的文章，这些是没有操作价值的。缺乏行为保证的空洞的东西，只能起相反的作用。例如，某市有一大型地下商场，商场开业伊始，就制定了自己的经营理念，并具体化为一句口号：“××商场，购物天堂。”但是，这一理念没有相应措施予以保证。比如，商场只设了下行电梯，而无上行电梯，进商场时很方便，可出商场时就得爬楼梯，于是给人的印象是：只管把你弄进商场，一旦买了我商场的商品，以后的事就与我商场无关了……小小一个进出口，就足以说明企业经营行为与其经营口号大相径庭，当然，后来该商场出现严重亏损也就在情理之中了。

五、实施 CI 战略与经营创新

当前，市场竞争已由质量和价格的竞争，发展到了企业形象的竞争。企业形象战略是一种长线投资。企业形象是质量与信誉的保证，它能创造消费者的消费信心，使消费者更加乐于接受企业的产品和服务，进而造就出大批企业的追随者。因企业形象而使经营取得成功的企业已数不胜数。

实施 CI 战略与经营创新二者是辩证统一的。树立企业形象，打出自己产品的旗帜，最终是为了使顾客认可企业的产品和服务，扩大销售，提高市场占有率；企业运用现代营销手段和方法进行营销创新活动，同样能增加销售量，开拓市场，提高市场占有率。事实上，企业开展经营创新活动的过程，也就是塑造企业形象的过程。

例如，小天鹅洗衣机何以能占领较大市场？就在于他们处处从顾客的需要着想，“顾客的需要就是标准，顾客的满意就是目标”。小天鹅在服务上推出了“金奖产品信誉卡”的承诺，将服务监督权交给客户，把服务公约公布于众，坚持做到“一二三四五”的特色服务，即“上门服务带一双鞋，进门两句话，带好三块布（一块修机布、一块垫机布、一块擦机布），做到四不准（不准抽客户一根烟、不准喝水、不准乱收费、不准拿用户礼品），五年保修，随叫随到，如有逾期甘愿受罚”。他们不断开发出满足不同顾客之需的新产品，甚至做到了比顾客更了解顾客的需要。小天鹅曾为泰国生产了一批洗衣机，而泰国用户家的老鼠多，把洗衣机的电线给咬了。小天鹅洗衣机厂派人去检查，检修好以后说：“我们没有很好地考察你们的使用环境，这是我们的责任。”检修人员的一席话，凝聚着“顾客是上帝”“服务是宗旨”的经营观念，塑造了企业的良好形象。

又如，海尔曾在北京举行以“现在，进入未来——Casarte（卡萨帝）生活品鉴会”为主题的新品牌、新产品上市发布会，全球同步推出 Casarte 高端品牌。Casarte 所倡导的是一种面向未来的生活方式，通过预约定制、整套家电设计、一对一“终生家电顾问”等突破性服务模式，使家电的使用成为更纯粹的享受。另外，Casarte 产品通过应用尖端网络技术，实现了远程无线操作，消费者可以随时随地控制家中的电器，享受家电所带来的便捷和乐趣。Casarte 汇聚了海尔集团最顶尖的技术研发人员，从未来网络化家居生活出发，目标直指全球时尚消费人群。Casarte 首批上市的产品包括冰箱、冰吧、洗衣机、空调、平板电视、电热水器、油烟机、燃气灶、消毒柜 9 大类别，品类丰富。在推出 Casarte 品牌之前，海尔集团历时 5 年，走访了全球包括纽约、巴黎、米兰、东京、北京、上海等 15 个城市的上万名高端用户，调查结果显示，高端消费者的生活正在发生着深刻变革，目前家电业传统的服务模式已经无法满足这部分用户的需求。正是在此次调研的基础上，海尔确立了 Casarte“三大服务模式”。首先，Casarte 在行业内首次引入“预约定制”概念，根据客户的预约订单进行生产，并由 Casarte 顶级设计师精心打造；其次，Casarte 推出“整套设计”方案，即根据消费者对于未来生活的需求和实际家居环境，由海尔家电设计师进行整套家电的量身设计，精细到每一处细节；最后就是一对一“终生家电顾问”服务。Casarte 不仅有助于海尔占领世界家电的制高点，同时也有效拉动了中国家电在世界高端市场的影响力。海尔的主流高端产品在一定程度上已经改变了“中国制造”在国际市场低端、低价的形象。随着 Casarte 的推出，海尔又塑造出一个全新的高端形象。

【案例】

塑造和维护良好的企业形象

企业形象十分重要，它是企业在一般人心目中的样子，形象不佳对厂商不利。如果企业不在乎自身形象，顾客也不会在乎企业。树立良好的企业形象，建立独特的品牌，将有助于企业推销产品和服务顾客。

美国帕杜农场是一家专门为社会提供各种农业副产品的大型企业，农场主法兰克把塑造和维护良好的形象当作争取顾客的基本公关策略。他在经营中着眼点始终放在为顾客提供优质的产品和良好的服务上。

有位顾客在一家零售店买了一只帕杜农场生产的真空包装鸡，回家后发现这只鸡变质了，于是他把这只鸡送回那家零售店。该店的服务员二话没说，立即给他退了钱。这位顾客给法兰克写了信，把这件事告诉了他。

没过几天，这位顾客就收到了法兰克的回信，信中一再向这位顾客表达了歉意，并附有一张供应一只鸡的免费兑换券。最后，法兰克真诚地表示，希望这位顾客多多帮助，使该农场及附属零售商店永远杜绝类似事情的发生。

自此以后，这位顾客除了帕杜农场的鸡，再也不买其他地方的鸡了。同时，他还把自己的经历写成一篇短文在报纸上发表了。这对提高帕杜农场的形象和知名度起了积极作用，并无形中又为帕杜农场赢得了众多的消费者，从而使帕杜农场的产品一直保持着较高的市场占有率。

帕杜农场是运用企业形象优势获得经营成功的典型。在帕杜农场主法兰克那里，重视企业形象与信誉，绝非是一种促进产品销售的手段，而是一种与农场命运相关的企业公关基本策略，它体现在帕杜农场经营活动的各种细微之处。当帕杜农场的这种良好形象在顾客的心目中稳固存在的时候，它便成为一种向心力，把帕杜农场和它的顾客联系在了一起。

现代企业的经营实践以有力的事实证明，在一个富足的社会里，顾客已经不太计较价格，产品的相似之处多于不同之处，所以顾客的决策是很容易受企业的形象影响的。因此，企业形象越来越重要。

第9章 小微企业商业模式创新

一、商业模式创新的特征与分类

（一）商业模式创新的内涵

商业模式创新是指企业商业模式作为整体所发生的变化或改进，它可以由一项或几项关键要素的改变所引发，但最终结果一定是对于企业商业模式的各个方面产生影响，并使商业模式作为一个整体发生改变。商业模式创新包含现实社会中出现新商业模式的过程，以及新商业模式本身。

企业实现商业模式创新需要具备一些基本条件。包括：

①提供全新的产品或服务、开创新的产业领域，或以前所未有的方式提供已有的产品或服务。如格莱美银行最先面向穷人提供小额贷款产品服务，开辟了全新的产业领域。

②商业模式至少有多个要素、明显不同于其他企业，而非少量的差异。如亚马逊相比传统书店，其产品选择范围广、通过网络销售、在仓库配货运送等。

③有良好的业绩表现，体现在成本、盈利能力、独特竞争优势等方面。如亚马逊在短短几年就成为世界上最大的书店，表明了其商业模式的优势，如数倍于竞争对手的存货周转速度，消费者购物用信用卡支付时，通常在 2 小时内到账，而亚马逊付给供应商的时间通常是收货后的 45 天，这意味它可以利用客户的资金长达一个半月。

（二）商业模式创新的主要特征

相对于企业其他传统创新类型而言，商业模式创新具有整体性、外向性和实效性三方面明显的特征。

1. 整体性

商业模式创新与企业的产品创新、技术创新、组织创新和流程创新等创新活动的本质区别就在于其具有整体性。商业模式创新可能是由单一要素引发，但同时涉及模式多个要素的变化。商业模式创新往往同时伴随产品、工艺或者组织结构与运作流程的创新。商业模式创新常常体现为服务创新，表现为服务内容、方式及组织形态等多方面的创新变化。

2. 外向性

商业模式创新更注重从市场和客户的角度出发，从根本上思考设计企业的行为，视角更为外向和开放。商业模式创新的出发点，是如何从根本上为客户创造和增加价值，其逻辑思考的起点是客户的需求。技术创新通常具有内向性，常常是从企业所擅长的技术特性与功能出发，从一种技术可能有的多种用途中去挖掘它的潜在市场。

3. 实效性

商业模式创新具有实效性。从绩效表现看，商业模式创新如果提供全新的产品或服务，那么它可能开创了一个全新的可盈利产业领域，即便提供已有的产品或服务，也应该能给企业带来更持久的盈利能力与更大的竞争优势。商业模式创新由于更为系统和根本，涉及多个要素的协同变化，因而更难以被竞争者模仿，竞争优势和实际经济效益往往可以持续数年。

（三）商业模式创新的分类

根据商业模式不同要素的变动情况所引发的创新，可以将其划分为：

价值主张变动引发的创新、资源组合变动引发的创新，以及界面模式和运作流程变动引发的创新。

1. 价值主张变动引发的模式创新

价值主张通过回答企业的产品是什么和企业的顾客是谁这样一些基本问题得以体现，并通过企业的产品向市场传递。正确的价值主张是企业生存发展的基础，也是构成企业商业模式的基础要素。价值主张一旦确定，企业需要生产的产品、产品的属性与特征、生产所需要的各种资源、利用资源进行生产的运作流程以及相关的各种对内对外原则都将随之确定。而价值主张的改变，也将不可避免地引发上述各个方面的变化。价值主张的变化与创新，必将引起企业资源组合、运作流程以及界面模式的一系列变化。由价值主张变化引发的商业模式变革是企业商业模式最深层次的变革，并将导致商业模式发生根本性变化。

2. 资源组合变动引发的创新

资源组合是指企业为了实现价值主张而需要投入的全部资源，包括人力资源、原材料、厂房设备、专利技术、品牌商标等各种有形与无形的资源。在特定的环境条件下，企业的价值主张将决定企业所需要的特定的资源组合。但是，如果环境条件改变了，即使价值主张没有改变，资源组合也可能随着外部环境的变化而改变。资源组合的变化在导致企业的基础层与主体运作层发生变化的同时，也将不可避免地导致企业界面模式与企业功能的变化与创新。

3. 界面模式变动引发的创新

商业模式的界面模式是指企业为了获取利润而进行各种决策时所遵循的标准或法则，包括企业的营销原则、采购与供应原则、环境原则和公众原则。产品的目标市场、生产规模、成本模式、定价方式和市场定位是构成企业界面模式的重要内容，因此，企业市场定位、定价方式或生产批量与成本模式的改变都将引发界面模式的变动。界面模式的改变可视为一种公司外部表现形式的变化。

4. 运作流程变动引发的创新。运作流程就是指相互连接的企业活动。企业管理人员将全部资源以有效率的形式组织在一起，进行生产和销售产品、服务的活动，这些活动有效地衔接，并不断重复，就形成了企业的运作流程。与此相关的活动包括原材料采购、成品的生产与销售、资金往来、后勤保障等。在资源组合确定的前提下，企业可以有多种不同的运作形式与运作流程，运作流程的差异将直接导致企业间的形式与效率的差别。运作流程的变化在改变生产效率的同时，也带来界面模式的变化，从而引发商业模式由内向外的改变，使商业模式推陈出新。

（四）技术创新与商业模式创新的关系

技术创新是企业创新的主要内容，包括企业的生产要素创新、要素组合方法创新以及产品创新等几个方面。其中要素创新又包括材料创新和设备创新两方面。由此可知，技术创新对于企业商业模式构成要素中的资源组合、运作流程以及界面模式都可能产生直接的影响。

企业大量的技术创新活动可以直接引发商业模式创新。以生产要素中的材料和设备创新为例，当材料科学为计算机生产厂家提供了大规模集成电路用以代替电子管材料时，计算机体积过于庞大的问题就得以解决，并使体积小但功能强大的计算机应运而生。而这又促使过去只能用于科学研究和专业部门的计算机也可以以更低的价格进入寻常百姓家。在这里，由于材料方面的创新，直接使计算机生产厂家的生产模式、销售模式或者说整个商业模式发生了根本性的变化。可以说，正是由于计算机材料的创新，引发了整个计算机行业商业模式的巨大变革。

在技术没有发生本质变化的情况下，企业的商业模式也同样可以实现本质上的创新。例如，以零售业态的模式创新为例，百货业态代替传统的便利店业态而成为零售业的主导业态时，并没有对相关的商业技术产生更多的要求。企业的技术创新可以是企业商业模式创新的充分条件，但不一定是商业模式创新的必要条件，在重大技术创新没有发生的情况下，商业模式创新同样可以产生。

二、商业模式创新产生的社会条件

社会发展为商业模式创新创造条件，表现在三个方面。

第一，信息技术革命为商业模式创新提供了空间与动力。在今天的数字化时代，网络与移动通信技术正在全方位地改变着人类的生产、生活方式。越来越多的信息技术融入社会生活，促使企业的生产经营方式发生改变。计算机辅助生产技术的广泛使用使生产在标准化和规模化的基础上进一步实现了柔性化与多样化。网络与移动通信技术设施的发达完善在为企业有效拓展市场空间向全球化发展创造条件的同时，也有效地降低了社会交易成本，并且通过降低社会交易成本促使企业的交易方式与组织结构发生变化，“归核化”与“外包”“众包”，“物联网”与“云计算”“虚拟公司”和“网络型组织”等新技术与模式不断涌现。一方面，新技术需要新的商业模式与之配合才能发挥作用；另一方面，新技术也为建立更加优越的商业模式创造了条件。没有计算机辅助设计与辅助生成，就不可能实现可以满足个性化需求的小批量、柔性化生产；没有网络技术的普及，一周 7 天，一天 24 小时提供服务的网络销售模式也不可能出现。可以说，新的技术需要新的商业模式与之配合，同时，新技术也为新模式的出现提供了空间、创造了条件。

第二，消费需求的变化要求企业商业模式创新。伴随社会经济的迅速发展，消费需求日益呈现出个性化、自主化、复杂化的变化趋势。与过去不同，个性化需求要求企业做到小批量乃至定制化的生产与销售，消费需求的自主化表现为消费者对于产品设计和生产过程的参与倾向，以及与企业直接沟通的需要，而这将要求企业改变原有的单向分销与促销的模式，采用与消费者双向沟通的方式，吸引消费者参与产品的设计和生产过程。复杂化是指消费者在个性化与自主化的基础上，将可能更加注重产品提供的价值及利益，而失去以往的品牌忠诚度，这将要求企业进一步创新营销方式为顾客创造更多价值，以及采用更加有效的方式建立竞争优势。以快递为例，传统的邮政模式只是坐等顾客上门，并将服务简单地分为同城或异地、特快或普通等几种类型。如今面对个性化与复杂化的消费需求，上述传统服务方式已很难满足顾客要求。为了更好地满足顾客需求，快递公司不仅增加了主动上门取件服务，而且，还提供包括次晨达、2 小时、4 小时等限时服务在内的多种门到门新型快递服务。总之，来自消费需求的变化，需要企业改变传统商业模式中不适应的部分，并通过创新商业模式更好地满足市场需求。

第三，企业管理方法与理论的变革与创新进一步推动商业模式创新。在信息技术革命的大背景下企业管理方式与理论快速发展，出现了很多计算机与网络技术支持下的新型生产方式与运作方式，为企业商业模式的系统化创新奠定了基础。信息技术革命背景下的企业管理创新主要表现在管理方式创新、组织创新、边界柔性化、流程再造与职能创新 5 个方面：

1. 管理方式创新

管理方式创新包括如下 4 个方面：

（1）生产管理系统

主要有物料需求计划（MRP）、计算机辅助设计（CAD）、计算机辅助工艺编制（CAPP）、计算机辅助制造（CAM）、计算机辅助质量控制（CAGC）、计算机辅助测试（CAT）、最优生产技术（OPT）、成组技术（GT）等等。这些系统充分运用现代信息技术对企业生产过程中大量的基础数据进行采集、传递和加工处理，实现产品订货、设计、制造、管理和销售过程的高度自动化，促进了生产的发展，提高了经济效益。

（2）职能管理系统

主要有资源制造计划（MRP2）、柔性生产系统（FMS）、办公自动化系统（OAS）、事务处理系统（TPS）等等。这些系统的运用大大提高了工作效率，给企业带来了新的生机。

（3）决策支持系统

计算机信息技术的飞速发展不仅使专业管理软件日趋完善，而且使多业务综合、全企业信息资源共享的管理系统获得很大的发展。在以信息采集系统、数据库建立与维护、信息资源检索、专业管理业务处理与监控为主的业务处理系统的基础上，出现了以例行业务处理系统为基础、以随机业务处理系统为骨干、以决策支持系统为龙头的信息资源管理系统。主要有计算机集成制造系统（CIMS）、并行系统（CE）、产品数据管理（MEP）、专家系统（ES）、群体决策支持系统（GDSS）、战略信息系统（SIS）等。

（4）电子商务

企业可以在互联网上通过电子数据交换（EDI）等共享非结构化或结构化的信息，在交易双方的计算机应用系统之间进行方便、快捷的数据交换和自动处理，完成和管理在商务活动、管理活动和消费活动中的各种交易。与此相应，产生了一系列应用系统，如综合业务数字网

（SDN）、开放系统结构模型（OSA）、产品数据交换规范（PDES）等。这些管理系统不仅改变了企业管理方式，而且引起了企业组织的变革。

2. 组织创新

传统的阶层式组织模式过于强调分工和职责，限制了员工的创造性思维，影响了管理效率，其已不能适应快速变化的环境要求。这种模式在信息技术的影响下出现了如下三个方面的改革趋势：一是组织扁平化。信息可以在同一层次上传递和共享，传统的员工之间的纵向关系在企业信息网络平台上变成了纵横交错的平等关系，中间层次逐渐淡化，组织结构出现了扁平化趋势。二是组织网络化。在以工作或任务为中心的团队内部，员工之间的纵向分工不断减少，而横向分工和协作不断增加，企业组织结构变成一个相对平等和自主、富于创新精神的小型经营单元或个人组成的网络型组织。三是组织小型化。在信息时代，小公司员工的自主性和创新动力要明显强于大公司；在知识技术更新频繁的情况下，小公司的学习能力和学习效率也要强于大公司；而且在基于互联网的电子商务面前，小公司的销售能力并不亚于大公司。四是学习型组织。在扁平化、网络化的组织中，员工信息共享，彼此交流易于形成“终身学习”的浓厚的学习气氛。通过员工的自我学习、自我发展、自我控制，突破个人的狭隘专业技能，不断增强适应与变革的能力。

3. 边界柔性化

现代信息技术的发展，使过去为了降低交易费用而建立的“大而全”和“小而全”的企业结构失去了继续存在的理由，使过去为了有效控制和监督而建立起来的权力和业务相对集中的层级组织也失去了存在的理由，并促使虚拟企业的管理概念和管理模式逐渐发展。所谓虚拟企业就是通过传统的企业管理方式借助于各种企业外部力量，对外部的资源进行整合以创造出一种全新的整合竞争优势的经营组织模式。在信息时代，典型的虚拟企业可能只是一个网址，网络空间是其办公场所，其主要任务是通过对外部资源进行不断地组合来实现其目标。另一种形式是战略联盟，即通过供应链重组，设法使上下游企业都能顺畅地运转起来。其竞争优势来源于供应链上的战略环节的更加有效率的整合。

4. 流程再造

20 世纪 90 年代美国著名管理大师迈克尔·哈默和詹姆斯·钱皮，提出了业务流程再造的思想。其核心是以信息化和知识化为基础，以顾客需求为导向，对企业工作活动及相关流程进行关键性的重新设计和根本性的变革，使其成为精细化、扁平化、并行化的精干的运行机制，从而在激烈的市场竞争中缩短产品周期，降低成本，提高顾客的响应度。再造后的流程可以打破原有的科层组织中的职能与部门界限，使企业的活动重新构建在跨越职能部门与分工界限的“顾客需求导向”的基础上，使原本无人过问、支离破碎的业务流程变得更加紧凑有效，从而加快对顾客需求的响应速度，提高产品与服务的品质保证和有效性，从而更加有效地增强企业的竞争力。

再造工程一旦推行，将会带来一些根本性的变化：一是工作单位划分的基础，从职能变成流程，并促使业务流程的整合与分解更加合理化。传统上本来应该属于一个整体的业务流程往往由于任务性质、承担者的知识等因素而被切割、分散到不同的职能部门；而本应分散到不同职能部门中的不同流程环节，则由于很强的内部联系而组合在一起，使效率低下。实施流程再造可以促使业务流程的整合与分解朝着更加合理化的方向发展。企业可以围绕经营目标、具体任务、跨越时空的需要以及人员构成的限制进行优化组合。同时，流程再造还可以使流程各部分边界模糊，各职能部门同时进行信息交流，从而使线性的业务流程转向多部分同时进行的并行过程。二是工作内容由单一变为丰富。三是工作人员的角色从被控制转变为有决策权。四是获取工作能力的方法从没有系统训练变成有全盘计划的教育。五是在价值观方面，将由为主管而工作变成为顾客而工作。六是高层主管的管理方式由事后评分改变为事前对员工进行主动引导。

5. 职能创新

职能创新包括如下三个方面，一是研究与开发范式的创新。信息技术的应用使原有的 R&D（研究与开发）由线性、封闭和分割性变为非线性、开放和全球化。原有的 R&D 遵循“基础研究——应用研究——应用开发——试制——工艺”的线性过程，在信息时代则可使基础研究、应用研究、应用开发、试制与工艺互相交融，同步开展。对大公司而言，原有的 R&D 往往分散于各事业部，不同的事业部相互封闭，信息共享度低，沟通速度慢，而通过基于互联网的企业内部网，公司总部 R&D 中心可以与分散在各地的 R&D 中心随时沟通，各 R&D 分支机构也可随时进行横向的交流和沟通。过去，不同企业间的 R&D 是相互封闭、互不交流的，随着互联网的普及，全球 R&D 的合作不断加强。二是生产制造范式的创新。不管传统的制造业，还是高科技制造业，企业的生产制造越来越离不开信息技术。信息技术的应用使企业生产效率大幅度提高、产品生命周期缩短、应变性增强。为适应顾客的个性化需求，生产方式也由大批量转向小批量，乃至基于信息技术的 FMS（柔性制造系统）按不同的顾客定制柔性化的生产方式。同时，社会与经济的网络化使虚拟制造成为有效利用别人资源，乃至实现全球化制造的有效模式。三是营销范式的创新：基于互联网与电子商务的营销，突破了时空的限制，减少了中间环节，过去的“制造商——批发商（一级或多级批发商）——零售商——最终客户”的营销模式，变为“制造商——零售商——最终用户”，或“制造商——最终用户”。这不仅拓宽了营销渠道，而且还大大降低了销售费用。

综上，企业管理方式创新、组织创新、流程再造、边界柔性化与职能创新这些发生在企业管理各个方面的变革与创新，从要素层面上为企业商业模式创新奠定了基础，进一步促使商业模式在信息技术的推动和外部市场需求的拉动下，实现系统化的整合创新。

三、小微企业商业模式创新模型

由商业模式创新的系统性和外向性可知，商业模式创新的驱动力可以划分为来自企业内部与外部两方面。商业模式创新的外部动力包括技术驱动力、市场驱动力、竞争驱动力和政策驱动力，而内部动力主要来自企业家自身的创新精神或企业管理团队的创新决策。

（一）外部驱动力

商业模式创新的外部驱动力可以划分为技术驱动力、市场驱动力、竞争驱动力和政策驱动力。

1. 技术驱动力

信息技术是商业模式创新的关键驱动力。基于数据处理和移动通信的信息技术使得多种新模式得以运用。例如，远程教育、网上商城。新的信息技术在为企业更好地满足消费者便利需求创造条件的同时，也在改变企业与企业之间的合作与交换模式，使企业间的分工合作更加便捷与紧密，促使全新的商业模式在 B2C（商对客）与 B2B（商对商）之间不断涌现。同时还应该指出的是，驱动商业模式创新的技术力量也可能来自相关的材料技术、工艺技术和管理技术等不同类型的技术创新与技术变革，而不同类型的技术变革对于不同行业企业的商业模式创新的驱动作用又各不相同。因此，研究商业模式的技术驱动力，应该结合具体的行业背景，对不同类型的技术作用进行分类研究。

2. 市场驱动力

为了更加有效地满足市场需求，企业需要紧紧跟随市场需求的变化趋势，通过各种形式的创新及时适应市场需求的各种变化。因此，从某种意义上说，正是需求的变化驱动着企业商业模式的不断创新。此外，为顾客创造价值也是企业获取利润的前提，而顾客价值是一个主观见之于客观的产物，既包含客观的成分如产品本身的价值，也包含主观的成分如形象价值、品牌价值等主观因素。伴随消费者需求偏好的转变，企业产品的价值也应随之转变，所以，从有效创造价值的视角看，需求也是驱动商业模式转变的关键动力。

3. 竞争驱动力

比竞争者更有效率地满足市场需求，是企业获取利润的关键，因此为了比竞争者更具效率，降低产品成本或价格的努力成为影响企业商业模式创新的另一种重要驱动力。为了降低成本，企业可以通过重新选择资源组合、再造生产以及价值主张和界面模式等各种形式实现，可以说竞争是驱动企业商业模式创新的重要力量。

4. 政策驱动力

政府的一个重要作用就是它是商业模式创新的触发器。政府的这个角色非常重要，它可能直接促进某种创新（通过 R&D 资助等），也可能导致新规则的产生。例如，严格的环境控制带来了对测试、诊断和控制服务的需求，同时也刺激了开发合乎环境要求的服务产品和工艺的要求。

（二）内部驱动力

商业模式创新作为一种企业系统的整体创新，从企业内部来看，其驱动力主要来自企业家和企业家的创新精神。

企业家是从指事某种行业，通过开办工厂和创新实现自身目标，并满足社会的需求的人。约瑟夫·熊彼特认为企业家是不断在经济结构内部实行“革命突变”，对旧的生产方式进行“创造性破坏”，实现生产要素的新组合的人，是推动国民经济向前发展的主体。德鲁克认为，企业家创新精神就是一种革新行为，这种行为为现有资源赋予了新的创造财富的能力。德鲁克把企业家创新精神明确界定为社会创新精神，并把这种精神系统地提高到促进社会进步的杠杆作用的地位。

企业家的创新，首先表现为思维方式的创新，其次是技术创新、管理创新和营销创新等职能创新，并且最终以上述创新在企业层面上有机整合为商业模式的创新。企业家发动的企业创新，并不是单纯地表现为某一企业职能的创新，而是涉及企业各个层面和多种职能的商业模式创新。由于企业家拥有创新力、洞察力和统率力等优势，所以在企业管理创新过程中，不管企业规模大小，企业家都一直扮演着主导性、关键性的角色，尤其在中小型企业中这种情况更为突出。特别是针对商业模式创新这种涉及企业各个层面和多种职能的系统化变革，仅仅依靠专业的研发部门或某些专业技术人员或市场营销人员都是难于推动和把握的。只有能够掌控全局，同时了解需求变化趋势、竞争态势以及相关政策法规和专业技术发展，具有创新精神的企业家才能系统化地推动企业商业模式各要素之间的协同变革，并最终实现商业模式的创新。只有那些能够准确预测环境变化趋势的企业家才能真正有效地推动商业模式创新并获取成功。

（三）商业模式创新驱动模型

根据商业模式创新的内部与外部驱动力，可以得出商业模式创新的驱动模型，如图 9-1 所示。商业模式创新驱动模型指出，企业商业模式创新的外部驱动力主要包括技术驱动力、市场驱动力、竞争驱动力和政策驱动力四个方面。内部驱动力包括企业家及企业家创新精神。其中外部驱动力对于商业模式创新产生的影响，需要通过企业家这一唯一的企业内部驱动力，才能发挥作用。

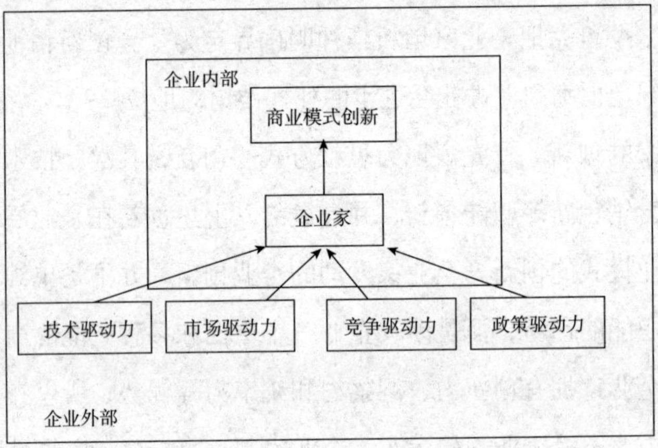

图 9-1　商业模式创新驱动模型

由于商业模式创新所具有的系统性和整合性，它与企业的技术创新、产品创新、市场创新、组织创新等职能创新具有很大的差异，传统意义上的企业创新内部驱动、内部因素，如企业战略、研发部门以及其他管理人员或一般员工等，很难在企业整体层面的创新过程中发挥作用。虽然商业模式创新最初也可能是由某一特定的职能创新所引发，但真正的商业模式的整体改变，只能依靠企业家这一在企业内部占据特殊统治地位的人群来实现。企业家只有充分发挥其所具有的预见性、冒险精神、协调作用和影响力，才能克服来自企业内部与外部的各种阻力，实现商业模式的变革与创新。

商业模式创新驱动模型，在明确指出商业模式创新所具有的外部驱动力的同时，突出强调了企业家在商业模式创新过程中所占有的独特地位与发挥的决定性作用。从某种意义上说，没有企业家就没有商业模式创新，商业模式创新的发动与推进都离不开企业家的努力。众多商业模式创新的成功案例也充分证明了这一点。没有马云，阿里巴巴也许依然只是一个传说。

四、商业模式创新与价值创新路径选择

如何实现商业模式创新是商业模式创新理论研究的重要内容，也是研究商业模式结构与创新驱动力的目的所在。小微企业优势资源能力不足，更需要通过商业模式创新，强化和保持有限的有效优势，寻找具有互补性的利益相关者和重构交易结构，从而转化劣势为有效优势，这是企业获得持续优势的有效途径。

（一）商业模式创新路径

商业模式的创新路径可以表述为：第一步，以提出新的价值主张和价值形成逻辑为起点：第二步，根据既定的价值主张和价值形成逻辑，以及特定的外部环境条件，确定资源组合；第三步，在既定的价值形成逻辑和资源组合条件下，设计相应的运作流程；第四步，设计界面模式。界面模式由于直接受到外部环境因素的影响，因而虽然价值主张与价值

形成逻辑对其具有内在的决定性，但是这种决定性，需要与千变万化的外部环境因素相结合，并根据内部与外部两方面的影响，共同决定界面模式的选择。这样，一个完整的商业模式在经历了一个由外而内、由内而外的过程便形成了。

而这个自内而外的过程，其中的“内”是指商业模式形成过程的中间部分，是在价值主张与价值逻辑形成之后，企业决定资源组合与运作流程的过程。而在此之后，商业模式的界面设计环节，就需要一个内外结合、由外向内和由内向外的过程。所以，由此可见，商业模式创新不仅起点源于企业外部环境的变化，其最终环节也需要与外部环境有效对接。

（二）价值创新途径

创新商业模式需要有宏观视野——从整个商业生态系统着眼，梳理商业生态，寻找价值空间，发现和识别分析利益相关者；也需要深入到资源能力组合的交易结构。

1. 跨越产业边界实现价值创新

企业可以通过向替代品、他择品与互补品所具有的价值方向延伸，通过超越现有产业边界，为产品创造新价值。

向替代品延伸。替代品是指与产品的功能或核心效用相同，但具有不同形式的产品。产品与其替代品之间具有竞争关系，在营销上这种竞争被称为产品形式上的竞争。企业可以通过促使现有产品增加其替代品所具有的不同价值，提升企业产品的核心价值含量，实现价值创新。

向他择品延伸。他择品是指与产品的功能和形式都不相同，但却可以满足相同需要的产品。二者之间也存在着某种竞争关系，营销上将这种他择品之间的竞争称为愿望竞争。产品的价值创新也可以通过向他择品汲取价值来实现。例如，日本某个电信运营商于 1999 年推出手机一键上网，将只使用语音服务的手机顾客变为使用语音和数据服务（音乐、图片、资讯）的顾客，通过利用互联网这个手机的他择品所具有的价值，为其手机客户创造新价值，并使自身业务收入在短短的几年内，扩大了近 3000 倍。

向互补品延伸。互补品是指消费者在消费某种产品时必须与这种产品同时使用的产品。例如，对于以汽油为动力的汽车而言，汽油就是其互补品。由于产品必须与其互补品共同消费，为产品增加其互补品所具有的属性和价值，必将有助于产品本身价值的提升，所以为产品增加其互补品所具有的价值是另一种重要的产品价值创新途径。为产品创造互补性价值，一种简单的方法是分析顾客在使用产品之前、之中、之后都有哪些需要，并从满足这些需要出发，为顾客创造新的价值。

2. 通过调整产品定位创造新价值

（1）高档与低档定位

通过转变产品定位档次创造新价值。要搞清楚什么因素是决定顾客选择产品的基本价值，从而有针对性地增加必要的价值，剔除不必要的价值，实现产品整体的核心价值创新。例如：美国曲线美健身俱乐部专为女性服务，剔除奢华设施，在小型化社区布点，通过向会员提供具有标准化的基本服务，为顾客创造物超所值的核心价值。

（2）功能与情感

企业通过挑战现有功能与情感导向，发现新空间，创造新价值。如果过去是在情感层竞争，可否去除那些不必要的元素使产品功能化，反之亦然。例如，日本的快美发屋，针对男性需求，取消了按摩、饮料等情感元素，以“气洗”替代“水洗”，专注剪发，使理发时间减到 10 分钟，并且使费用从 3000 日元降到 1000 日元。

3. 跨越细分市场创造新价值

为使企业效益最大化，企业也需要反其道而行，不仅把视线集中于现有的顾客，还需要关注“非顾客”。企业可以将“非顾客”划分为三个不同层次，并根据其不同的特征，找到不同的价值创新方式。

第一层次：徘徊在企业的市场边界，随时准备换船而走的“准非顾客”。

“准非顾客”，是指那些在找到更好的选择前，只是最低限度地使用现有产品和服务，并且一旦有更好的选择就会换船而走的顾客。例如，上班族无所适从的午餐。针对这种无所适从的午餐需求，英国的一家快餐厅更关注上班族的共同需求——快速、新鲜、健康，为其提供新鲜美味的成品三明治，免除餐位，将购买行为缩短为 90 秒，因而每年在英国得以售出 2500 万只三明治。这里，为了满足午餐顾客具有共性的快速需求，通过剔除餐位服务，增加了餐厅向顾客提供产品的时间价值，实现了价值创新。由此可见价值创新并不一定只有通过增加服务或提高成本才能实现，通过更好地满足具有共性的需求，消减过于烦琐的服务和降低成本同样可以为企业创造前所未有的新价值。

第二层次：有意回避市场的“拒绝型非顾客”。

很多拒绝型顾客是因为市场现有产品或服务不可接受或者超过他们的经济承受能力而不使用公司产品。例如，在福特的低价“T”型车，问世之后，轿车从过去的奢侈品转变为普通工薪阶层就可以支付得起的普通消费品，过去大量买不起轿车的人，也转而成为福特的顾客。可以看出，通过价值创新可以将拒绝型顾客转变为现实顾客，所以通过分析研究拒绝型顾客之所以拒绝产品的原因，可以为企业的价值创新指明方向，并创造有效的利润空间。

第三层次：处于远离市场的“未探知型非顾客”。

“未探知型非顾客”是距离企业最远的顾客群体，他们通常被想当然地视为属于其他产业市场。而事实上，“未探知型非顾客”为企业价值创新提供了最为广阔的空间。例如，牙齿增白从来被认为是牙医的事儿，当最近口腔护理厂商着眼这种需求时，牙齿增白产品的市场随之爆炸般膨胀。所以说，企业应该更加重视研究“未探知型非顾客”与现实顾客之间的差别，并从中发现价值创新的途径。

4. 利用新技术创造新价值

利用技术创新为产品创造新价值。技术创新并不等于价值创新，只有通过商业视角洞悉技术创新才可以改变顾客获取的价值，并利用这种技术创新为消费者创造新价值，也只有这样的技术创新才能给企业带来商业价值。正是由于网络技术的推广与普及，才使得以互联网为基础的电子商务市场在世界范围迅猛发展。

【案例】

百丽鞋业的成功之道

曾经有一个时期，在中国女鞋品牌当中，前十名中有四个属于百丽公司旗下品牌，即：Belle（百丽）、Teenmix（天美意）、Tata（他她）、Staccato（思加图）。公司代理的鞋类品牌 28 个，包括：Bata、ELLE、BCBG、Mephisto、Geox、Clarks、Merrell 等。百丽亦是中国体育用品最大零售商之一，代理运动服饰品牌产品包括：耐克、阿迪达斯、李宁，亦代理休闲牛仔名牌李维斯。

百丽鞋就是美人鞋。不仅女同志逃不出百丽，男同志很快也逃不出百丽了，因为百丽收购了中国著名的男鞋品牌江苏森达。百丽公司在百货商场进行控盘以后，顾客在商场里选来选去，最终选的都是百丽公司的产品。百丽公司鞋业的综合毛利达到62%。很多高科技企业家听说百丽的毛利率达到62%以后都非常吃惊，因为很多企业的毛利率是非常低的。

一、百丽怎样实现突破

为什么百丽公司能够实现这样的突破？源自它在零售终端实现了控盘。中国品牌女鞋的71%来自百货商场，而百丽通过四个自有品牌控制了百货商场这个零售终端。在每一个百货商场，不同品牌专柜的背后，很多都是百丽公司。很多的女性顾客讲："我不喜欢百丽，我喜欢思加图。"其实选来选去，选的还是百丽公司的产品。百丽名字取自法语Belle（美人），上市行动代号为"Cinderella"（灰姑娘），它借助资本的力量实现企业跨越的憧憬之情跃然而现。

二、百丽商业模式的核心

百丽公司不是靠某个单一的产品获得利润，它靠的是商业模式，正如管理学大师彼得·德鲁克所讲的，21世纪企业的竞争，不再是产品、价格与服务之间的竞争，而是商业模式之间的竞争。百丽就非常经典地体现了这样一个价值观念。

1. 牢牢地控制终端

百丽的广告很少，不像奥康、红蜻蜓等广告满天飞，但是这样的企业看似默默无闻，其实它却牢牢地控制了零售终端。有的公司打广告、抓生产，其实是在造坦克、大炮，而百丽公司在造核武器，造原子弹，它默默无闻，但是却牢牢地控制了终端。

很多百货商场的女鞋专柜，少则三分之一，多则三分之二，通常一半都是归属百丽公司的。它这样控制了终端。就牢牢地控制住客户，可以获得62%的毛利。

百丽公司的利润是传统卖鞋公司的10倍，它是可以持续发展10年的一个模式，因为他牢牢地控制了终端，这个终端不仅做鞋业的人拿不到，甚至做其他产品的公司也很难。比如保健品利润也很高，而且信用也很好，但要想进百货商场的一楼，对不起，没机会。因为百丽不会把这位置让给你。

2. 做成内房地产企业

为什么风险投资看见连锁就很关注，风险投资就叫风投，即看见好项目就疯。能让风投疯的一种项目就是连锁。连锁业的本质就是房地产。当百丽把百货商场零售柜台牢牢占据之后，后来者就没机会了。不仅鞋业领域的后来者没机会，任何其他领域的后来者都没机会。当它有了房地产独特的稀缺性、控制力以后，它就有了定价权，所以它可以获得62%的毛利率，而且它可以10年甚至长期控制这个平台。

中国的房地产公司看着赚了钱，其实赚的还不算大钱，因为房地产公司很难上资本市场去发展。为什么中国房地产公司很难上资本市场发展？因为中国的房地产公司的商业模式是简单而粗暴的，中国的房地产公司的模式就是拿地、盖楼、卖楼、结束，每个项目重新来过一遍，这样的模式在资本市场是不受欢迎的。反过来说，全世界超过40%的项目最终的利润来源恰恰又是房地产，或者说它的利润来源当中的一个核心的支撑点是来自房地产。

百丽就是典型的例子，它是个内房地产企业。麦当劳公司的利润来源主要也是房地产，这两个是相辅相成的。这就是我们在设计未来商业模式的时候要思考的地方。我们的商业模式里面有没有能够把房地产当作一个支撑点的要素，而连锁业的本质就是房地产，就是内房地产，所以它已经找到了这个支撑点，而我们其他的产业领域能不能也找到这样一个支撑点，这是百丽这个案例给我们的启发。

3. 通过资本运作扩大终端优势

百丽不仅通过牢牢地控制了百货商场这个终端，同时百丽也非常善于通过资本运作来扩大它终端的优势，所以百丽在融得了摩根士丹利和鼎辉基金的投资以后，2007 年 5 月 23 号在香港上市，上市当天募集资金 100 亿人民币，股票的市值达到 800 亿人民币，当天国美的市值才 360 个亿，它因此被称为鞋业国美。

截止到 2008 年，百丽的销售额已经突破 178 个亿，它的规范化的净利润已经突破 22 个亿，也就是它的税后净利润率大概在 12% 这个水平。这么一个庞然大物在过去的两年里面，依然每年保持高速发展，这就源自它的并购战略。百丽在上市以后，以 3.8 亿收购了斐乐，6 亿收购了妙丽，16 亿收购了江苏森达，15 亿收购了香港上市公司美丽宝，而美丽宝本身具有多品牌的鞋业的零售权，这就进一步扩充了百丽的零售连锁能力。这家公司依然还在快速地增长，虽然它已经是一个将近 200 亿资产的公司，这样的增长就源自百丽公司牢牢地控制了百货商场。

第10章

小微企业财务创新管理

一、小微企业如何控制成本

（一）事后算账不如事前控制

不是所有的企业都有节约的意识，不过大多数企业都会对成本进行核算，清点账目。在清点账目的时候，一般都会发现企业在每个方面都多多少少会有浪费现象。这时，企业的经营者就会认为这些支出是没有必要的，便去找相关负责人交涉。

其实这种做法的效率是很低的。浪费的现象已经出现了，斥责是毫无作用的，都不能挽回这些损失。因此，为了避免再发生这种情况，应该提前做好成本的控制和提倡节约的工作。

第一，盘点企业的成本开销，列出详细清单。作为企业领导，可以设置一个固定的时间，让公司各部门的领导把自己本部门的成本详细列出来，统一上交、汇总，并且进行分类清算。这个工作有助于企业领导一目了然地了解企业的资金花费。

第二，作为企业领导，应该对企业内每一项成本产生的原因和过程有清楚的了解。企业领导在看到详细的成本清单后，应该对其进行仔细研究，并弄明白这样几个问题：这项成本为什么会存在？它能够为企业带来什么样的利润？它的开销与获利是否对企业发展有利？这样一来，企业领导必然会对企业的每项成本更清楚，先了解这些成本才能知道如何削减成本。

第三，寻找清单上看不见的细小成本。成本清单即使列得很清楚细致，也会有一些细节没有罗列上去。在查看清单的时候，企业领导应该针对每项成本进行深入思考，除了清单上罗列出的开销之外，再深究是否还存在一些隐形开销，从而全面制定出一套适合企业的节省方案。

第四，通过假设法减少可以掌握的成本。在了解企业每一项成本的开销后，企业领导可以采取假设的方法对一些可以减少的成本进行判断，甚至可以取消这些成本支出。如，企业领导可以先假设如果这些成本被取消了，那么对企业的未来盈利将产生怎样的影响。以此标准判断该项成本能否应被缩减或者节省掉。

就如亡羊补牢，纵使事后将羊圈加固了，但之前已经发生了损失。因此，事后算账不如事前控制。尤其对于小微企业来说，资金少、人员少，要有事前控制的概念，只要管理者落实好，就比较容易做到。

（二）任何时候都不要忘了保本

大部分小微企业的资金资本都达不到大型企业那样的程度，因此，在做出一项投资决策之前，小微企业更应该控制好自己手里的本钱，即使风险再大，也不能丢了自己的本钱。否则，企业可能会失去东山再起的机会。小微企业应该记住的是：宁可赚不到钱，也不能搭进自己的老本。凡是成功的企业家，都明白本金对一个企业的重要程度，如果企业失去了本金，就相当于失去了一切。

但是，在现实经商过程中，很多小微企业为了谋取更多利益，总是不惜一切把自己的身家都投进去。这些企业管理者不知道，这是一种极其愚蠢的行为。因为对于小微企业来说，本钱是根本输不起的。一旦投资失败，企业便可能面临破产。因此，不管何时都应当理智对待企业本钱。

要想不损失本钱，小微企业就要有足够的风险防范意识。只有善于防范风险的企业管理人，才能保住企业的本金流，为企业获得更高的利润。要明白的是，企业之所以进行投资，就是为了获取利润。任何一家企业都是带着“用少量的钱赚取大量的利润”的目的做投资的。但是，并不是每一项投资都能够如企业投资者所愿，为其带来利润。这时便需要企业管理者具备保本的能力。正如投资高手慎永根先生所说的，造就事业的关键是你在未来获取多少利益，但是更为重要的是企业投资者能否在未来保住现有的资本。

因此，小微企业不能急于求成，也不能为了高额的利润，盲目而不顾一切地投资。而应该把本金的流动性、收益性和安全性这三条原则等同起来，这样才可以帮助企业带来意外的收获。在制定投资策略时，企业管理者必须不断地培养自己的风险管理能力，这样才能在风险出现的时候保证本金的安全，使企业稳步发展。任何时候都不能忘了本金的重要性，如此才能在本金稳定的基础上，为企业赢得更多的利润。

（三）最大化降低成本，方能获得更多利润

曾经有人这样说过：“对于一家企业来说，如何有效降低成本是非常重要的。降低成本对企业的意义不亚于一个女人想要减掉自己身上的赘肉。”经营者在经营自己的生意的时候，只有有效地控制和降低成本，才能赢得更大的利润。特别是当今社会，经济全球化越演越烈，市场竞争也日趋激烈，能够产生的利润越来越微薄，可以说市场经济已经到了一个微利时代。

处于这样一个微利时代，不管是传统产业，还是高科技产业，想经营得顺利都不是一件简单的事。对于身处微利时代的商人而言，不仅要在赚钱的思路与观念方面进行及时的调整与转变，更需要不断地更新经

营策略，尤为重要的是通过节约的方法来降低成本，以增加企业利润。在任何一家企业经营的过程中，所节省下来的每一分钱都可以令企业的利润增加一分。企业所做到的节约程度与其获得的利润是成正比关系的。节约原本便属于一种财产，而对于任何一个企业而言，节约便意味着企业创造利润。只有从一点一滴做起，才能为企业创造更多的利润。

企业在控制自己的成本时，一般会运用两种方法，即放大法和压缩法。而实际上，这两种办法是有很高的相通性的。因为时常压缩便是放大，而放大又等于压缩。由于差价的存在，企业在经营的过程中产生了厚利与薄利两种结果。尽管用简单的话来说，企业所要进行的是低买高卖，但实则却并非说起来这么简单。在企业所能赚取的利润空间之中，存在着许许多多可控的与不可控的因素。

无法否认的是，每个企业在控制和降低自己成本方面都有着不同的手段。对于节约下来的每一分钱这个概念，依据“收入与成本之差”的公式计算，便可以得出节约下来的钱便是公司的利润。由此可以看出，一个企业要想增加自己的利润，获取发展壮大的机会，不仅要争取高额的产品销售额，还要从研发、营销和管理等各个方面的费用支出中进行控制和节约。企业节约出的一分钱，都是增加了企业的利润。正如“聚沙成塔，集腋成裘”一样，如果企业里每个员工都能节约不必要的支出费用，那么时间长了，就等于赢得了巨额的利润。

不过，企业管理者需要注意的是，在节约成本和控制开销方面企业也应该适度。如果因为过于控制和节省，影响了企业的健康发展，那就得不偿失了。

（四）钱用到刀刃上，方能缩减大成本

每一分钱对于小微企业来说，都像农夫播种时的种子，十分珍贵。

因此，小微企业必须把每一分钱都花在刀刃上，这样才能最大限度地节省成本，扩大企业的效益。也许很多企业经营者在花钱方面都有自己一套独到的方法，很多企业管理者都明白该花钱的时候必须花钱，不该花钱的时候一分钱都得省下的道理，不过，又有几个管理人员真正明白什么地方应该花钱，什么地方不应该花钱呢？

一般的小微企业，一旦遇到了金融危机，基本都会先降低企业的成本。可以说，大部分的管理者在省钱上都是无师自通、十分专业的，并且非常有效。然而，却很少有小微企业的管理者研究过如何花钱。尽管大多数企业的财务管理者都是省钱的高手，并且有着非常强的成本意识，但是他们大都缺乏花钱的理念。而专门培养会花钱人才的企业更是少之又少。这便使大多数企业因为不懂将钱用到刀刃上而导致企业浪费的资金远远超出节省下来的资金。

以此可以看出，能省钱并不代表会花钱。很多时候，敢于花钱的企业家却可以帮企业省下大笔资金。曾经有一位小型企业的管理者，在为企业采购生产设备时，由于他不懂采购，又十分抠门，在购买生产设备时他只知道比价与砍价，所购买的生产设备不管大件还是小件都分厘必争，使得合作者都十分恼火，最终他为企业所购买的许多物资设备报修报废很多，而每天企业所要支付的维修费更是惊人。与其相反，另外一家企业，老板却在采购生产设备时，但凡一次性投资的，都会选择最好的，尤其是生产机器与生产工具都选购原装先进的进口产品。这家企业在购买设备的时候虽然花了很多钱，但是在生产过程中，不仅生产出的产品质量好，而且也不用为维修设备再出一部分钱。相对于支出的成本，他们反而节省了大量资金。

也许在大多数人的眼里，成功的企业家都是非常吝啬的。而实际上，人们看到的不过都是表面现象，真正成功的企业家不仅非常大方，而且懂得如何正确地花钱。因为在他们眼里，要想使自己的企业成功，必须有一套恰当的花钱之道，哪里可以为企业带来巨大的效益，就要大度地把钱花在哪里；而无法帮助企业产生效益的地方，就应该尽量地避免浪费。只有建立了正确的花钱理念，企业家才能真正做到把每一分钱都用在刀刃上。

（五）规避会议中的成本浪费

企业在发展的过程中，经常不定期召开各种会议。会议的目的是为了将企业发展的重要信息进行有效的传递，或者解决企业在发展过程中出现的一些问题。然而，召开会议不仅要付出时间和精力，还要付出一定资金。如果一点小事儿就兴师动众，自然会浪费企业的成本。

没有目的的会议只是浪费参与人员的时间，尤其是会议上的一些高级领导，他们的时间是非常宝贵的，他们在自己岗位上工作一小时所创造的价值也是难以估算的，如果浪费在了这种没有任何意义的会议上，企业相当于双倍损失。

一般召开会议的目的是为了应对当前出现的难题和危机，会议召开前要有严格的程序，主持人在开会期间也要不断督促与会人员集中注意力放在有较大价值的问题上，防止会议偏离主题，造成成本浪费。

除此以外，很多时候，企业领导参加会议的时间基本是两个小时，但一般都会拖到四个小时还不能解决实际问题。无故延长会议时间自然会造成企业成本增加，如此一来浪费了许多原本应该用在经营管理上的时间和精力，降低了工作效率。

其实，拖长会议的时间并不能解决实质性的问题，因为人的精力是有限的，可以集中精力、聚精会神到一件事上的时间不可能太久，差不多两个小时就是极限了。会议召开太长时间，不仅员工撑不住，连企业领导都没法专心到议题上，这就降低了效率，而问题也很难找到合适的解决方案。

因此，在开会之前最好根据会议内容做好安排，会议时间确定为半个小时到两个小时比较合适，在最短的时间内解决最多的问题，这是现代企业高效会议的要求。

（六）营销环节中也可以节约成本

大多数企业经营者都认为营销只是把产品推广到市场收获利益的一道环节。其实，和其他环节一样，产品的销售中也会存在很大的成本浪费现象。只要有效地进行管理，就能再次节约成本。

第一，进行有效预算。在营销活动开始以前，先进行有效预算。制定销售预算的目的是为了更好地控制支出，给企业的盈利多加一分保障，使企业尽可能在营销支出上减少资金浪费，花最少的钱收到最好的销售效果。

企业领导在对销售部进行预算的时候应该从下面三个方面入手。

第一，在销售预算的时候，从结果入手，制定产品的销售收入以及相关的预算。销售预算工作主要是由多名营销人员来提供结果，然后再汇总到销售部门统计，从而得出企业总的销售预测结果。预测过程中需要考虑到额外的影响因素，例如经济走势、促销、定价、广告等因素，并按照相应的数量模式以及相关分析来提高预测的准确性。

第二，关于人工费用的预算。这方面的预算主要是在营销的过程中，需要花费的所有人员费用总和。销售环节涉及的员工费用支出不但金额高而且比较琐碎，很多小的细节看起来不起眼，实际上却能影响到成本控制，所以在统计需要支出的费用项目时要尽可能详细。例如，员工的工资、提成、佣金等都应该包括在内。

第三，销售管理费用的预算。管理费用预算一般会包括宣传场地的租赁费、办公用品费用、水电费以及宣传道具的费用等。这样才能得到更为准确的预算支出结果，并制订出对控制实际支出更有帮助的计划。

销售成本分析一般是对企业各个环节的费用开销进行有效分析，通过数据客观地判断出销售中应该投入的费用。

一般会通过销售活动的费用划分来确定销售成本分析。销售活动的费用划分指的是销售部门将销售活动中涉及的环节以及需要支出费用的地方提前做出统计，统计后再交给财政部门开展支出分析。从而可以得出哪一部分的费用是可以适当减少的，哪一部分的费用是不合理的，之后通过调配把费用重新分配到活动的各个环节中。

很多国际知名的大企业都保持着节约成本的优良传统，更不要说刚开始创业的小微企业了。小微企业的管理者应在企业经营的每个环节都加强成本控制与节约的管理，因为只有开源与节流同时抓，企业才会稳步向前。

（七）控制成本就等于增加利润

有的人可能觉得，小本买卖是自己的，没必要算得那么清楚，出的还是那些，入的也是那些，不会影响自己的收入，因此经常没有记账理财的意识。其实，这已经是犯了经营者的忌讳。每天的支出明细若不能做到心中有数，经营决策的时候就会丧失基本的依据，不知道该采取什么样的策略才是最有效的，而从利润上讲，也不知道多少才是最合理的支出，无形中便造成很多没有必要的资源浪费。

一般小本经营的人的资金都是不充裕的，因此，赚钱的方法除了增加收入外，节约成本才是最重要的。因为利润等于营业收入与成本之间的差，在收入不能确定的情况下，就只能靠降低成本来扩大利润空间。

以某家花店为例，店主认为花店的生意比较好，每天都有现金盈利，因此，每个月都很大方地发给员工奖金，但是年终结算的时候，却发现亏损了很多。探究其中原因，原来是未将当初投入的设备和人力（生意人本身的薪金）等费用算进成本。如此便理解错了利润的意义，更加忽略了成本和利润之间的关系，当他明白一切的时候，为时已晚。

因此，成本控制不同于“秋后算账”“死后验尸”的做法，它提倡预先做计划，并且控制实施过程。在成本发生之前或在发生的过程中就去考虑和研究为什么会发生这项成本、应不应该发生、应该发生多少、应该由谁来承担、应该在什么地方发生等。最终根据这些判断，来决定是否要有这项支出。

控制成本不仅是小微经营者应该坚持的原则，在大型企业中也可以发挥出重要的作用。

现在市场竞争如此激烈，商家尽量压低自己的产品价值，就是为了在竞争中保证自己的价格优势。即使那些国际大公司，利润与过去相比也少了许多。在这种情况下，降低运营成本就成为企业挽回利润的最好手段，因为这样才能在保证自己的产品拥有价格优势的同时保持相对较高的利润率。

对于创业者而言，压缩成本关乎命运，和大品牌比，你的事业刚刚起步，不管是口碑还是人气都没有优势，只能靠高性价比参与市场竞争。因此，只有压缩了成本，才能降低产品的价格，从而在市场上占有一席之地。

当然，可以压缩的成本是很多的，不能局限在某一个独立的环节。如果你勤于思考，认真观察，就可以发现，很多细节方面的成本都是可以压缩的。

二、怎样做好财务创新管理

有的小微企业习惯把市场营销方面的工作放于首位，以为做好了市场营销，就能促进企业生存和发展，因此会出现重视销售、轻视财务的现象。

然而，只有财务才能保证企业正常运行，如果财务出了问题，便可能给企业带来严重危机。因此，财务是企业的咽喉，绝对不可以马虎行事。

在现代经济社会中，财务管理是一个企业运营和活动的加速器。良好的财务管理和运行，可以帮助企业迅速进入成功的运营轨道，不过财务管理不当，也会迫使企业倒闭。

身为老板，应该将财务的管理当成企业的生命。应该明白，那些复杂的财务报表背后，隐藏着企业经营的奥秘，只有懂得如何管理财务，把财务管理放在重要的位置，才能让企业在竞争中处于不败之地。

1. 要有理财观念

俗话说得好，“你不理财，财不理你”，这早就是人们的共识。这个道理对于拿着固定工资生活的老百姓很重要，对于艰苦创业赢得财富的创业者也很重要。曾经在《福布斯》中国百名富豪榜上有名的杨澜，虽然身家上亿，但是实际生活中，对于家庭理财她也没有丝毫马虎。据说，她家中每日的开销，甚至油盐酱醋的消费，她都要记账。

不要以为理财只是富人才会做的事情。通过对上百名创业者进行调查发现，在日常生活中，擅长理财、用自己手中资金创造财富的人，其创业发展的项目也比较顺利。因为这些创业者虽然可能对自己选择的项目心中没底，但他们永远不会对自己手中可供利用的资金心中没底。这种心态往往使他们从创业开端就可以掌控局势，对困难应对自如。

第一，牢记概念。按照预定的目标，运用掌握的金融知识和财务管理的方式，有效增加财富，聪明消费，安全规避财务风险，合法节税，从而完成创业理想。

第二，有效增加财富。要想有效增加财富，从根本上讲就是要努力开源。包括去谋取一份更高薪的工作、寻找在你能力范围内的兼职渠道、找寻良好创业项目并自行创业、有效利用手中的资金进行投资等。

第三，聪明消费。节流是帮助创业者快速地累积财富的一条有效途径。锻炼你的协调能力去安排消费计划、合理降低支出（尝试利用折价券、一次购足、寻找替代品等方式），控制非理性以及过多的欲望，以减少不必要的消费。实际上，节流是一个充分调动人智慧的方式。在节流中，你的创业理财能力将得到最大限度的提高。

第四，安全地规避财务风险。完善保险计划对于创业者来说是非常重要的，它可以在遭受意外的时候，让自己的家人仍然能过上正常的生活，也可以帮你事先做好防范措施，减少个人或者企业在意外中的损失。

第五，合法节税措施。国家为了公共建设或者平均富裕，要求个人对社会负责而缴税。但是实际征税中会出现一些不合理的现象，因此会有节税的需求。通过熟悉法律知识，可以合法地减少一些没有必要的支出。

很多人在开始创业的时候，最关心的就是怎样才能找到一个好的创业项目，怎样开拓市场，怎样获取最大利益。这些都是必需的，但如果想达到创业的成功，还必须兼备一个更重要的能力，就是拥有一个正确的理财心态。对于个人理财来说，如果态度不对，即使有最好的理财方法，往往也是徒劳无功。而对于创业者理财来说，态度不对，将可能直接导致创业项目的失败。

2. 企业每天记账环节不可少

美国著名投资专家柯特·康宁汉曾说过：“如果没法养成良好的理财习惯，就算获得了博士学位，也不能脱离贫困。”相同地，对于小微企业来说，如果想提升企业的效益，养成良好的理财习惯是关键。其中，每天记账就是理财习惯中的一种。从表面来看记账是一件十分琐碎的事，不过对于小微企业的增益它有着极大的好处。因为如果企业能够养成良好的记账习惯，就可以节省下很多没有必要的开支。但是在现实中，很多小微企业都不会每天记账，企业管理者总觉得这样做是没有必要的，最终导致企业财务状况一片混乱。

每天记账为什么对企业如此重要呢？其原因就在于它可以帮助企业管理人员看清财务状况，并且借助记账的习惯，改善企业的经济地位。若是小微企业不能做到每天记账，就不会有数据的积累，企业管理者也就无法对企业的财务状况进行科学且有效的分析。再者，企业管理者之所以没有养成每天记账的习惯，不仅是怕麻烦，最重要的是他们认为自己并没有乱花钱。企业的每一项支出都是自己策划好的。很多小微企业的管理者往往会忽视一些相对比较小的支出，长时间积累下来便会形成一笔非常大的支出。相反，若是养成每天记账的习惯，可以令企业管理者认清哪些支出是没有必要的。长此以往，就可以为企业省下一大笔开销。

而事实上，对于小微企业管理层而言，每天记录的并不是重复而琐碎的工作，而是帮助企业对一天时间内的监控提供了数据参考。做到了这一点，企业的财务状况才能变得清晰可见，才能更好地实现财务平衡与优化资产配置。每天记账对小微企业产生的最直接的作用便是令企业每个月都可以减少不必要的开支，令企业成员的理财观念发生改变，并帮助企业学会对资产控制的方法，最重要的是能够帮助企业更好地为下期预算做准备。一项好的企业预算是建立在管理者对财务状况了解的基础之上的，清晰的财务状况可以让企业管理者做出更佳的规划。

小微企业的管理者可以通过以下几种方式来进行每天记账：其一，传统记账法。即借助纸笔或办公软件；其二，生活节奏的加快让人们发明出更加省事的记账方法，即使用记账理财软件，提升理财管理的效率。小微企业如果可以做到每天记账，就可以在日常支出中找到不合理的成本支出，并且改善这种不合理现象，从而降低成本。

3. 有一个好的会计人员很重要

在经济活动中会计是一种监督手段，必须贯彻和执行国家的财经法规和相关制度，维护财经纪律，因此，会计人员的职责应该是对经济活动进行会计核算与反映，参与到企业的经营管理中来。受到传统思想的影响，在很多人眼里，会计只需要简单的记账算账，没有和人打交道的必要。然而，在现代企业竞争中，企业理财能力的好坏直接影响企业发展，在日常工作中会计人员不仅要和企业领导、职工同事有联系，还要和银行、财政、审计、税务等部门以及资金结算等产生联系，涉及面十分广泛。

一名好会计，不仅能处理好各种对外关系，还能处理好企业内部生产、经营以及职工等方面的关系。只有协调好各方面的关系，才能保证整个企业运行顺利。而且，会计人员如果能得到外部单位的支持与合作，整个会计工作会处于良好的关系氛围及和谐的社会环境之中，对于相互之间的资金结算及款项的收付都将会起到积极的作用。

对于大部分小微企业来说，一般不需要有自己专门的会计人员，而是选择聘用财务公司的兼职会计为企业做账，这时需要企业有一个称职的出纳人员，帮助老板管理好财务。总之，不管是选择兼职还是全职会计，选对一个好的专业人员很重要。

4. 不要预支金钱

预支不是个好习惯，因为这是对未来的透支。也许有人会说，未来总是会朝好的方向发展的，提前预支可以把握一些重要的机会，不过谁也无法确定，未来会不会朝着坏的方向发展。过度预支会削弱自己抗风险的能力，如果在未来遇到意外，就会是毁灭性的打击。

有个善人想帮一个家境贫寒的人，便送给他一头牛，叮嘱他要好好开荒，等春天的时候撒上种子，秋天就可以收获粮食。但是没过几天这人就忍不住了，他心想，这么久都没吃肉了，还不如把牛卖了，买几只羊，杀一只吃，其他的还能用来生小羊，小羊养大了还能再去卖，一样赚钱。

但是这个人吃了一只羊以后，还没等到生下小羊，嘴巴就又馋了。于是，他又吃了第二只。他想，这样下去羊很快就吃光了，不如把羊卖了买鸡，鸡可以下蛋卖钱。可惜，这个人还是忍受不了吃不饱的日子，就开始杀鸡吃。到只剩一只鸡时，这个人想，致富是无望了，还不如把鸡卖了，打酒喝。

等到善人来给他送种子的时候，却发现牛没了，而那人正在吃咸菜喝酒，仍然穷困潦倒。

这可能是我们在生活中经常遇到的事，事情发展的开端总是好的，我们也对结果报以美好的想象，但是在想象的结果还没有转化成现实时，一切却变了。最终因为一时的放纵，让原本已出现的好契机与自己擦肩而过。每个人都想过上好生活，但必须要清楚什么是自己承受范围之内的，超出这个范围的消费，带给自己的结果只有得不偿失。

对于创业者来说也是这样。起步的时候，好像看到了一点希望，便开始“沾沾自喜”，觉得自己未来可以拥有辉煌的成绩，于是便开始享受生活或者盲目地扩大生产，忽略了自己的承受能力，也没有对未来的风险进行正确估计。对未来的过度“透支”，会为企业发展带来沉重压力，会使好的发展趋势一去不再。过度的消耗，会成为影响企业未来发展的无法逾越的障碍。无论什么时候，保持理性、持续的发展，才是最正确的发展路线。

每个人都渴望着成功，因为它不仅可以改变自己的生活水平，还是对自我价值的一种认可。但一旦被这种情绪控制，企业行为就会变得非常不理智，决策也会逐渐脱离原本理性的标准，最后的结果就是陷入美好的想象中无法自拔。

八佰伴公司只看到广阔的市场空间和未来美好的前景，却没有看到自身资金的承受能力，过高的扩张速度使资金得不到保障，最终轰然倒塌。而巨人大厦也重复着相同的故事，突然被成功和荣誉的光环围绕，使人失去了对环境和自身的客观判断力，一味追求过高、过快的目标，最终陷入盲目发展的泥潭。在这时，只要一个细节出现问题，就会让这个“虚弱”的巨人轰然倒地。不管何时，都不能预支自己的未来，所有的决策都应该建立在理性的承受范围之内，这才是事业发展最健康、长远的道路。

5. 积极配合税务检查

创业者做生意最重要的一件事就是和税务机关保持良好联系。很多关键时刻，税务机关的态度决定了经商者的成败。因此，在和税务机关打交道的过程中，创业者应该积极配合，特别是在进行税务检查的时候。

税务检查，又叫纳税检查，是税务机关根据国家有关税收法律、法规，对纳税人和扣缴义务人履行纳税义务、扣缴义务情况而进行的税务检查与处理工作。

税务机关明确检查对象的过程也叫选案，这是一种根据一定条件，遵循一定程序确定检查对象的过程。确定检查对象一般是根据纳税人向税务部门提供的报表、资料等情况，结合在税务管理过程中的情况（如是否经常不及时向税务机关申报、拖欠税款、经营情况变化异常等），在一定的时间内都要安排进行的检查。

在进行税务检查时税务机关的工作内容包括：

①检查纳税人的记账凭证、报表、账簿以及相关资料，检查扣缴义务人的记账凭证、代扣代缴或代收代缴税款账簿以及相关资料。

②在纳税人的生产以及经营场所、货物存放地对纳税情况和应纳税的货物、商品或者其他财产进行检查，检查扣缴义务人和代扣代缴、代收代缴税款相关的经营状况。

③检查纳税人、扣缴义务人提供的纳税或者代扣代缴、代收代缴税款相关证明材料、相关文件和资料。税务机关派出的人员进行税务检查的时候，应当出示税务检查证件（否则纳税人、扣缴义务人和其他当事人有权拒绝检查），并有责任为被检查人保守秘密。

一旦发现纳税人税务登记和实际情况不符，税务机关可令其改正，并且按照实际情况征收税款。纳税人、扣缴义务人应当接受税务机关依法进行的税务检查，如实反映情况，提供有关资料，不得拒绝、隐瞒。

税务检查人员的职权是调查取证，但是他们没有决定权。但是处理的结果是建立在税务检查人员调查的事实基础之上的，就是说，调查事实是否全面、客观、公正，将直接影响对纳税人的处理结果。因此，同税务检查人员打好交道是很重要的一环，具体应注意以下事项：

第一，仔细查看检查证。检察人员必须按规定出具检查证后才能检查，此时要记住检查人员的姓名、职务、所在单位和所在部门，同时让税务检查人员提供联系电话或者手机号。这样，一旦发现检查人员调查事实不全或不正确时，就可以及时与他们联系。

第二，积极配合。针对税务检查人员提出的要求，应该积极配合，比如提供有关的营业记录和涉税合同等。如果不能及时配合的，应说明情况，以求谅解。

第三，及时地掌握调查情况，积极为自己申辩。税务检查人员在调查的时候，会和相关人员取证，或者复制、摘录一些资料，必须及时了解以上情况，如果有条件，也可以请顾问到现场，为自己积极辩护，阐明理由，方便他们进行全面了解，公正处理。不要担心自己的申辩会让税务机关加重处罚。按照现有法律的规定，纳税人有权申辩。在申辩之前和申辩的过程中，既要对检查人员表示尊重，也要坚持自己的观点，维护自己的合法权益；在申辩的时候，应该尽量用平和的语气，对事不对人，用事实说话，改变检查人员的看法，让事情朝着公正的方向发展。

税务机关依据法律进行税务检查时，聪明的创业者都会积极支持，并从旁协助。向税务机关如实反映纳税人、扣缴义务人及其他当事人的与纳税者代扣代缴、代收代缴税款的有关情况，提供有关资料和证明材料。

在遇到税务机关检查的时候，小微企业经营者要通知财会人员做好充分准备。有关账簿及涉税资料，包括纳税申报表、企业财务会计制度等，先让财务人员自行检查一下，看有无弄错的地方，以便于及时纠正；有的创业者聘请了税务顾问或财务顾问，并及时通知他们，请他们协助自查。

6. 避免财务上公私不分

很多小微企业的经营者一般也是企业的所有者，他们把企业当作自己的家，而企业的资金就当成自己的钱，自己的钱也当成企业的资金。

在这种状况下，个人现金和公司的现金是混杂的。自己想花钱的时候，直接从收到的货款里面拿。甚至看到股市行情很好的时候，也会拿出一部分流动资金进行短期炒股，这种公私不分的管理行为，很容易把企业的资金抽干，而自己还不知道。

“公司的钱就是我的钱，为什么我不能用呢？”很多私企老板一讲到企业和老板个人应该公私分明的话题都会这样反问。公司账目混乱的情况已屡见不鲜。账目的混乱直接影响企业财税规划，企业主只是企业法人代表，并不能因此将公司财产与个人家庭财产混为一谈。

而实际上，私企要想做大做强，除了良好的经营外，企业的财务管理制度的好坏也与之息息相关。往往现金流出现问题便有可能导致企业衰落。将公司和家庭的财务分开独立核算，这具有两方面的功能：一方面可以使得企业主家庭合理避税；另一方面来说，可以避免将家庭财务风险与企业财务危机交叉混合。

按照税法的规定，在我国，个人独资企业以及合伙企业经营的利润，和个体户的生产、经营所得一样要征收个人所得税；企业主把自己的开支都列入企业账目中，甚至连买房买车都放在公司的账目上，但是这些项目放到公司账目上后，一般就得不偿失了。

三、小微企业如何催要欠款

可以卖出货物的是徒弟，能够要回货款的才是师傅。在生意往来中，如何回收货款其实是一门很高深的学问。以下几个实用方法创业者不妨一试：

第一，与客户约定收款时间

生意人顺利回收货款的基本原则是“定期造访”。在与客户约定收款时间时，要推己及人，要利用客户与自己都方便的时间。若一味顺从客户，货款的回收只能是遥遥无期。然而，也不能强行限制客户配合自己的时间，得罪客户是禁忌。换言之，就是要寻找对双方都有利的时间收款。

第二，收款前提前确认账目

约定收款时间前，要对应收账款核对清楚，私人欠款也要带欠条，切不可仅凭印象，否则会被拒绝付款。

第三，收款时“先收后卖”

很多聪明的创业者为有效节约时间，常常利用拜访客户的时间展开推销和收款的工作。这有利于节省专程收款的拜访时间，但风险是脚踏两条船，后果可能是两头落空。所以，拜访客户时要坚持“先收后卖”的原则，先同客户结清欠款，再进一步询问顾客需求，这样货物才能顺利推销。“推销开始于收回货款”这句经商谚语便是这一原则的最好诠释。

第四，让欠款者有还钱还很划算的感觉。

在现代社会中要账怎么就这样难呢？以至于社会上产生了专门的要账公司，专门针对那些欠钱不还的客户而开展专门的要账工作。但是这是要付出报酬的，而往往效果也不是特别好，有的时候还会引发其他的后遗症。如果不借助这些要债公司，我们如何更好地将自己外面的账款顺利地收回来呢？不妨我们大家一起来看下面这个故事，相信你会收获颇多的。

汤姆向李雷借了 800 美元，汤姆总推说自己没钱还债，遇到李雷都会悄悄溜走，对其避而不见。李雷束手无策只能唉声叹气。

一天，李雷的朋友建议他：“你不妨试试写封信给汤姆，让他尽快还你的 1800 美元，看他如何反应。”李雷亦十分需要这笔钱，便采纳了好友的建议。

两天后，汤姆回信说：“李雷，你这浑蛋，脑子出问题了吗？我明明只借了你 800 美元，你怎么说我欠了你 1800 美元？现在我随信附上 800 美元，你若要打官司的话，就输定了。”

其实，这个方法是一个异常巧妙的攻心法。李雷本来是处于被动的地位，对方一味躲避，他只能束手无策，又不值得打官司，而汤姆对其避而不见也是因为想拖欠，并非真的想赖账。800 美元的欠款突然变成 1800 美元，这就让汤姆只能回话辩解，否则真的打起官司，很可能会得不偿失。如此一来，本来主动的汤姆就中计了，为了减少损失他只好还钱。

第五，欲擒故纵，先予后取。

一位商人来到一个市场做生意，当得知几天后这里的商品都要大甩卖时，他便决定留下。他带了很多金币，因为当时没有银行，放旅店也不安全，思来想去，他便独自去了无人的地方挖了个洞，将金币埋了进去。次日，他回到藏金的地方，发现金币都没有了。

他愣在原地，反复回想当时藏钱的场景，当时附近一个人也没有，他想不出钱是如何丢的。纳闷之时，无意中抬头发现不远处有间屋子，他猜想也许是那屋子的主人看到了他藏钱的地方，就顺手偷走了钱。

要如何把钱要回来呢？一番深思熟虑之后，他找到那间屋子的主人，礼貌地问道：“您在城里住，一定很聪明，现在我想向您请教一件事，不知是否可以？”

屋子主人很热情地回答他：“当然可以。”

商人说：“我是外地人，来这里做生意，带了两个钱袋，一个装了 80 枚金币，另一个装了 50 枚，我把小钱袋悄悄埋在无人的地方，却不知道如何安全处理这个大钱袋，是交个信任的人保管还是继续埋起来呢？”

屋子的主人答道：“由于你第一次来，应该没有相信的人，还是将大钱袋同小钱袋一起藏起来吧。”

商人一走，屋子的主人立刻取出了偷来的钱袋埋在原来的地方。此时，藏在附近的商人很高兴，等屋子的主人一走，他将钱袋挖了出来就跑了。

上述的商人能够重新得回失落的金币，手段可谓高明。因为他知道每个人都有贪心，并且贪心会无限膨胀，若想让小偷拿出钱来，唯有激起他更大的贪心。

商业活动中，被偷、被骗或被赖账时有发生，我们可以学习一下这位聪明商人的妙招。

第六，尽可能地避免正面冲突。收款不顺利，很容易发生冲突。争辩时如果无情的字眼过多，容易刺伤客户自尊心。因而，在客户无理地争论付款期限比同行短，不符合行规并要求比照同行账期付款时，收款方要冷静应对，避免与客户发生冲突，尽量用“心平气和”的方法与之协商解决。不然就算收款方在冲突中占了上风，也会失去收款的绝佳时机。

第七，利用法律屏障。当多次要求债务人履行偿还义务而无果时，此时便可以直接向仲裁机构申请仲裁，或向法院提起诉讼，要求债务人履行相应义务，偿还债款。仲裁机构或司法部门会依据法律、法规和政策，对双方的权利和义务做出公正判决。

企业经营中，难免有积压货款的情况发生。对于小微企业来说，适当的欠款是为了留住客户，但若外面欠款过多，则会影响企业正常的生产经营，有的甚至会导致企业最后经营不下去。所以，为了保证企业的正常运营，经营者必须要学会巧妙追回欠款的方法。对于小微企业我们最好是选择可靠的客户来进行合作，否则资金链如果断裂的话，将大大影响夹缝中求生存的小微企业的正常运行与经营。

【案例】

讲原则也讲方法的会计可以重用

某个公司财务部的主任退休了，财务部只剩下一个老资历的马大姐和科班出身的小李、小孙三个会计，这三个人的能力都很强。

这时公司刚换了经理，正所谓新官上任三把火，第一把火就烧到了裁员上面。新经理要求凡是不能胜任现职的，一律充实到生产一线。这样的改革在这家集团还是第一次。

财务作为公司的“钱柜”，具有非同一般的作用。老主任退休前四个会计都整天忙翻天，现在还要处理来往账目、职工工资、报税纳税以及接待审计、税务、财政方方面面的各种检查，更是忙得不行。

三个会计不需要关心裁员的问题，因为他们不属于“闲人”，他们关心的是，谁才是新的财务主任。因此，三人除了做好本职工作之外，更是注意自身形象的塑造和人际关系的处理。

以前三个会计接触一线职工的机会并不是很多，来报销旅费的，除了营销部门就是公司的领导。新经理报销的次数多而且数额大。

有次小孙正要到国税局报税，这时新经理来财务部。他拿出一些白条，有的是招待客户的烟酒钱，也有的是吃饭钱，还有一些不明下落的费用，要求报销。小李说这是白条，不能报。新经理不同意，说这是为公司办事儿花的钱，必须报。小李态度坚决，搬出财务制度与新经理讲理，惹得新经理脸色晴转多云。这时马大姐却笑着抓过票据，算好账之后填好传票重新交给新经理，新经理这才多云转晴。

没过几天，新经理又来到财务部，把一堆白条放到了小孙面前，每张条子上都有新经理的签字。小孙笑着请新经理先坐，新经理不坐，要求小孙抓紧时间做好，小孙礼貌地请新经理先忙着，做完之后再送到办公室去，新经理听后笑着走了。

新经理走以后，小孙看了看票据，又都放下了，过了很久才走出了财务室。小孙回来以后，小李看小孙表情淡然，问票据都去了哪里。小孙说都退回去了，白票是报不了的。这时候马大姐笑了起来，说你们还是太年轻了。

三天以后，财务室人员变动情况出来了：小孙是财务室主任；小李没动，还是会计；马大姐却被调到成品车间工作。

有人不明白，私下里问新经理原因。经理说：没有原则的人不能重用，只有原则的人不能重用，讲原则也讲方法的人是可以重用的。

第11章 小微家族企业创新与发展

一、我国家族企业现状

家以及家族，在中华民族文化传承中占有重要的位置。以家庭或家庭放大后的家族成员，共同创业，成就事业，延续多代，自古至今数不胜数。对家族企业的传承和可持续发展，古人即有众论，如“富不过三代”等，因此，对家族企业的可持续发展，一直以来为社会所关注，也成为众多创业者和成功者所必须面对和解决的重大问题。

中国改革开放 30 多年来，随着市场经济的发展，一大批家族企业应运而生，但 30 多年过去了，仅有极少数的企业发展起来，成为中国市场经济的耀眼明星，但众多家族企业销声匿迹，成为过眼烟云。家族企业，在创业伊始都把成为“百年企业”作为自己企业追求的目标，但真能实现这一目标的极少。

事实上，在西方发达国家，家族企业占据着重要的经济位置。据汤普森金融咨询公司对欧洲家族企业一次全面的调查分析，分析师和经济学家发现，在法国、德国、意大利、西班牙、瑞士及英格兰的股市中，大型家族企业近年来出乎意料地发展与壮大；据香港学者郎咸平教授对世界各国公司治理的研究，目前在欧洲各国中，前 15 大家族控制上市公司的比例均在 20%。比利时和法国甚至达到 36.63% 和 33.8%，家庭企业在所在国的作用非常明显；在东南亚各国和地区中，最大的 15 个家族控制的上市公司的股票市值占总市值以及国内生产总值的绝大部分。

（一）家族企业的弊端

中国家族企业成长的历程较短，中国家族企业的可持续发展必将随着市场经济进程不断完善，探索出适合中国特色的家族企业可持续发展之路。但现在我们必须清醒地看到，当今中国民营企业特别是具有家族特色的民营企业，在运营管理中还存在着诸多弊端。

1. 决策机制不健全、不科学

决策主观化个人化，制约着管理的规范化。家族企业中的家长作风，缺乏科学严谨的决策机制，不利于企业做大做强。个人的智慧和能力是有限的。独断的个人决策，失误的可能性要更大。而存在问题的决策一旦付诸实施，对企业的发展会造成很大影响，严重的决策失误甚至会使企业垮掉。家族企业在创业初期的家长式决策，提高了决策效率，是众多企业快速发展的重要因素，但企业在发展到一定规模的时候，没有科学严谨的决策机制，企业受损的概率大大增强。众多家族企业的决策者，沉迷于自己过去的“成功记忆”里，更会在新的市场环境下阻碍企业的健康发展，正所谓“成也萧何，败也萧何”。

2. 用人机制不开放，任人唯亲，制约着人才的发挥

家族式管理，任人唯亲现象严重。他们在处理人际关系时，往往按亲疏远近而非因才适用，因此，在组织内形成“自己人”和“外人”的差别，家族成员不是以工作能力和业绩获得管理岗位和权限，而是以亲疏关系获得，造成人力资源管理混乱，团队缺乏创新能力和战斗力。部分家族企业已经意识到这个问题，也有的开始让职业经理人担负企业运营责任，但没有规范的信任机制、管理机制，往往是形式上信任，背后家族人监督，形成了内外有别的局面。这是众多家族式民营企业难以留住优秀职业经理人的重要原因。

3. 家族企业的财富观、权利观、荣誉观，制约着企业的发展状大

众多家族企业衰败的原因，往往在于其财富分配、管理权限、个人荣誉等各方面，与职业经理人、合作伙伴、员工的关系不和谐，促使企业在发展中受挫，无法形成资产所有者、经营者、合作伙伴、员工之间的利益共同体和命运共同体。

4. 家企不分，不能按照企业法人治理结构对企业进行管理

家族、家庭的人员、利益、边界不清，搅在一起，多头管理、多头监督，致使管理效率低下。

5. 家族成员之间的利益分割和权利分配不明确

在创业初期问题不突出，在企业发展到一定阶段时，会导致企业内乱丛生，成为家族企业可持续发展的重大隐患。

随着时代的进步、经济的发展，家族式企业的进一步发展问题，已现实地摆在我们的面前。家族式企业的弊端逐渐暴露，家族式企业进一步发展面临着严峻的挑战。家族制企业具有组织机制障碍性、人力资源瓶颈、资金瓶颈等天然弊病，这些暴露出来的问题表明，家族企业面临着巨大的成长挑战和观念改变、管理变革问题，成为家族企业管理决策者必须解决的问题，否则，家族企业就无法实现可持续发展。

（二）家族企业优势与挑战

1. 家族企业优势

从家族企业延续至今可以看出，其在人类发展史上，发挥了巨大的作用。甚至可以说，没有家族企业的创立和崛起，就没有今天的物质文明和精神文明。家族企业作为一种制度安排，持续存在上千年，延续至今，并仍然彰显其重要性和生命力，说明一定有其存在的合理性、必然性和重要性。作为一种长久存在的企业组织形式，家族企业必然有其优

势和特殊性。但是，企业发展的历史也表明，随着国家工业化、现代化及信息化，企业组织形式会由家族企业逐步转化为大众公司形式，即成为公众公司。这说明公众公司比家族企业有更多的成长优势和更强的生命力。所以，有必要对家族企业的优势和挑战予以分析。

家族企业有天然的优势。由于家族企业成员是由血缘或姻亲组成的，从企业理论特别是委托——代理理论的角度看，家族企业至少有如下优势：

（1）可以有效避免公众企业存在的逆向选择问题

逆向选择是指委托人和代理人在签订合同之前，代理人比委托人拥有更多的信息，为了获取更大的利益，代理人有可能隐藏对其不利的信息。委托人的做法是通过合约制度安排，促进代理人更加努力而不是偷懒，同时又不使委托人的成本太高。代理人这种隐藏信息的行为被称为逆向选择。如果没有合适的合约安排，委托人就可能找不到合适的代理人，同样代理人也可能没有市场需求。这对职业经理人市场有很大的影响。家族企业同普通公众企业一样，存在公司中的所有权、控制权或管理的关系问题。家族企业的所有权人也就是我们说的委托人，面对企业控制人或管理层，总存在如何选择问题。只不过家族企业选择了血缘或姻亲关系的人员来充任这些职务。这里最大的不同是，这种代理人一开始就在委托人的视野内，委托人基本上拥有代理人在企业经营管理能力和品行上的所有信息。家族关系往往是多层交叉的关系，代理人很难隐藏经营管理相关的如教育、为人、创业等方面的信息。如果在签订合约前做到基本不隐藏信息，那就基本不会发生逆向选择问题，这对于公司企业的稳定发展具有十分重要的意义。

（2）发生道德风险的可能性大为降低

在委托代理制度中，道德风险是合约后的风险，即指在委托人同代理人签约之后，代理人可能不按合约的方式行事，同时委托人又无从观察到的情形。因为在委托人与代理人之间存在信息不对称，故而在合约签订之时，委托人就要考虑代理人的懒惰行为，就要进行组织治理，设定并比较可以观察到代理人努力程度的信号、信息等。当然，也可以派专门的监督人员监督代理人的行为，但是这会增加委托人的成本。这种代理人隐藏行动的行为被称为道德风险问题。由于较少地存在逆向选择问题，就意味着委托人可以将符合条件的代理人进行排序，委托人能识别代理人前后顺序，能够找到序列的两端，从而能将顶端人才予以选择，这样就为合约的实际履行打下重要基础。不仅如此，由于是家族关系，可能更多的是，许多企业对涉及公司市场、产销、技术、人员使用，甚至公司战略问题的预测、决策是在家庭的饭桌上解决的，家族成员有感情的联系，或说家族成员感觉他们在利益上是一致的，如果不尽力行使代理人职责，会在心灵深处感到不安。另外，在委托人和代理人看来，与其划分所有层和控制层，还不如在观念上将二者统一于一个框架内。从实际看，家族企业能长久不衰，保持创业激情，在很大程度上是现代公司法律解决了公司中所有权和控制权的划分和各尽其职、相互推进问题，而在家族企业上，恰恰又因为血缘或姻缘将所有权和经营权锁定在一起，使公司治理中的道德风险缺乏了基础。

（3）有效降低交易成本

可以设想，委托人和代理人均拥有权利。委托人的权利在于使用合约约束或激励代理人完成委托人要求工作，代理人的权利是在委托人的范围内使用委托人提供的各种条件，发挥自己的能动性，在保证自己利益的前提下，按照委托人的要求开展生产经营活动。从交易成本理论得知，交易成本主要是在划分、界定、使用、转让、出租权利时发生的信息界定、传递等成本，也即是制度运转的成本。由于权利是一个组合，对其准确界定可能需要很大的信息量，特别是在权利处于动态状态时，即产生大量的组合连接处的信息空当时更是如此。也就是说，在委托人和代理人有意隐藏信息时，如果机制设计不到位，就会导致信息成本高到企业难以承受。同时，即便是再全面的合约，由于人所具有的有限理性和投机行为，也会使合同的执行大打折扣。实际上，现实中的问题或说由于权利转换而留下的诸多真空状态是有限理性的人不可能穷尽的，甚至在解决一个问题的同时又会产生更多的问题。恰恰是家族企业，由于委托人和代理人存在根本利益的一致性，在很大程度从根基上削弱了隐藏信息的基础，这就大大降低了信息收集、界定、使用等信息成本，从而极大地降低了交易成本。这是公众公司不可比拟的。同时，也正是由于利益的一致性，家族企业又比公众公司在成员之间有更高的信任关系。这种信任关系在面临交易中留有的利益或真空，代理人一般会从企业整体利益的角度争取或填补而不会像非家族企业那样去追逐个人的利益，特别是这种利益完全失去监督的前提下，问题会更为严重。这种相救、相补，对组织的正常运转具有十分重要的意义，对于降低交易成本具有重要作用。

2. 家族企业面临的挑战

当然，家族企业也面临许多挑战和风险。除去通常公司面临的市场、人力资源、技术等不可避免的竞争性挑战外，家族公司尚面临一些独特问题。这些问题，如果不能及时妥善处理，会给家族企业带来灾难性后果。

（1）两条线的平衡问题

和公众公司不同的是，公众公司只是面临公司生产经营目标，委托人和代理人的关系是单向的，即委托人选择代理人，代理人落实委托人的旨意；而家族企业还面临委托人——代理人之间情感认同，不仅仅是一个利润目标，还要求家族成员之间对公司目标的认同。这需要花费大量精力去协调，也就是要寻找到企业规则和家族规则的平衡点。企业规则是利润在所有事项中优先考虑，以此为中心构筑企业人力、物力和财力的平衡点，甚至是企业边界的结合点。而家族规则就面临远近亲疏的问题，如果考虑谁继承、谁控制，那么从“差序格局”的角度，谁同核心近，谁就应该率先得到。但从企业发展的角度，从企业规则的角度，同等条件下，应是能力第一，能力至上。但在实践中，由于亲情关系，亲疏因素往往会战胜其他的因素，甚至核心人会想到一旦“交班”，会同自己的未来联系起来，那么依远近亲疏选择接班人的可能性就很大。这种权衡就可能将家族企业带入危险的境地。现实中对家族企业的调研结论是对有子女的家长来说，涉及企业接班，大部分直言不讳地说要传递给子女，而不是考虑聘请职业经理人。这样，两条线会经常地处于矛盾之中。实际上，站在现代公司角度，之所以成立公司而不是用市场直接代替各种合同，主要是考虑签订完美合同所需要的信息太多，由于有限理性的原因，签订完美合同几乎是幻想；同时，由于各种原因，执行合同的成本也十分高昂。这样，投资人或股东就考虑用组织代替市场。组织的优势在于不是用合约而是用制度手段将市场各种因素聚集起来，形成公司文化，建立公司边界，营造公司规则认同，优化资源配置，达到资源高效实用目标。家族企业恰恰是在组织上比一般公众公司增加一个使制度更加牢固的因素，即家族情感因素。如果家族企业达到公众公司选人用人的水准，那么家族企业业绩必然优于公众企业。正是由于家族企业在两条线上，由于受情感影响容易决策失误，不仅达不到公众公司的水平，还有可能起到相反的效果。

（2）家族企业代际转换、事业传承问题

这或许是我国当前家族企业面临的最大的问题。包括两个方面，首先是家族企业的所有人如何选择优化决策团队（如董事会成员）和执行团队（如高级管理层）的问题；其次是家族企业代际传承选择继承人的问题。从福布斯调查结果看，随着第一代企业家年龄的增长，子女等二代开始进入企业并扮演日益重要的角色，2013年父（母）子（女）的关系数量首次超越了兄弟关系，以将近4成的比例成为第二大亲属关系。子女等二代已经越来越多地参与到家族企业的经营管理当中，除了比例呈直线上升的父子、母子关系数量，父女、母女关系也增长到17.7%，女婿、儿媳的数量超过去年的两倍，此外甥舅、叔侄和二代姻亲数量亦有显著增长，家族企业两代人交接班的态势已日益明朗化。从已经完成“接班”企业看，二代接管的家族企业经营业绩普遍不如一代掌权的企业。尽管企业规模仍能扩张，主营业务收入复合增长率几乎达到一代掌管的两倍，但是2.5%的净利润复合增长率远低于一代操控大局的9.9%。3年平均的净利润率、ROE（Rate of Return on Common Stockholders' Equity 净资产收益率）和ROA（Return on Assets 资产收益率），也均低于一代主导的企业，说明二代对于企业的掌控和发展盈利能力较一代逊色，尤其是在经济增长放缓、经济转型期风险增大和经营环境难如人意的情况下，如何能够带领企业转型发展，是接班二代们需要思考的问题。据美国一所家族企业学院的研究表明，约有70%的家族企业未能传到下一代，88%未能传到第三代，只有3%的家族企业在第四代及以后还在经营。在中国，家族企业更有“富不过三代”之说。资料显示，家族企业的平均寿命为24年，恰好与企业创始人的平均工作年限相同；有30%的家族企业可以传到第二代手中，后者中大约13%的企业能够传到第三代。从这些数据可以看出，家族企业能持续发展下去的并不是很多。

（3）治理结构固化，“排外”问题严重

经过几代人的努力，家族企业往往形成独特的人员选择模式。在代理人方面，如有的家族企业“选长不选幼”。而且，家族企业还会经常面临把血缘关系放在第一位还是将人才放在第一位的两难甚至多难选择。长期将家族关系放在第一位的家族企业，会使家族成员产生强烈的排外心理，即便吸引外来人才到企业任职，这些人才也很难融入企业中来。这会挫伤非家族成员的积极性，也有可能使家族成员丧失提高素质的动力和压力，难以形成有效的激励约束机制，更为严重的是还有可能形成恶性循环。

（4）家族企业文化影响

纵观我国家族企业，在企业成长中比较重要的因素是家族的创业者、领路人或家族“强人”，他们在企业成长中的作用甚至超过制度。领路人长期艰苦创业和不懈努力形成的风格，如集中决策、勤俭节约、简单粗暴的管理方式等，都会演变成为企业的文化。甚至这种文化和创业者一起，成为家族企业的支柱。但是，对于新一代接班人，由于自身经历特别是教育差异，未必会接受企业已经形成的文化，这就有可能会形成家族企业文化断层。这对家族企业的持久发展必将带来十分不利的影响。

（5）家族企业财产继承问题

家族企业往往一股独大，在其大股东退休或去世时，就面临将这些股份甚至整个企业传递给子女的问题。一旦其中一位继承人要卖掉其继承的股份，那么其余的股东或继承人或者买下，或者公司面临成为社会公众公司的问题。如果其余的股东买下，那么相对较大的家族企业，其并没有这样的实力直接购入，就需要各种方式筹集资金，甚至动用公司流动资金，短时期使继承的公司形成债务，就可能威胁到公司的正常运行甚至威胁到公司的存在，导致公司破产。如果将股份公司出售给社会公众，那么家族企业在短时期就被迫转为公众公司。由于现有公司是依照家族的方式存在运行的，其继承、指令、营销网络、社会关系网络等方面均与家族企业相通，一旦成为公众公司，就面临公司组织方式、运行方式转型的问题，如果现有公司的治理结构转型能力不足，或动作迟缓，那么公司将面临生存考验。这种事例在现实中屡见不鲜。

二、家族企业如何创新与发展

从委托——代理的视角可以看到家族企业在组织治理上有其天然的信息对称性优势，这种制度设计必然有其合理性。但是应看到，家族企业在新时代的大潮中也面临着严峻考验。如何使家族企业在维护"家族"的前提下，适应全球化、信息化、公开化要求，保持可持续发展，是必须要思考的重大问题。

（一）强化代际人才培养

家族企业首先遇到的难题是，家族企业控制能力的接续。对我国实际家族企业的调研得知，我国家族企业主平均年龄接近 48 岁，未来 5 至 8 年家族企业将迎来历史上规模最大的一次家族传承，但多数家族企业在传给谁、如何传的问题上依然缺乏明晰规划。在已经考虑的家族企业中，多数希望能够由家族来继续保持对企业的控制权，"子承父业"的内部传承模式仍是主流。企业主希望内部传承，但传承人却未必有这样的意愿。调查数据显示，与父辈强烈的内部传承意愿不同，只有 16% 的企业主子女愿意接班。这就需要家族对其形成的企业文化、经营模式和创业进行总结，并用适当方式，灌输给家族人员，强化认同意识，增强继承者继承祖业的信心与决心。同时，适应现代经济社会要求，家族企业要注重代际人才培养。李秀娟与魏峰两位学者通过对欧洲保时捷、美国福特和亚洲李锦记 3 个“富过三代”的境外家族企业的解析，提出了对中国家族企业权力传承的建议。他们将家族接班人的培养经验总结为：一是必要的、优秀的学校教育经历；二是关键的、认真的外部企业工作经历；三是全面的、深入的企业内部历练经历。而经济学家莫里斯认为，要成功地实现企业传承，继承者除了在接受教育和积累经营经验方面做好准备外，他与家庭成员之间的关系也应当是积极的，其相互之间要保持低水平的抗衡和高层次的信任及价值分享。特别值得注意的是，过去 20 年，我国学者对家族企业的研究，在代际传承上，除引入国外学者的理论和对部分现有企业进行经验总结外，尚未有新的建树，甚至没有当成一个重大理论问题进行深入研究。造成这种现象的原因主要是改革开放以来，家族企业慢慢兴起，其创始人尚未大规模进入代际传承状态。当前，由于全球化、信息化、新技术、新组织制度的出现，大批创建者感到力不从心，有的过早进入了选取“接班人”的思考。同时，经过 20 多年的创业和发展，大批创业者实际上也进入了退出并选取接班人的状态。而现实中在家族企业理论指导上，对代际传承问题的研究并没有为实践提供指南，理论准备不足。在现实中，大批的“二代”“三代”并没有做好接班的准备，甚至不愿接班。这不能不说与理论研究滞后、教育不到位没有关系。

（二）完善内部治理结构

家族企业众志成城，成就了一代又一代的辉煌。有一个前提就是家族企业在组织治理上必须具有信息完全和信息对称。实际上这种前提，不是与生俱来的，而是家族企业中的家族成员共同努力的结果。应当意识到这种信息对称只是一种各方面均处于可控正常状态之下的趋势。还应当意识到，这种对称是动态的，因为条件的变化，可能会打破这种对称，使企业陷入逆向选择或道德风险之中。企业内部治理结构是指股东会、董事会、管理层、监事会等相互制衡的框架，以监督与激励为核心内容，公司治理不仅仅强调结构中对经营者的监督与制衡作用，也强调如何通过公司治理结构和机制来保证公司决策的有效性和科学性，从而维护公司多方面利害相关者的利益。与一般意义上的公司治理不同，家族企业更加重视共同治理。值得注意的是，信息完全和对称是理想状态，家族企业面临的不仅有治理结构问题还有两条线的协调问题。因此，一方面家族企业要强调治理上的权威，另-·方面要尽可能依照现代公司治理要求建立现代企业制度，并在两条线之间找到均衡。在建立现代治理结构中要充分考虑委托——代理关系，发挥家族企业信息畅通基础的优势。明晰分治目标，达到共治目的，保持企业可持续发展。

（三）由家族企业到公众企业的转换

企业发展史表明，随着国家经济发展，越是发达国家，公众企业所占比重越高。同时，近现代设立的规模较大的公司相当部分是公众公司。而且，家族公司逐步转化为公众公司已经成为一种趋势。更值得处于成长期的我国家族企业重视的是，最新的实证研究显示，家族成员的持股比例与企业的成长速度呈反向关系。这说明公众公司更加符合现代经济要求，更能适应竞争环境。因此，现有的家族企业考虑逐步转为公众公司，不失为明智之举。成为公众公司的方式大多是股权转让，稀释家族所占股份，吸引新的股东。以日本松下电器公司为例，公司的发展过程是松下幸之助个人股权比例不断下降和稀释的过程，从企业之初的100%下降到1950年的43%，1955年的20%，而1975年更猛降到2.9%，这就使松下企业的发展突破了个人和家族的局限，保证了企业的持续稳定发展。另外一种方式是，在控制企业股权的前提下，家族企业随着自身的发展，逐步、适当吸收外部法人股权，包括战略投资者和社会投资者。依照企业共治要求和利益相关者理论，家族企业可以吸收非家族成员股权，主要指经营者股权，包括现股、期股、期权；科技人员股权，包括技术入股、股权激励、高薪聘请；员工股权，包括奖励和赠送。以此增强这些人员的责任感和积极性。

（四）家族企业品牌延续

在现代市场经济中，企业的竞争本质上是品牌的竞争。一个家族企业之所以延续几百年，必然有核心竞争力，有和其他企业不同的企业形象。企业发展的过程，就是形象形成的过程。这个形象有的是文字，有的是图形，最终就是符号，也就是品牌。一般的品牌，包括能指和所指，并不是符号本身的意义有多大，关键是其所指具有非凡的意义。相当一些家族企业依靠传统“绝活”创立和发展，对树立和扩大品牌影响力重视不够，有的甚至不去注册相应的生产或服务商标，无法对其多年形成的品牌进行法律保护。另一方面，有些家族企业为了扩大经营规模，轻易利用多年建立的品牌声誉开展连锁经营和品牌许可经营，由于管理滞后，致使品牌价值消失殆尽。因此，家族企业要高度重视品牌建设，充实品牌的内涵，建立保护措施，发挥品牌的递延性、专用资产性和竞争性，使品牌成为企业竞争的强大工具。只要高价值品牌在，就会使家族企业做到即便有一天公司在大火中化为灰烬，那么第二天早上，企业界新闻媒体的头条消息就是各大银行争着向这个公司提供贷款。当前，作为家族企业要进行品牌保护，要防止因落后于时代被稀释和被遗弃的现象发生。

（五）积极推进家族企业党建工作

非公经济是社会主义市场经济的重要组成部分，非公经济的发展受到各级党委政府的支持和关心。家族企业作为非公经济的主要组成部分，必须主动适应我国政治经济文化环境。当前各级党委政府十分重视非公企业的党的建设问题，积极推进非公企业实现“双强”即企业发展能力强，非公党建能力强，达到“六好”即生产经营好、企业文化好、劳动关系好、党组织班子好、党员队伍好、社会反映好。作为家族企业，要想可持续发展，必须了解并遵守中国共产党的路线、方针和政策，适应整个经济社会的发展战略。企业发展要同中国特色社会主义发展同步。这样，家族企业才能走得远，走得顺。

（六）加大对家族企业支持力度

家族企业发展不仅仅是企业自己的事情，应该受到各级政府和社会各界关心，特别是各级政府要把家族企业的发展和转型放到重要位置来支持和推进，已经制定的推进非公经济发展的政策法规要得到细化并落实，要针对非公经济发展中遇到的融资难、用工难和用地难，采取切实可行的措施加以解决。政府有关部门特别是教育部门及相应科研机构，要加大对家族企业代际传承理论和实践的研究总结，找出同我国国情相适应的家族企业治理、代际传承等模式，扩大培训规模，提升培训质量，加大对非公企业出资人、管理人员和专业人员的培训。当前要特别注意对家族企业“富二代”“接班人”的培训，为家族企业的稳定发展提供智力支持，为家族企业的可持续发展提供强大动力。

三、家族企业可持续发展建议

（一）要树立远大的理想和正确的价值观

家族企业一定要脱离家族的概念，家族企业首先是企业，而不是家族。家族企业要在正确的价值观引领下做大事业，而不是单纯追逐利益，否则，家族企业就难以持续发展，难以发展壮大。

（二）家族企业家要提高素质，与时俱进

家族企业无法回避的事实，是家族企业家掌控企业的命运。企业家的素质基本上决定了企业的兴衰，因此，家族企业家必须加强学习，提高素质，与时俱进，适应时代的变迁，保持企业家自身的生机活力，这样才能使企业实现可持续性发展。

（三）要稳步推进现代企业管理机制，实行职业经理人治理企业的运行机制

这样，才能在家族企业完成原始积累后，实现可持续发展，建立合理的信用机制、监督机制、利益分配机制，确保企业按照现代企业运行管理机制运行，而不是家庭式管理。

（四）要完成由家族式管理向现代企业管理机制的蜕变

要用现代企业管理机制，实现产权、经营权、监督权等制度化管理，

而不是独裁化、专断化。只有解决了治理结构的现代化，才能从根本上解决用人机制问题、决策科学化问题、信任和监督等一系列问题。

（五）要树立正确的财富观、权利观、信用观

家族企业要形成企业所有者、经营者、合作伙伴三者利益共同体、命运共同体，才能保持企业旺盛的生命力和创新能力，企业才能实现可持续发展。

杜拉克曾经撰写了《管理家族企业》一书，提出了家族企业管理的四条准则，可能对家族企业在具体管理过程中有足够的借鉴意义：

①家族成员不得在企业中任职，除非他们和非家族成员一样能干，工作上也一样努力。如果平庸或懒惰的家族成员继续在企业中工作，全体员工对最高管理层和对企业的尊敬很快就会化为乌有。让懒惰的侄子去上班，不如给他钱花。

②无论在公司的管理层中有多少家族成员，无论他们多么能干，总是有一个高级职位要由不是家族成员的外人来担任。通常，这个职位不是财务总监，就是研发主管，因为这两个职位最看重技术资格。

③家族管理的企业越来越需要在关键岗位上使用不是家族成员的专业人士。制造、市场营销、财务、研发和人力资源管理等工作，需要专业的知识和技能，这些岗位最好聘请专业人士，而且要给予他们与家族成员一样的权力与地位。

④让局外人决定接班人问题。这个局外人既不是家族的成员，也不在企业中工作。挑选接班人时，家族成员不是倾向于这个候选人，就是倾向于那个候选人。而局外人的判断比较客观、公正。现在，越来越多的家族管理的企业都试图提前很长时间寻找合适的局外人，由这个局外人来做出裁决。

当今中国的家族企业走过了 30 多年的历程，在众多家族企业昙花一现后，家族企业要想实现可持续发展，根本的问题是转变观念，这虽然有时是痛苦的，但必须面对。只有观念转变了，才能实现机制和管理的革新，企业才能实现可持续发展，实现创业初期“百年企业”的梦想。

【案例】

保时捷家庭企业成功转制

保时捷的成功是因为他们及时看到了家族企业内部存在的问题，从而确定将所有权与管理权分离，使公司重新焕发活力。很显然，这是第二代传承顶层设计做得好。由此可见，让家族企业打破“富不过三代”的魔咒是有可能的，保时捷就给出了很好的答案。

据统计，在很多国家，家族企业几乎占据了所有企业的半壁江山，且主要以中小企业为主。美国专家统计，西方家族企业第一代能传到第二代的只有 30%，到第三代 12%，能到第四代的只剩 3%。那么，保时捷就属于能成功传承的 3% 的家族企业。

世界上第一部以保时捷命名的汽车诞生于 1900 年，是以汽车设计者费迪南德 · 保时捷的名字命名的，他是保时捷汽车公司的创立者，是一位天才的机械师。费迪南德曾担任戴姆勒公司的技术总监，后又跳槽到梅赛德斯奔驰公司。1931 年，在斯图加特，费迪南德召集了一批设计界的一流人才，成立了保时捷设计与研究公司。

第二次世界大战末期，为了逃避盟军空袭，费迪南德把自己的保时捷公司迁往奥地利。同时，费迪南德的儿子费利和女儿路易斯 · 皮耶希也加入到公司的经营中。当时女儿路易斯已经嫁给皮耶希，因此保时捷和皮耶希家族从此紧密联系在一起，这对保时捷公司后来的发展产生了巨大影响。“二战”结束后，费利将保时捷总部迁回德国斯图加特，因此保时捷公司也就拆分成了两个：一个在奥地利，是贸易公司，由路易斯掌管；另一个就是汽车公司，在德国，由费利掌管。

1951 年，当 76 岁的费迪南德·保时捷博士逝世时，他的儿子费利·保时捷全面接过了保时捷公司的经营权。秉承父亲的设计天赋，费利将公司经营得有声有色，并主张将赛车的成功经验应用于普通车。1972 年，保时捷成功转型为股份公司。同时，费迪南德的女儿路易斯在奥地利也兢兢业业地打理着保时捷公司的销售和贸易，并经销大众汽车，最终将公司发展为奥地利最大的私人贸易公司。

但当保时捷传承到第三代时，由于费迪南德的孙子巴茨·保时捷、彼得·保时捷和外孙费迪南德·皮耶希等人争夺公司权力的纷争使家族内部陷入不可调解的矛盾，管理困境最终导致家族人员全部退出公司的经营和管理，只拥有董事的权利，保留对公司高层管理人员的决定权。而来自家族外的职业经理人——彼得·舒茨和伟德莱茵·伟尔德金等让保时捷这个家族企业重新焕发了活力。

第12章

小微企业制度与文化创新

一、小微企业制度创新

随着我国经济的快速发展，小微企业在当前我国的经济发展中是十分重要的组成部分。但在其特殊的体制环境中成长，很多小微企业在制度建设方面仍然存在着一些问题，这些问题严重地限制着企业的发展。面对当前激烈的市场竞争环境，小微企业一定要重视起管理制度的创新，积极地更新制度才能更好地适应社会发展。

（一）管理制度创新的重要性

首先，在现代社会中小微企业的制度创新是社会发展的需要。当前社会已经步入经济时代，知识创新成为经济发展的重要推动力。对企业发展来说，知识的创新给技术革命和产品更新都带来了前所未有的局面。同时在知识创新下企业有必要积极地进行制度改革优化，以便于提升企业的经济效益，推动企业在市场中健康发展。

其次，面对当前的世界经济一体化局势，小微企业要想站稳脚跟，在市场中进行竞争，一定要重视起管理制度的创新和改革。企业只有不断地研发新的产品技术，提高企业的产品市场竞争力，才能真正得到发展。对此企业的制度创新是基础条件，同时也是提高竞争力的重要条件。企业的经营目的主要是追求更高的经济效益，尤其是小微企业，由于受到规模和成本上的限制，更加要重视制度建设，而不是单纯地只追求利益。同时，很多企业中存在人才缺失或者管理职责不清的问题。只有积极更新管理制度，才能均衡各个方面的发展，推动企业健康发展。

此外，为了提升小微企业的现代化进程，应重视起管理制度的创新。传统的企业集权管理模式在当前社会中已经严重地阻碍了企业的经济健康发展，只有根据市场的需求，积极地调整企业组织管理模式才能更好地适应市场发展，提高企业的活力，保证各项经营指标得到提升。

（二）现代小微企业的制度特点

从我国的小微企业发展历程来看，在当前的市场环境中，小微企业的发展是受到限制的。我国大多数的小微企业都是私营的或者合伙制的企业。这些企业首先从类型上来看，小微企业是自然人企业，不具有法人地位，但在这当中的合伙人却也承担这一部分的责任，使得企业经营风险比较大。同时，在产权上存在着高度集中的现象。小微企业无论是个人业主制企业还是合伙制企业，企业的经营者与持有者通常都是一个人。这个人在企业中有着绝对的权力，导致企业权力过度的集中。其次，小微企业中很大一部分以家族制度为主要的企业制度。我国的小微企业中很多是由个体经商户演变起来的，这些又通常都是以家庭为基础单位的经营模式。这种家庭模式的企业在管理过程中会存在很多的问题，人情上的来往导致很多制度并不能付诸实践，这给企业发展造成了一定的麻烦。此外，管理者和企业内部的工作人员大多存在着亲属关系，管理层次不够明确，使得企业管理的稳定性有所丧失。

（三）现代小微企业管理制度中存在的问题

1. 管理制度认识不足

当前我国的小微企业在管理制度中存在着两点明显的错误。首先，当前不少小微企业仍然采取传统的管理模式进行企业内部管理，在管理中存在着认识不足的问题，甚至始终不愿意接受新的管理制度，只想维持企业的原有管理模式。其次，有一部分企业领导者虽然也知道管理的重要性，但在进行管理制度创新的过程中，无法将制度上的创新与实践创新相结合，导致管理制度的创新难以付诸实践。

2. 制度制定不够完善

我国的小微企业中有很大一部分企业并没有制定完善的管理制度，导致企业管理混乱。出现这样的问题主要是因为企业的管理制度制定存在着一定程度的偏差，比较重视以人为本的工作理念，导致管理制度的权威性有所丧失。同时在管理制度执行的过程中明显存在执行力度不足的问题，同时也缺少相应的针对性和灵活性。在企业的安全生产中，对产品的质量管理不够重视，这样的情况十分容易将企业陷入经营危机当中，给企业发展造成不良的影响。

3. 管理制度执行力度不足

管理制度最终只有落实到执行中才能真正地展现出制度的作用。当前一部分小微企业已经认识到了管理制度创新的重要性，同时也制定了相应的管理操作流程，但在实际制度的执行过程中，无法真正地展现出管理制度的优越性。这种问题的产生主要是因为企业内部仍然存在着严重的人情关系。在进行执行的过程中，管理者会因为私人的关系而网开一面，最终导致执行力度严重不足。这样的现象将严重影响企业的健康发展，同时也给企业的创新发展带来一定的影响。

（四）现代小微企业管理制度缺陷主要表现

1. 产权制度的缺失

小微企业产权制度的缺失主要表现在以下几个方面。首先，小微企业中很大一部分是民营企业，这些企业的产权与领导者的个人财产之间是没有明确区分的，并没有形成现代化的完善产权制度。其次，这些企业在产权结构上是比较单一化的，权力通常集中在一人身上，或者由自家亲属等作为企业其他的工作人员，导致产权结构与家庭关系之间难以脱离。在这样的环境下，小微企业的产权制度存在着明显的缺失，严重影响着企业的健康发展。

2. 组织制度缺失

我国的小微企业的组织制度，通常以传统企业制度的形式存在。这种形式对小微企业的发展有着极为不利的影响。我国在相关法律中规定了合伙制的企业经营模式中合伙人同样要承担相应的经营风险。小微企业虽然很多采取了合伙制，但所投入的又不多，导致企业很难依靠组织制度来促进企业发展。同时，小微企业中财产通常集中于一人身上，权力的集中和资金的集中给企业的发展造成了不良的影响。

3. 管理制度缺失

小微企业管理制度的缺失是企业规模难以扩大，企业难以发展的重要原因之一。我国当前大多数的小微企业中都缺少完善的管理制度，在管理中常常会呈现出管理随意性强或者缺少规范化的特点。同时，多数的小微企业都是靠领导者白手起家而发展起来的，这部分领导者并不善于指挥他人，在员工沟通方面也存在着一定的问题。企业能招到优秀的人才，但始终难以留住高素质的人才。

（五）现代小微企业管理制度创新

从世界大范围来看，西方的企业几乎都形成了完善的企业管理制度，并在制度的执行过程中能起到良好的效果，能有效地推动企业在市场中前行。而当前我国的小微企业仍然在管理制度上存在着问题，使企业发展受到了阻碍。因此，小微企业要想发展就需要积极地借鉴国外的优秀经验，并在原有的基础上加以改造，探索出一条科学的发展道路，推动企业发展。

1. 管理思维的创新

我国很多小微企业领导者缺少制度创新方面的认识，难以摆脱传统的思维方式，思想出现了严重的落后现象。思想上的落后将会影响企业的经营效果，同时也会给企业的经济效益带来不良的影响。对此，作为企业领导者应积极地强化自身思维意识，通过市场调查等方式来完善企业管理制度，认识到管理制度创新的重要性。同时应加强对企业内部员工的专业培训和生产经营等方面的创新，从整体上提升企业的经营效果。

2. 产权制度上的创新

首先，企业产权制度的完善是推动企业稳定前行的重要基础。因此，企业对建立完善的产权制度应足够重视。我国原有的小微企业产权制度不利于企业的合理配置，在一定程度上使企业出现了资金短缺的问题。对此，小微企业应积极地联合起来，将原本松散的资金结合在一起以实现资本的联合，然后再将资本以借贷等方式来投向更加广阔的发展空间中去。这样的方式一方面能使企业的产权向多元化的方向发展，同时也能有效地解决资金上的缺失问题。此外，应将企业的人力资本与产权多元化结合起来，通过参股的方式来引进高素质的专业人才，提升企业内部的人力资源结构，强化企业的软实力。

3. 管理制度上的创新

随着企业经营规模的逐渐扩大，很多家族式的管理模式已经显然无法适应社会的发展，同时在过程中也暴露出了一定的问题。面对当前如此激烈的社会竞争，小微企业一定要先建立起完善的管理制度，积极地在原有制度基础上进行制度的创新，才能更好地适应市场需求。其次，企业应当充分地发挥企业员工的工作积极性和主动性，形成我国小微企业的核心竞争力。此外，应建立起完善的激励制度和经营管理制度，控制企业内部风险问题的发生，推动小微企业的健康持续发展。

4. 管理人员的能力创新

在当今社会中人才是第一发展力，对小微企业来说更是如此。企业要想得到更加稳定的发展一定要重视人才的建设和创新。在这当中企业领导者的素质起着主导性的作用。小微企业的领导者应重视个人素质的提升和能力的提升，多与其他发展较好的企业进行沟通，达到强化个人的目的，同时要吸收一些外来的好的管理制度，从思想上得到全面提升。同时企业管理人员的素质对企业管理制度执行质量有着重要的影响。在这方面企业应重视对管理人员的培养，对原有的管理人员应采取二次教育的方式或者专家讲座等方式来进行培养，提高他们在工作中的责任心和管理意识，保证管理制度得到落实。此外，也可以聘请一些高素质的专业管理人员到企业中从事工作，在物质上和企业文化上尽量地满足人才的需求。建立一定的激励制度，使表现好的员工能得到适当的奖励和鼓励，提升员工的工作积极性，达到全面推进企业发展的目的。

5. 内部监测的创新

企业的内部控制是一个过程，这个过程是要通过纳入管理过程而实现的。因此，要想保证企业的内部管理和控制有效性，就一定要做好内部的监测，随时控制企业发生的新情况。企业内部监测主要是通过内部建立起的相互制约的机制，对企业中的一些事情进行监测，并保证内部的资源合理利用，使企业制度得到完善。

我国小微企业在我国经济发展中占有重要的地位，对此更加要重视小微企业的管理制度建设。面对当前的市场状况，小微企业要想在市场中占有一席之地，就一定要积极地创新企业管理制度，使之与市场需要相结合，同时又要适应社会的发展，这样才能更好地推动企业前进。对此，企业应将传统的管理方式进行积极创新，完善内部的管理制度，使自身能在激烈的竞争中得到更多的经济利益，推动我国经济健康发展。

二、企业文化认知与理解

（一）企业文化的含义

企业文化，一般有广义和狭义之分。广义的企业文化是指企业在创业和发展过程中所形成的物质文明和精神文明的总和，具体包括企业管理中的硬件与软件、外显文化与隐形文化两部分。而狭义的企业文化是指意识形态范畴的，包括企业的思想、意识、习惯、感情等。我们通常所说的企业文化，即是指企业全体员工在长期的创业和发展过程中，培育形成并共同遵守的最高目标、价值标准、基本信念及行为规范等。下面，我们从企业文化的结构层次、组成要素以及功能等方面进行具体的介绍。

（二）企业文化的结构层次

简单说来，结构层次就是系统内部各组成成分的排列组合方式。企业文化既是一种文化现象，同时它又是一种管理手段，通常情况下，企业文化可以划分为三个层次，即精神层、物质层和制度层。

1. 精神层

企业文化的精神层又叫企业精神文化，这是一种深层次的文化现象，在整个企业文化系统中，它无疑处于核心的地位。企业精神文化，是指企业在生产经营过程中，因长期受到一定的社会文化背景、意识形态的影响而形成的一种精神成果和文化观念。它具体包括企业精神、企业经营哲学、企业道德、企业价值观念、企业风貌等内容，是企业意识形态的总和。企业文化的精神层作为企业文化的核心和灵魂，是形成物质层和制度层的基础。企业文化中有无精神层是衡量一个企业是否形成了自己的企业文化的标志和标准。

2. 物质层

企业文化的物质层又叫企业的物质文化，它是由企业员工创造的产品和各种物质设施等综合构成的，是一种以物质形态为主要研究对象的表层企业文化。企业生产的产品和所提供的服务是企业生产经营的成果，它是企业物质文化的首要内容。此外，企业创造的生产环境、企业建筑、企业广告、产品包装与设计等，它们一并构成了企业物质文化的主要内容。物质层是企业文化的表层部分，是形成企业文化精神层和制度层的物质条件。

3. 制度层

企业文化的制度层也叫企业的制度文化，它主要包括企业领导体制、企业组织机构和企业管理制度三个大的方面。企业领导体制的产生、发展及其变化，既是企业文化发展的必然结果，又是文化进步的产物。企业组织机构，是企业文化的载体。它包括正式组织机构和非正式的组织机构。企业管理制度是企业在进行生产经营管理时所制定的、起着规范保证作用的各项规定和条例。正是上述三者，共同构成了企业制度文化。制度层主要对企业组织和企业员工的行为产生规范性和约束性的影响。

（三）企业文化的组成要素

企业文化从纵向看可以分为精神层、制度层和物质层三个不同的层次结构。从横向看，它是由企业环境、价值观、英雄人物、文化仪式和文化网络等各个要素共同构成的。

1. 企业环境

企业环境包括企业内部环境和外部环境两个方面。企业内部环境是指企业的性质、企业的经营方向、企业的技术力量以及企业的组织结构等。外部环境是指企业的市场背景与相关政策环境等情况。不可否认，企业环境是影响企业文化形成的至关重要的因素。任何一个企业要获得成功，必须立足于它所处的环境去考虑该干什么以及如何干，也就是说企业环境直接影响着企业行为，不同的企业环境也就形成了企业间行为的差异，进而影响着企业文化方式。比如，制造业就更强调技术和质量，而商业更注重公平与服务。

2. 价值观

价值观是人们对客观事物和个人进行评价活动而在头脑中的反映。企业的价值观是企业领导才能和员工对企业生产经营活动和行为的根本性评价，这种价值观包括企业存在的意义和目的、企业各项制度的价值和作用、企业中人的行为与企业利益的关系等，它是企业文化的核心和灵魂。企业价值观为企业的生存和发展提供了基本的方向和行动指南，为职工形成共同的行为准则奠定了坚实的基础。

3. 英雄人物

英雄人物是企业的象征，是企业职工心目中有形的精神支柱，是企业价值观的“人格化”的表现，也是职工学习的楷模。英雄人物都是从实践中涌现出来的并为职工所公认的榜样，不少企业的领导者和创始人就是该企业员工眼中的英雄人物，如松下电器公司的松下幸之助、国际商用电器公司的托马斯·沃森等，他们对各自的企业产生了长期的象征价值的作用。因此，我们有理由这样认为，英雄人物就是企业文化的重要因素。

4. 文化仪式

文化仪式是企业行为中日常的已经成为习惯的一系列文化活动的总称。文化仪式总是以十分生动的、形象化的形式，向员工灌输本企业的价值观。企业文化仪式是企业文化中不可或缺的因素，可以说，没有文化仪式，也就没有企业文化。企业文化仪式的形式是多种多样的，有各种表扬、各种联欢会和娱乐活动等，其主要目的是为了宣传企业精神，体现企业的价值观以及调动职工的工作积极性。

5. 文化网络

文化网络是企业价值观和英雄轶事传播的“载体”，这主要指企业内部非正式的信息传递手段，在企业中起到沟通信息的作用。在企业内部，文化网络传出的信息往往能够反映出事物的真正原貌。比如，某行政主管对于该公司营销主管辞职的正式解释是“他另有高就”，但后来在文化网络中传出非正式的“真相”：他没有完成计划的销售额。文化网络在企业中起着很重要的传播作用和沟通作用，它可以强化人们的基本信念，通过传播企业英雄人物的故事和成就，提高这些英雄人物的象征价值。

综上所述，企业环境、价值观、英雄人物、文化仪式和文化网络构成了企业文化的五大要素，其中企业环境是形成企业文化的最大影响因素，是形成企业文化的前提。价值观是企业文化的核心，英雄人物、文化仪式是企业文化的精神力量的具体体现，企业文化则以文化网络为载体在企业内承担着沟通和传播的任务。

（四）企业文化的功能

企业文化对于现代企业来说有着非同寻常的重大意义，这是对员工进行导向、软约束，进而形成凝聚力的根本原因之所在。企业文化对企业的影响是渗透性的，正所谓润物细无声，它的功能以隐性为主，并以隐性与显性相结合的方式表现出来，我们称之为软功能。这种功能主要表现在如下五个方面：

1. 导向功能

企业文化反映了企业整体的共同追求、共同价值观和共同利益。这种强有力的文化，能够对企业整体和企业每个成员的价值取向和行为取向起到明显的导向作用。一个企业的企业文化一旦形成，也就建立起了其自身的价值和规范标准，就可以对企业成员个体思想和企业整体的价值和行为取向发挥导向作用。企业文化的导向功能，主要是通过对企业文化的塑造来引导企业成员的心理和行为，使人们在潜移默化中接受共同的价值观念，从而自觉自愿地把企业目标作为自己的追求目标去努力实现。

2. 约束功能

企业为了进行正常的生产经营，必须制定必要的规章制度来规范员工在生产经营中的行为，对员工进行“硬”的约束。企业文化的约束作用除了这一方面外，更强调以一种无形的精神、价值观、传统力量等因素，形成文化对人的“软”约束作用。企业文化的“软”约束作用是通过企业文化的塑造，继而在组织群体中培养出来的，并与制度的“硬”约束相协调补充。这其中包括群体意识、社会舆论、共同的习俗和风尚等精神文化内容，从而造成了强大的、使个体行为公众化的群体心理压力和动力，这容易使企业成员产生心理共鸣、心理约束，最终达到对行为的自我控制。这种无形的“软”约束无疑会对人产生更持久、更强大的效果。

3. 凝聚功能

企业文化的凝聚功能首先表现在通过企业成员的习惯、知觉、信念、动机、期望等微妙的文化心理来沟通企业内部人员的思想，使员工产生对企业目标、准则和观念的认同感，使企业人员乐于参与各种企业事务，充分发挥自己的聪明才智，积极为企业群体的发展贡献出自己的才智，并对企业产生归属感和自豪感。同时企业群体对企业成员的鼓励与认可，又会大大加强员工的主人翁意识，增强他们对群体的归属感，从而使企业形成强大的凝聚力和向心力。此外，这种凝聚力还可以表现为一种强大的排外性，能有效增强企业内部的团结和统一，使企业形成强大的竞争力量。

4. 激励功能

企业文化的核心是形成共同的价值观念，优秀的企业文化都以人作为中心，形成一种人人受重视、人人受尊重的文化氛围。这样的文化氛围往往能够形成一种激励机制，使企业成员从内心深处自觉产生一种为企业奋斗的献身精神。而企业群体对企业成员所做贡献的肯定和奖励，又能进一步激励职工为了实现自我目标和企业发展而继续努力，勇往直前。企业文化的建设与更新，群体思想觉悟的提高，从客观上说，促进了职工思想水平的提高和群体意识的增强，这有利于职工把个人利益和企业的生产经营好坏紧密结合进来，使职工以主人翁的态度投入工作中，激发出职工的使命感、义务感以及工作热情，产生出强大的内动力，从而形成良好的朝气蓬勃、开拓进取的企业风气。

5. 辐射功能

企业文化一旦形成较为固定的模式，它不仅会在企业内部发挥作用，而且还能够通过各种途径对社会产生影响。企业文化的辐射作用主要是通过企业形象的塑造和信息传播来实现的。企业文化向社会辐射的途径很多，归纳起来，不外乎各种传媒和个人传播两大类。通过电视、报纸、广播、网络等传媒和各种活动来传播企业文化，其影响面是非常大的。

这些企业文化的价值观、行为规范和道德准则对社会文化和社区文化的形成都具有直接的影响。

以上企业文化的五种功能都以文化的形式潜移默化地对企业内外起着作用，它并非像行政手段那样具有直接的强制性，但其影响却是显而易见的。同时，企业文化的这五种功能并不是单独孤立地发挥作用的，而是综合地发挥着作用。所以，企业文化具有其他管理手段难以企及的效果。

三、企业文化创新方法与过程

任何一种企业文化都不可能是一朝一夕形成的，都需要企业经过长期的积累和发展，由其创造的物质文明与精神文明不断积累而逐渐形成的。现代企业都必须重视企业文化的建设，并有意加以引导，以便最大限度地发挥企业文化的潜在功能。企业文化建设并非虚幻缥缈之物，也不是空中楼阁，它必须建立在强大的凝聚力、良好的人际关系和统一的群体意识基础之上才能茁壮成长。这些基础是否牢固，直接决定着企业文化建设的成败。企业凝聚力是指企业的吸引力，也就是员工对企业的向心力。要使一个企业上下同心，形成强大的凝聚力，企业领导就应该做好知人善用、民主管理、合理分配、岗位培训、融洽沟通、奖罚分明等工作，可以说，强大的凝聚力是企业赖以生存和发展的必不可少的条件。

企业文化的创新与建设是一项程序化的工作。创新首先必须了解自己企业的特点，然后才能据此提出核心观念，并使之具体化。在整个创新过程中，创新者必须脚踏实地实事求是地做好每一阶段的工作。

（一）了解企业特点

充分分析一个企业的经营环境、经营方向、人员素质、管理方式、产品性质和技术力量等，是企业文化创新的第一步。企业要提出行之有效的文化主题，必须坚持实事求是的原则，只有真真切切地了解自己才能发展自己，不断完善自己。我们一般通过以下几个方面的内容来充分了解一个企业：

1. 认识产品的性质

产品是企业的生命，制造销售产品是企业经营活动的核心内容。企业得以生存和发展，完全有赖于因产品获得的利润。企业文化创新应当与产品性质相适应，这有利于产品质量的提高和产品出售。从各个行业的差异来分析，建筑、美容、广告业都属于快速反馈企业，应该建立强人文化；石油开采、航空航天等行业属于风险大、反馈慢的企业，攻坚文化是主题；房地产、微机等属于风险小，反馈极快的企业，适合建立“拼命干、尽情玩”的文化；制造业厂商多主张“个人向上的资质”；一般服务业注重“对顾客服务”至上；金融保险业、新闻出版业则将“对社会服务”放在首位。

2. 了解企业的经营环境

对企业经营环境的充分了解，重点在于对竞争对手的分析，因为对一个企业的发展威胁最大的往往是它的同行和同类产品的生产者和经营者。别人所得到的，有时候正是你这个企业所失去的。“知己知彼，百战不殆”，因此，本企业要广泛收集竞争对手的信息，不断寻找差距，对自己的优势长短做到心中有数。并且要充分利用和发挥优势，以人之长补己之短，学习对手的长处和优势。认清自己所面对的消费者，分析市场环境。因为不同的消费者对产品和服务的要求也各不相同异，或是质量，或是价格，或是产品特性等，这一切对企业宗旨的确定不无裨益。企业文化建设一定要与企业经营相配合，像在新公司成立时、企业集团合并时，创业周年纪念、企业扩大经营范围和拓展新市场等，这都是企业文化策划的最好时机。

3. 把握员工素质

“工欲善其事，必先利其器”，企业的利器当然是高素质的员工。一般员工素质较低的企业，实施强制管理，建设强制文化；而员工素质较高的企业，积极实行民主管理方式，主张价值实现，致力于建立参与、诱导和激励的企业文化。

（二）提出企业的核心观念

核心观念是在企业中统一人们思想与行为的观念，它往往具有极强的指导作用。企业的领导者提出适合自己企业的价值观，并运用富有哲理的语言凝练地将其表达出来。核心观念是一种企业文化的主题，没有企业文化核心观念的提出，企业文化的规范化、信念化和行为的习惯化就无从谈起。企业领导在提出自己企业的核心观念时，应该遵循下面几个原则：

1. 概念必须具体可行

核心概念是一种行为哲学，必须具有某种指导功能，模糊不清或者不切实际的概念往往会削弱甚至丧失这种功能。假如一个实力一般的企业，对自己的产品提出“立足亚洲，放眼世界，争创世界一流”的目标，结果这种不现实的目标不仅难以激发员工的积极性，相反会给人夜郎自大的感觉，效果往往会适得其反。

2. 内容必须精练，文字要形象生动

企业的核心观念内容要精练，语言文字要形象生动，以便于员工记忆和传播。例如，我国民族资本家卢作孚创办的民生轮船公司，其民生精神是：对外“服务社会，便利人民，开发产业，富强国家”，对内则是“个人为事业服务，事业为社会服务”可谓内涵丰富又浅显易懂。提升核心观念的方法有很多，大致有以下几种：

一是总结经验：整理总结本企业的成功经验。

二是继承传统：保留企业以往有价值的思想观念。

三是分析典型人物：概括普遍的观念。

四是归纳特征：归纳生产经营管理中各方面的特点，将其概括提炼为企业的核心观念。

3. 核心观念规范化

企业文化规范化，就是指企业采用一些具体的方式，将企业文化的核心观念做尽可能明确详尽的阐释，展示其内涵，告诉员工该如何去做，如何具体地去实现。“没有规矩，不成方圆”，企业要想将核心观念贯彻执行下去，就一定要进行规范化处理。企业对核心观念进行具体规范时，需要注意的是：

首先，要以准确、流畅、明晰的文字，对内对外发布具有权威性的企业文化布告，诸如决定、决议、命令、指示、标准、规则、倡议等，在布告中要申明企业的目标、宗旨、价值观和口号等，昭示实质。

其次，将一些用于指导员工的行为条例、规则等收集成册，颁发给各个团体、干部、员工学习并监督其执行。

再次，通过网络传播和举办学习班等多种方式，向员工进行详细解释，塑造先进人物，将其作为活的典范，激励广大员工。

4. 核心观念信念化

核心观念信念化，主要是指企业采用一些有效的方式，将企业的价值观潜移默化地渗透到员工的心灵深处，使个人价值观与企业的价值观达到水乳交融的地步，从而达到全体员工自我控制的高层境界。使核心观念信念化是一个逐步深化的过程。员工接受核心观念之初是一种被动的、强制性的服从行为，是一种不自觉的行为。企业要想让核心观念被员工接受、认同，就需要一个逐步信念化的过程。具体方法如下：

第一，利用传播网络，传播企业文化信息。

第二，塑造和挖掘典型人物的事迹，以此来教育感染全体员工。

第三，企业领导适时宣讲、倡导企业核心观念。

第四，积极总结有益经验，采用座谈会、演讲会、征文等形式，使员工深入理解所宣传的内容实质。

5. 核心观念行为习惯化

企业核心观念的行为习惯化，是指企业对符合企业价值的行为进行强化激励，使之不断重复实践，直到形成习惯。通常情况下，一个企业的管理层在引导员工从内心观念向习惯行为转化的过程中，需要从以下四个方面开展工作：

一是结合企业所倡导的价值观念，明确操作方式。

二是明确行为情境，让员工不仅知道该如何做，而且还知道为什么要这样做。

三是培养员工的行为技巧和熟练程度，纠正不正确的行为方式。

四是对一些符合价值观念的行为进行激励，使员工的行为不断内化于优秀的企业文化之中。

（三）企业文化创新中要注意六大误区

1. 企业文化可以脱离员工独立存在

员工是企业文化的载体，如果一种企业文化难以在员工中体现出来，就不能算是真正的企业文化。假如企业的员工对于自己的企业怀有强烈的厌恶甚至是憎恨情绪，试问这样的企业还有何文化可言？

2. 企业文化可以脱离于企业而独立存在

依据这种思想所制定的必然是不切合实际的企业文化，很容易使企业的发展目标违背市场规律，使企业迷失方向，误入歧途。一种脱离了消费者的实际需求的企业文化，很难使企业生存下去。

3. 企业文化是靠宣传产生的

建设企业文化的重要一点就是依靠宣传功能，然而仅仅依靠宣传建设企业文化就会走入误区。企业文化就是几个领导一合计制定出来的标语口号，甚至有的企业会聘请专家加以指点，使之念起来更加朗朗上口、铿锵有力，努力营造出企业文化的环境。在公众面前树立企业文化的形象，使企业文化成为广告的一种表现形式，重点利用媒体来影响公众，让公众来认可它所制定出的企业文化。对于内部员工更要使其感受到企业文化无处不在，进入企业就像进入了标语的海洋，从厂部到班组，从办公楼到工作现场，到处都悬挂着标语，到处张贴着口号。虽然这些标语口号看起来颜色鲜艳、赏心悦目，听起来振奋人心，但是谁都知道这种理念是强加于别人的，很难讲是发自员工内心，严格来讲这不是企业文化。

4. 企业文化就是员工的行为规范

有人将企业文化理解为员工统一身着企业的制服，清早排列成行，做做体操、喊喊口号，用铁的纪律和准军事化手段进行管理，应该说这是对企业文化的一种大误解。能否形成企业文化，取决于员工对制度能否真心拥护，假如这种做法令员工厌恶、反感，那么企业也就难以形成优秀的企业文化。我们必须明确，强化纪律不是形成企业文化的必要过程和手段。

5. 企业文化是一些大企业的专利，我们中小企业用不着也没有能力发展有这种想法的企业不在少数。事实上，这恰恰是这些企业永远只能是中小企业、企业发展无力的根本原因。发展企业文化并不在于实力的强弱，更不在于钱多钱少，其实一些暴发户式的企业并不缺少资金，它们只是缺少对企业文化的执着追求，企业没有形成一个核心价值观，就难以形成企业文化。然而另有一些企业即使在艰辛创业阶段，条件虽然简陋，财力虽然薄弱，但也并不妨碍优秀的企业文化的形成。许多大企业集团正是由这样的充满活力而又有着优秀企业文化的小企业发展起来的。

6. 企业文化就是企业的发展规划

现在国内很多企业宣传自身的文化，总是让人有种似曾相识的感觉。“艰苦创业”“团结拼搏”“顾客是上帝”“市场是命”“质量是血”等等，空洞又乏味。想用这些高远的口号涵盖各个方面反而难以形成核心，无法集中资源进行重点突破。如果说到做不到，叫嚷久了，员工的思想就会产生惰性，企业文化的形成便更是遥遥无期。

四、怎样塑造企业价值观

现代企业在经营管理活动中，需要什么、相信什么、坚持什么、追求什么，都与它们各自的价值观念有着密切的联系。不同的价值观造就了企业不同的个性特征，从而规定着企业的发展方向。因此，我们说企业价值观是企业文化的灵魂与核心。确立科学的企业价值观，并使之逐步深入员工的内心，成为企业全体员工的共同信念和行为准则，对于企业的生存与发展无疑具有十分重要的意义。

（一）企业价值观的内涵

普遍意义上的价值观是一种关系范畴，它是指主体对客体的兴趣、需要以及客体对主体需要满足的肯定或否定的关系。在人与客观世界的相互作用过程中，凡是能满足人们的某种需要，对人们的生存和发展具有某种积极意义的东西，都具有积极的肯定的价值；反之，那些并非人们所需要的，对人们的生存和发展无意义的东西，则具有消极的否定的负面价值。企业价值，即企业存在的意义，这是指导企业及其产品（或劳务）同社会（用户）发生联系时所产生的对社会和企业自身的作用及意义。企业是作为价值主体与价值客体的统一而存在的。作为价值主体，它是价值的享用者、占有者、获得者；作为价值客体，它又是价值的创造者、提供者、贡献者。企业的自我价值正是通过生产经营活动，在人与自然交换、人与人交往的过程中实现的。当企业为社会生产出更多更好的产品，满足了社会和公众的物质需要、文化需要时，它既对社会做出了贡献，同时也实现了其自身的价值。

所谓价值观，顾名思义，就是关于价值的观念。它是客观的价值关系在人们主观意识中的反映，是价值主体对于自身需要理解，以及对价值客体的意义、重要性总的看法和根本观点。价值观包括价值主体的价值取向，以及价值主体对价值客体及自身的评价。至于企业价值观，自然就是一种以企业为主体的价值观念，是企业人格化的产物。具体地说，企业价值观就是一个企业在追求经营成功的过程中，对生产经营和目标追求以及自身行为的根本看法和评价。企业价值观是在企业内部绝大多数成员的价值观趋于一致的时候才能形成。企业价值观是企业成员推崇和信奉的基本准则，是企业进行价值评价、决定价值取向的内在依据。国内外经营成功的企业都很注重对企业价值观的塑造，例如，海尔集团提出“真诚到永远”，从而把真诚地为顾客提供高质量的产品和服务作为自己永远的价值追求。

（二）塑造企业价值观的基本原则

在企业价值观塑造的过程中，管理层必须要遵循一定的原则，使价值观伴随着企业的发展而逐步完善。具体来说，塑造企业价值观有如下三个基本原则：

1. 以人为本

以人为本，是确立企业价值的首要原则。日本著名的索尼公司董事长盛田昭夫说过：“如果说日本式的经营真有什么秘诀的话，那么，我觉得人就是一切秘诀最根本的出发点。”企业文化强调以人为中心的管理，强调把人放在企业的中心地位，提倡在管理中要尊重人、理解人、关心人、爱护人。

首先，把人放在企业的中心位置，就是要确立员工在企业中的主人翁地位，使员工真正成为企业的主人，参与企业的管理工作，行使企业主人应有的权利，尽到企业主人的各种责任和义务，继而最大限度地调动起他们的积极性、主动性和创造性。

其次，把人放在企业中心地位，就是要尊重人的尊严、权利和价值，满足员工的需要，从而调动起员工的积极性。员工的积极性，在很大程度上就是指员工行为的积极性，而人的行为是由动机引起的，动机又源于需要。因此，不难理解，最大限度地调动起人的积极性，就一定要从尊重人和满足人的需要入手。

再次，企业要注意刺激、引导员工的需要，即提供激励因素，引导需要向更高层次发展，比如，确立科学的价值观、培育员工崇高的精神和美好的道德理想追求等等。

总之，现代企业必须以人为中心，通过对人的需要的不断激发和不断的满足，来最大限度地调动人的积极性，使企业价值观不断得到丰富和发展。

2. 顾客至上

企业的生存和发展离不开消费者，只有消费者购买产品，企业才会有利润和效益。因此，顾客至上、消费者优先是塑造企业价值观的又一项基本原则。

企业要坚持“顾客至上”原则的前提条件是要对顾客有正确的认识和深刻的了解。对企业来说，顾客永远是最为重要的人，他们是企业的依靠，满足他们的需求是企业员工的工作目的。顾客或者消费者与生产者的关系绝不是相互敌对的关系，而是互为一体、相互统一的关系。企业只有发自内心的把消费者看作自已的衣食父母，当成自己的亲人，才能真心诚意地对待消费者，以优质的产品和良好的服务赢得消费者的信赖，企业也只有得到消费者的信赖，才能在激烈的竞争中稳操胜券，立于不败之地。海尔集团的成功就是一个很好的实例。

在海尔集团的成功经验中，最值得人们称道的是海尔集团在国内企业中率先提出的服务竞争理念，首次推出的“海尔国际星级服务”。海尔的每一台冰箱从下生产线，到进入用户用地的过程中，它所有的信息都详尽地输入微机，在 30 秒钟之内，所需信息即可一览无余。“真诚到永远”，这不仅仅是海尔集团说出来的一句广告词，更是海尔人日复一日，年复一年，始终如一的以真诚对待每一位顾客所赢得的盛誉。海尔集团正是以自己的真诚，急用户之所急，想用户之所想，营造起了厂家和顾客之间血肉相连的密切关系，真诚、周到、人性化的服务，不仅使顾客真正获得了“上帝”的体验，更使海尔获得了广泛而牢固的信任和支持，这为海尔的发展奠定了广阔的市场基础。

3. 企业利益与社会责任相统一

现代企业在塑造企业价值观的过程中，必须始终坚持企业利益和企业社会责任相统一的原则。企业进行生产经营活动的目的在于获取最大的利润，这是企业得以生存和发展的基础，如果没有企业利润的获得，企业也就失去了赖以生存的保障。但是，追求利润并不是企业的最终目的，或者说不是唯一目的，企业的最终目的在于以生产经营事业提升人民共同的生活水准，促进社会进步。企业只有在承担社会责任的基础之上追求利润的最大化，才有可能取得长足的发展。这就要求企业不仅要关注自身利益的实现问题，同时还要关注自身之外的社会利益，承担企业的社会责任与使命。

所谓企业的社会责任，是指企业在提高自身利润的同时，对保护和增加整个社会福利方面所承担的责任，即对社会长远目标所承担的责任，其中既包括强制的法律责任，也包括自觉的道义责任。当然，企业在履行它的社会责任时有可能会损害企业的短期利益，但它有助于企业的长远利益是毋庸置疑的。另一方面，企业积极履行社会责任，也有利于树立良好的企业形象。企业拥有良好的外部环境和较高的员工士气，就能更有力地促进企业的发展。

（三）塑造企业价值观的途径

对于积极进取的现代企业而言，可以通过以下途径来塑造企业的价值观，进而建设和营造具有凝聚力的企业文化氛围，从而将企业管理提升到一个全新的境界。

1. 管理层重视

在企业价值观的塑造过程中，企业管理层必须予以高度重视，并把它放在企业经营战略的高度上来认识。要知道，企业价值观不是自发形成的，在价值观塑造的过程中，企业领导者是企业价值观的第一倡导者和实践者。他们在企业界中的特殊地位，决定了他们在本企业价值观的塑造中起着无与伦比的关键性的作用。

2. 建立健全保障机制

塑造企业价值观，必然要求企业建立健全保障机制，完善管理制度。这是因为制度既是企业生产经营工作的条件，又是企业文化建设中不可或缺的一项重要内容。从企业文化这一角度来看，企业规章制度一方面是科学技术、科学管理的体现；另一方面，它又是企业价值观、企业哲学、企业道德规范等企业文化的具体体现。具体地讲，在塑造企业价值观的过程中，要注意建立健全保障机制的内容包括：

①建立健全奖惩制度。对企业的先进个体和群体进行表彰和奖励，对违背企业价值观的人或事进行批评与处罚，从而对员工实践企业价值观发挥重要的导向作用。

②建立健全企业庆典、员工联谊、劳动竞赛、定期评选先进模范等制度，利用一切灵活多样的形式对员工宣传和灌输企业价值观和基本信念，不断激励员工积极自觉地实践企业价值观。

③建立培训制度，特别是要建立和强化对新员工的教育和培训制度，使他们从进入企业第一天起，就受到企业价值观的教育和熏陶。对于员工，通过教育、培训，可以迅速巩固和提升他们的价值观，使其尽快地融入这个大集体中。

④建立企业领导深入基层、甘当表率作用的制度。尤其是在企业价值观已经形成之后，企业各级领导一定要身体力行，努力使自己成为企业价值观的化身，时时刻刻用模范行动来影响和感染员工。

⑤要把企业价值观的培育与职业道德建设紧密地结合起来，使企业价值观具有实实在在的内容，真正落实到每个岗位、每个员工的实际行

动中。

总之，只有从各个方面建立起实践企业价值观的保障机制，才能真正使企业价值观的塑造落到实处，让企业受益无穷。

3. 加强引导教育

企业价值观的塑造必须通过持续不断地对企业员工进行灌输、教育和引导才能实现。在这里既有外在的教育，又有员工的自我教育。教育的目的在于提高员工的思想道德和文化水平，增强他们实践企业价值观的自觉性，从而使员工把实践企业价值观看成实现自我的重要形式，自觉优化自我，塑造理想人格。提升员工的企业价值观，主要从两个方面入手：

一是进行智力投资，提高企业员工的思想文化素质。

二是通过长期的教育引导，使员工逐步深入地领悟企业价值观的内涵，进而提升员工的精神境界。

五、怎样培育企业精神

（一）企业精神的含义

企业精神即是企业全体员工共同认同的企业理念和长期形成的风范。企业精神是企业文化的精髓和灵魂，它决定着全体员工的行为规范和企业文化的各个主要方面，并通过企业内部各个层次的思想和行为表现出来。因为，培育企业精神即是铸就企业的灵魂。企业只有拥有了强大的灵魂，才能成为搏击于市场海洋中的巨人。

（二）企业精神的构成要素

企业精神是一个比较宽泛的概念，通常来说，它是由经营哲学、价值观念以及道德观等要素构成的。

1. 经营哲学

所谓经营哲学，即是企业在长期的经营实践中总结出来的，关于企业存在的意义、企业中人与物的关系和企业经营目标等根本问题的总的看法。任何一个企业都总是被一定的经营哲学支配着。企业领导必须思考和回答：你创办和经营企业的意义是什么，你为什么要创办这个企业，如何才能办好企业，在经营过程要如何对待人、物、社会和自然，等等。应该说，不同的经营哲学决定了企业不同的经营方式和行为取向，它在企业发展中体现出来的巨大作用是其他因素，例如，技术或经济资源、组织结构、发明创造以及时机选择等都所无法替代的。

2. 价值观念

价值观是企业精神的核心，也是整个企业文化的核心。企业的价值观形象地反映了企业对自身存在的意义的基本态度，有的企业把追求尽可能多的利润作为企业存在的唯一目的，有的企业将为顾客提供尽善尽美的服务视为企业存在的价值，还有的企业则把实业报国作为企业努力追求的崇高目标。然而，平庸也好，崇高也罢，无论哪一个企业的价值观形成，都要具备三个前提：

一是企业家的价值观。

二是全体员工对价值观的共识。

三是价值观要真正成为全体员工行动的指南。

在这三个前提中，企业家的价值观无疑是形成企业价值观的起点和基础，企业价值观又是对企业家价值观的延伸和拓展。企业家的价值观往往集中地体现在对企业盈利和企业的社会使命两者关系的处理上，那些具有远见卓识的企业家总是在完成企业社会使命的基础上不断追求企业利润的最大化。

3. 企业的道德观

企业的道德观是企业在生产经营实践的基础上，基于对社会和对人生的某种理解所做出的评判事物的伦理准则。从某种意义上来说，企业的道德观念首先是企业家道德观念的体现，而在企业家的道德修养中最重要的是他的正直、使命感和职业道德。那些正直、真诚的企业家在处理企业与企业之间的关系时，讲道德、守信用；在处理企业内部员工的关系时，关心人、尊重人；在处理企业与顾客之间的关系时，坚持顾客至上的原则，对顾客以诚相待。使命感就是把个人的事业与社会的发展紧密地联系在一起，有大局意识。一个经营者不仅要有渊博的知识，还要有超人的智慧，然而比知识和智慧更为重要的是，要有以诚信为基础的经营使命感，时时处处以国家和社会的利益为重。

（三）培育企业精神的途径

培育卓越的企业精神，使这种精神融入企业组织的肌体和企业员工的行为之中，化作企业发展的生生不息的动力，是一项极其复杂的系统工程。根据中外企业的成功经验来看，培育企业精神有着一定的规律性和途径，总的来说主要有以下几种：

1. 舆论营造氛围

无数事实证明，舆论的力量是无穷的，它对人的思想所能产生的导向作用、熏陶作用、激励作用和制约作用，是其他任何一种方式都无法与之相比的。因而，企业通过电视、广播、网络、厂报、厂刊、宣传栏、黑板报、标语、宣传品等媒介，以及报告、讲演、讨论等各种宣传方式，大力宣传、传播企业精神，使企业精神深入人心，从而营造良好的企业文化氛围。

2. 领导带头示范

不可否认，一个企业的领导是企业文化之源。企业精神的人格化首先体现在企业领导者身上。因此，企业领导不仅仅要做企业精神的积极倡导者，而且要时刻以身作则，做好企业精神的示范者和实践者。试想如果企业领导者的言行举止、风格境界与企业精神格格不入或者大相径庭，那么企业精神又怎么可能在广大员工中扎下根来？因而，培育企业精神首先需要企业领导者模范地实践企业精神，以实际行动感召员工。

3. 员工的实践锤炼

企业精神是企业员工共享的价值观。企业精神是整个企业群体生产实践中的结晶，因此只有回到实践中去，由广大员工身体力行，才能使这种精神得到发展和升华。员工是企业的主体，也是企业精神的主要载体，所以广大员工实践企业精神的过程，也就是企业精神的培育和升华过程。

4. 树立企业英雄形象

企业英雄是企业在发展过程中产生的典型人物。树立企业英雄形象，塑造典型榜样，是培育企业精神、改造企业文化的有效途径。“榜样的力量是无穷的”，因为英雄人物集中体现了企业精神，模范地体现了企业的价值观，是企业精神忠实的实践者。英雄人物是强劲企业文化的枢纽。

5. 开展主题活动

企业要经常组织开展各种各样的以宣扬企业精神为主题的文化活动，在活动中潜移默化地培养员工对企业精神的觉悟与意识，这也是培育企业精神的一条重要渠道。在人们的思想观念渐趋多元化的今天，单靠灌输某种精神观念已经很难令人接受了，必须综合运用更多的形式，通过开展多层次、多渠道的社会性、知识性、娱乐性的活动，在潜移默化中影响人、改变人，这既是培育企业精神的一条途径，又是企业文化建设中的一项重要内容。

6. 制定规范制度

企业精神是一种规范员工行为的思想观念，它本身并不具有强制性。因此，培育形成企业精神还需要规范制度作为保证。如:《员工职业道德规范》《管理人员行为规范——“十讲”》《党员形象标准——“十佳”》《团员形象标准——“十有”》等。

7. 形象塑造

简单地说，形象塑造就是把企业精神物化为外显形态的一种方法。企业精神本是无形的、抽象的，但是它往往可以通过一定的形式、方式物化为许多有形的、具体的东西，例如，通过厂旗、厂徽、厂服、厂歌等，展现企业的精神内涵，反映企业的风格特征，体现出员工的精神风貌，从而促进企业精神的培育和发展。

8. 典礼仪式

因为企业精神是一种抽象的文化形式，所以它必须借助于特定的载体来表现。典礼仪式可以促进员工对企业精神的认同，它是强化企业精神的有效手段。典礼仪式通常包括升国旗、厂旗仪式、唱厂歌等。企业利用各种典礼仪式的象征性意义，向员工宣扬和灌输企业精神，也是强化企业精神的一个重要途径。

企业精神的培育除了上述几种方法和途径外，还有环境渗透、教育培训、外界监督等多种，各企业可以根据本企业的实际情况，加以选择和发展创新，以求收到更好的效果。

（四）现代企业精神的共性特征

不同的企业有不同的成长历程，因此也就形成了各自不同的企业个性。但是企业精神也具有许多共性内容，这主要表现为：参与、协作、奉献等几个方面。

1. 全员参与管理

全员参与管理是指企业全体员工主动参与企业的管理活动，它是企业兼顾满足员工各种需求的基本方法。员工通过参与本企业的管理，发挥出他的聪明才智，得到比较高的经济报酬，改善了人际关系，也实现了自我价值。而企业则由于员工参与管理，改进了工作方法，提高了效益，从而达到了更高的经济效益目标。

在实施员工参与管理的过程中，企业领导者要特别注意引导，反复把企业当前的工作重点、工作目标、市场形势和努力的主要方向传达给员工，以便使员工的参与具有明确的方向性，能够有的放矢地展开工作。只有这样，才能保护员工参与的积极性。员工参与管理在具体的实施过程中，要根据员工知识化程度和参与管理的经验能力而采取不同的方式。一般情况下，员工参与管理可以分为如下三种形式：

第一，控制性参与管理。控制性参与管理一般适合于员工知识化程度比较低、参与管理经验不足的情况。它的主要目标是希望员工在其现有经验的基础上，提出工作中的问题和局部建议，经过筛选后，由工程师和主管人员确定具体的解决方案，并组织实施。在提出问题阶段是由员工来主导的，但在解决问题阶段主导权由工程师和主管人员来控制。美、日、德等国企业中的参与管理很多是采用这种模式，此种模式的长处在于它的可控性，但由于它倾向于把参与的积极性控制在现有的标准、制度范畴之内，因而，不能进一步发挥员工的积极性和聪明才智，这不能不说是它的一个弊端。

第二，授权型参与管理。如果员工的知识化程度较高，有相当多的参与管理经验，即可采用授权型参与管理。它的主要目标是希望员工在自己的知识和经验的基础上，不但提出工作中的问题和建议，而且制定出具体的实施方案，在得到批准后，授予员工组织实施的权力，从而以员工为主导完成参与和改革的全过程。例如，美国高技术制造业和高智能服务业的员工知识化水平较高，往往多采用这种模式参与管理。

第三，全方位参与管理。全方位参与管理，是指员工参与管理的程度不限于他目前所从事的工作，他可以根据自己的兴趣、爱好，对自己工作范围以外的其他工作提出各种建议和意见。企业提供一定的条件，帮助员工从事自己喜好的工作，鼓励他们发挥自己的创造力。这种管理模式是针对员工具有较广博的知识，管理部门又具有非同寻常的宽容度，企业内部择业又有很大的自由性的情况而采用的。

2. 协作精神

协作精神是现代企业精神强调的一项重要内容。培养协作精神的方法是多种多样的，可以通过非正式组织、团队（或者以班组，或者以部门、临时任务组——或者以兴趣小组为基础）等形式，来促进企业员工的协作精神。在许多现代企业中团队成为促进企业员工协作精神的有效手段和组织形式。美国管理学家哈默提出："团队是一个伟大的创造，是现代企业管理的基础，是重新构建公司的一个基本出发点，具有强大的生命力。"

3. 奉献精神

奉献精神是与企业社会责任密切相连的一种企业精神。它是指在组织企业经济运营过程中，关心整个社会的进步与发展，为社会多做贡献的精神境界。企业只有秉承公众利益至上的原则，才能得到公众的好评，使自己获得更大的、更长远的利益。这就要求企业积极参加各种社会公益事业，大力支持文化、教育、社会福利、公共服务设施等事业。通过这些活动，在社会公众中树立起企业注重并勇于承担社会责任的良好形象，从而提高企业的美誉度，强化企业的道德责任感。

【案例】

娃哈哈的企业文化

娃哈哈公司创办于1987年，前身是杭州的一家小学的校办工厂，3个人14万元起家，经过11年的努力，发展成为拥有总资产30多亿元的国家大型企业，1998年完成产值31亿元，生产饮料93万吨，占全国饮料产量的十分之一，成为中国最大的饮料企业之一。娃哈哈品牌产品1996年被国家技术监督局认定为全国首批重点保护的11个品牌之一，1997年通过ISO9001国际认证，1999年“娃哈哈”商标被国家工商局认定为中国驰名商标，有关资产评估部门评估其无形资产价值达22.48亿元，公司总资产达28.8亿元。

反观娃哈哈的创业史，它何以创造如此高大的形象和骄人的成绩呢？娃哈哈自从诞生那天起，就没有得到过国家的一分钱投入。为了生存，娃哈哈人在市场风浪中苦苦闯荡，饱尝了酸甜苦辣。是娃哈哈人艰苦奋斗的精神推动了企业的发展，为了在市场经济的新形势下真正立于不败之地，为了在同行业中树立“鳌头”形象，娃哈哈人根据企业所处环境和娃哈哈发展历程的特点，经过反复斟酌，提出了振奋人心的娃哈哈发展口号：励精图治、艰苦奋斗、勇于开拓、自强不息。公司总经理宗庆后深为娃哈哈的发展口号自豪，他动情地说：“娃哈哈集团公司能有今天，是公司全体职工艰苦奋斗、勇于开拓、共同创造的结果。”由此可见，娃哈哈发展口号已化作一种精神力量，成为娃哈哈人的行为指南。它使娃哈哈人自觉地发挥主人翁的作用，从而树立起鲜明的娃哈哈形象。娃哈哈的口号，喊出了娃哈哈集团与众不同的经营理念，它是娃哈哈公司发展的原动力。现在，娃哈哈的口号在全国食品行业广为传颂。

娃哈哈的企业文化是怎样形成的？有什么特征呢？齐心协力，共闯难关是娃哈哈企业文化和企业精神的集中表现。娃哈哈在创业之初，步履艰难。那时资金紧张，条件简陋，娃哈哈的员工分秒必争，抓住一切机会发展。夏天给小学供应冷饮是他们的一项业务，每当他们知道有学校需要冷饮时，马上分头行动。宗庆后常常冒着酷暑，脚踏三轮车，把冰棍送到学校，一次只赚几元、十几元，但他们仍然无怨无悔。后来，联系到长期推销儿童食品的业务，需要量大了，他们互相帮助，把货送到消费者手中。1988年，公司总经理宗庆后通过周密调查，提出放弃加工别人的产品，开发自己的产品。配制营养液、开发八宝罐粥生产，职工们群策群力，通过合理安排生产程序和小发明、小革新，只用一半劳动力就创下了日产近30万罐八宝粥的历史最高纪录。1993年初，娃哈哈集团公司在职工大会上公布了产值4.8亿元的奋斗目标。一开始，部分干部职工有一定的畏难情绪，公司充分发动群众对这一目标进行讨论，并对任务层层进行分解，通过讨论，大家逐渐认识到这一方针目标的可行性，纷纷表示要力争超额完成公司的计划，并落实到行动上，从而创下了提前2个月完成1993年全年计划的纪录。

娃哈哈企业文化的又一个重要内容是尊重职工、爱护职工，公司上下，亲如一家。娃哈哈集团超常跳跃式的发展，引来各界人士纷纷探秘。“船长”宗庆后的成功，离不开闯荡市场的营销技巧，离不开舍得花血本的巨额广告投入，离不开新产品的开发；离不开广招人才，但更重要的是他对人的尊重，尊重全体职工的主人翁地位，调动他们的积极性、创造性，激发他们的责任感和参与意识，使职工感到在娃哈哈集团公司工作，可以最大限度地实现自我价值。宗庆后工作很忙，常常出差，但他每次回来的第一件事就是到车间看看一线工人，了解生产情况，看看职工有什么想法。职工都说，总经理无论走到哪里，都想着厂里，惦记着我们工人。在娃哈哈集团公司，职工互助互爱，亲如一家。一天，一位职工上班时，因病复发突然昏倒，同事看到后，马上把她送到医院，并纷纷解囊凑齐住院费。公司知道后，即刻派人前去探望，并批钱资助。事后，这位职工的家人感激他说："娃哈哈干部职工的心最好。"

娃哈哈的企业文化的第三项内容是倡导全体员工"视厂为家，厂兴我荣"的精神。娃哈哈人视厂为家，自觉维护这个"家"的荣誉。有一次，质量督部一名职工春节回家过年，在汽车站发现有假冒娃哈哈出现，他马上打电话给厂里，把信息告诉打假办的同志，很快抓住了假冒者。如此事例，不胜枚举。由于娃哈哈名声日益扩大，娃哈哈人外出时，总有羡慕的目光，在交通比较紧张、火车票和飞机票比较难买的情况下，一听说是娃哈哈公司的人，马上优先售给，职工深为自己是娃哈哈的一员而感到光荣和自豪。娃哈哈集团公司正在向更大的市场进军，国内市场有待于进一步辐射，国际市场需要进一步拓展。在"八五"期末，娃哈哈集团的目标是销售收入20亿元，年利税达5亿元。全公司3000多名职工决心艰苦奋斗，共同开创公司光明的未来。

娃哈哈的成功，首先是与他们树立的企业文化理念分不开的。从娃哈哈的口号就可以看出公司艰苦奋斗、勇于开拓的精神。正因为有了这种精神的鼓舞，他们在创业之初，才能冒着酷暑，为学校送去冷饮；在产品已初见成效时，又能毅然去开发自己的产品；当娃哈哈儿童营养液在全国打响时，又不失时机地开发了娃哈哈银耳燕窝、娃哈哈红豆沙、娃哈哈绿豆沙等许多新产品。娃哈哈集团提出的口号还充分体现了该企业的自身特点，很形象地反映出娃哈哈人特有的精神面貌。正因为企业是靠自己的双手通过艰苦奋斗得来的，所以每个人都视企业为自己的生命，这也是公司成功的重要原因。